박세무의 동몽선습童蒙先習
주자의 동몽수지童蒙須知
이이의 격몽요결擊蒙要訣

박세무의 동몽선습(童蒙先習)
주자의 동몽수지(童蒙須知)
이이의 격몽요결(擊蒙要訣)

초판 1쇄 인쇄 2017년 2월 11일
초판 1쇄 발행 2017년 2월 22일

지은이 박세무 · 주자 · 이이
편저자 이창성
펴낸이 이환호
펴낸곳 나무의꿈

등록번호 제 10-1812호
주 소 서울시 마포구 잔다리로 77 대창빌딩 402호
전 화 02)332-4037 팩 스 02)332-4031

ISBN 978-89-91168-53-4 03150

박세무의 동몽선습童蒙先習
주자의 동몽수지童蒙須知
이이의 격몽요결擊蒙要訣

박세무·주자·이이 지음 | 이창성 편

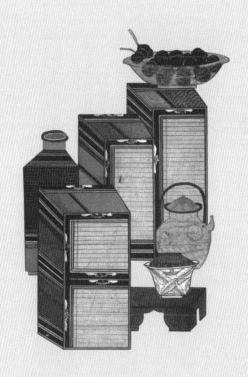

나무의 꿈

머리말

과거의 어린이들은 보통 7~8세에 서당에 입학해서, 대략 15~16세까지 서당을 다녔다. 오늘날 같으면 중학교 과정까지 서당에서 마쳤다고 볼 수 있다.

어린이들이 서당에서 공부하는 것은 보통 강독(講讀)과 제술(製述)과 습자(習字)의 세 가지였다. 강독은 소리 내어 책을 읽으며 의미를 이해하는 것이고, 제술은 글짓기와 논술이며, 습자는 글씨 쓰기였다.

강독은 〈천자문(千字文)〉에서 시작해서 〈동몽선습(童蒙先習)〉·〈격몽요결(擊蒙要訣)〉·〈소학(小學)〉·〈명심보감(明心寶鑑)〉·〈사서삼경(四書三經)〉·〈사기(史記)〉 등 점차 그 수준이 높아졌다. 제술은 5언 절구나 7언 절구의 작문 등이 주를 이루었지만, 규모가 작은 서당에서는 아예 가르치지도 않았다.

처음에는 학동들에게 〈천자문〉의 한 글자씩을 반복적으로 소리 내어 읽어서 글자를 암기하게 했다. 그 다음에 〈동몽선습(童蒙先習)〉·〈계몽편(啓蒙篇)〉·〈동몽수지(童蒙須知)〉·〈격몽요결(擊蒙要訣)〉 같은 책을 같은 방식으로 읽으면서 문장의 이치를 깨닫게 했고, 마지막으로 학동 스스로 그 뜻을 깊이 깨치도록 이끌었다.

따라서 〈동몽선습〉·〈계몽편〉·〈동몽수지〉·〈격몽요결〉 등은 사실상 어린이들의 필수 교재나 다름없었다. 〈동몽선습〉에서는 윤리와 도덕을 배우는 오륜(五倫)의 도리와, 중국의 역사를 비롯한 우리나라의 역사를 간단명료하게 밝혔고, 〈계몽편〉에서는 자연현상과 인간의 도리에 대해서 설명했으며, 〈동몽수지〉에서는 어린아이들이 갖추어야할 몸가짐과 마땅히 해야 할 일들을 열거했다. 또 〈격몽요결〉에서는 어린이들에게 뜻을 세우고, 부모를 봉양하며, 남을 대접할 줄 알고, 몸을 닦으며, 어떻게 책을 읽을 것인가 등에 대해 역설했다.

　비록 이 책의 내용이 과거에는 어린이들이 배우는 것이었지만, 사람이 살아가는 데 있어서 누구에게나 마음의 수양서가 되는 것이므로, 부단히 읽어서 마음의 거울로 삼아도 좋을 것이다.

　▶ 동몽선습(童蒙先習)에 대하여
　〈동몽선습〉은 대략 5,000자 정도의 짧은 내용의 책으로, 간단한 한자로 구성되어 있어 초학자(初學者)들이 배우기 쉬운 책이다.

　〈동몽선습〉의 본문(本文)은 중종 연간에 박세무(朴世茂)가 지었으나, 그 후에 영조(英祖) 임금이 서문을 쓰고 송시열(宋時烈)이 발문(跋文)을 써서 합친 것이다.

　어제서문(御製序文)은 영조 18년, 책이 중간(重刊)될 당시에 영조 임금이 직접 지은 것이며, 영조 임금은 서문에서 〈동몽선습(童蒙先習)〉에 수록된 내용을 간단히 언급하며 인간의 근본적 도리인 효제(孝悌)를 강조했다.

　본문에서는 세상 만물 중 사람이 가장 귀하며, 그 이유는 오륜(五倫)이 있기 때문이라 하며 이 다섯 가지 도리에 대해서 설명했다. 오륜은 부자유친(父子有親), 군신유의(君臣有義), 부부유별(夫婦有別), 붕우유신(朋友有信), 장유유서(長幼有序)를 말하는 것으로, 유교 성리학의 이념을 실생활과 연관시켜

논한 것이다. 오륜이란 말은 맹자(孟子)에서부터 나왔는데, 이
것이 잘 지켜지는 곳을 이상(理想)적인 사회라 했으니, 곧 유교
사상이 바탕인 전통적 윤리관이라 할 수 있다. 이렇게 간단히
오륜을 설명하고 나서 각 항목에 대한 자세한 설명을 했고, 고
사(古事)를 인용하여 이해하는데 쉽게 했다.

　총론(總論)에서는 오륜의 기초는 효도라 하여 구체적인 실천
방법까지 말했다. 또 중국과 한국의 역사적인 주요 사건들을
간략하게 적어서, 처음 공부하는 사람들에게 역사를 손쉽고 부
담 없이 가까이 할 수 있게 했다.

　전반적으로는 중국사(中國史)에 치중하여 사대주의(事大主
義)적인 것으로 볼 수 있다는 점에서 비판의 여지가 있지만, 당
시의 한국사(韓國史)는 독자적인 민족의 역사라기보다 같은 문
화권 안에서 중국의 일부로서의 역사로 여길 수 있었다는 점을
생각하지 않을 수 없다.

　중국의 역사는 천지창조서부터 명(明)나라시대까지 한족(漢
族) 중심의 중화주의(中華主義)적인 설명을 했는데, 삼황오제
(三皇五帝)의 신화적인 것과 삼대(三代)의 융성, 춘추전국시대
의 혼란, 진(秦)의 폭정과 후대 왕조에 대해서 설명했으며, 하
(夏)·은(殷)·주(周) 삼대(三代) 이전에는 삼강오상(三綱五常)
의 도리가 잘 지켜져서 세상이 평화스러웠지만, 삼대 이후로
그 도리가 무너져 세상이 혼란스러워졌다고 했다. 다시 말해서
국가나 사회의 흥망(興亡)과 안위(安危)가 도의에 따른다는 것
을 강조하여, 배우는 사람들로 하여금 이를 실천할 것을 권유
했다.

　한국사의 서술은 단군(檀君)부터 시작하여 요(堯)나라와의
병립(竝立)을 주장하여 국호가 조선(朝鮮)이었음을 명확히 밝
혔다. 그러나 기자조선(箕子朝鮮)과 위만조선(衛滿朝鮮)의 부

분은 중국의 영향을 많이 받아 조선에 예의와 도의가 전래된 것 같이 묘사해서 사대주의적이라는 비판의 여지가 있다. 또한 삼한(三韓)에 대해서도 마한과 진한을 중국 사람이 세웠다는 의문스러운 언급을 했다. 당나라의 고구려와 백제 정벌도 부정적으로 보지 않았다. 또 고려 말기의 우왕(禑王)을 신우(辛禑)라 지칭해서 조선왕조 개국의 정당성을 주장했으며, 끝으로 조선을 '소중화(小中華)'라고 자랑스럽게 지칭하며 배우는 사람들이 분발하도록 말했다.

발문은 진사(進士) 박정의(朴廷儀)가 송시열에게 〈동몽선습(童蒙先習)〉을 가져와서, 자신의 고조부 박세무가 지은 것이라 하며 발문을 청했기 때문에 지은 것이다. 송시열은 일찍이 〈동몽선습〉의 저자를 알지 못하고 있었음을 아쉬워하다가 저자가 박세무라는 것을 알고, 발문에서 그의 약력과 함께 책의 간결하고 명료한 설명을 칭찬하고 책의 가치를 강조했다.

〈동몽선습〉은 독립된 역사책도 아니고 비록 사대주의적이기는 하지만, 중요한 것은 조선시대에 이르러 일반적인 교재로서의 역사서로 채택되었다는 점이다. 당시 역사를 체계적으로 정리한 책을 교재로 썼다는 측면에서 마련한 것이 바로 동몽선습이다. 물론 중국사에 치중하여 그 내용을 수록했기 때문에 나름대로 비판받아야 할 충분한 이유는 있다. 그러나 그 시대에 우리나라의 역사를 수록하여 천자문을 뗀 학생들에게, 윤리교육 다음으로 중요한 가치를 실어주는 역사를 가르쳤다는 점을 간과할 수는 없다.

어쨌든 조선 말기 신학문이 도입될 때까지 〈동몽선습〉은 당시 우리나라 일반 사람의 기초적 역사 인식에 큰 영향을 미쳤다는 것은 부정할 수 없다.

▶ 계몽편(啓蒙篇)에 대하여

조선시대의 아동교육용 교과서로, 저자나 연대는 알 수 없고, 사물의 이치에 익숙하지 않은 어린아이들에게 정신적인 영역을 보다 넓고 깊게 이끌며, 배움에 대한 관심을 넓게 하고 높게 하려는 데 초점을 맞춘 책이다.

장절(章節)이 비교적 짤막하여 초학자(初學者)가 음을 읽고 그 뜻을 익히기에 비교적 쉽게 되어 있으며, 언해본(諺解本)이 있어 여성들의 교재로도 사용되었을 가능성이 높다.

그 내용은 수편(首篇)·천편(天篇)·지편(地篇)·물편(物篇)·인편(人篇 : 본디 제목은 없음)으로 되어 있으며, 산법(算法)도 수록되어 있어서 윤리와 덕목이 중심인 조선시대의 아동 교재가 지녔던 전통성의 한계를 극복하였다고 할 수 있다.

서당이나 향교에서는 아이들에게 글을 가르칠 때, 먼저 〈천자문〉이나 〈유합(類合)〉으로 한자를 익히게 한 다음, 교훈적인 교재로서 〈계몽편〉이나 〈동몽선습〉을 가르쳤다.

▶ 동몽수지(童蒙須知)에 대하여

중국 남송(南宋)시대의 성리학자 주자가 어린아이들이 공부를 하기에 앞서서 기본적으로 갖추어야 할 일상생활 속의 몸가짐을 기록한 수신서(修身書)이다.

우리나라에는 고려 말 경에 들어 온 것으로 추정되며, 조선시대에 들어와서 아동 교육용으로 널리 사용되었으며, 그 내용은 〈의복관구(衣服冠屨)〉·〈언어보추(言語步趨)〉·〈쇄소연결(灑掃涓潔)〉·〈독서문자(讀書文字)〉·〈잡세사의(雜細事宜)〉로 구성되어 있다.

주자는 어린아이들의 배움은 의복과 갓과 신을 갖추는 일, 올바른 언어와 걸음걸이를 익히는 일, 주변을 정리하고 청소하는 일,

책을 읽고 글자를 쓰는 일, 일상생활에서 해야 할 사소한 일까지도 조목조목 열거하여 마땅히 모두 알아야 한다는 것을 강조하였다.

주자는 이외에도 몸을 닦고(修身), 마음을 다스리며(治心), 부모를 섬기고(事親), 사물을 접하여(接物), 이치를 궁리하는 일(窮理) 등은 성현(聖賢)들의 전훈(典訓)을 통해 잘 살필 수 있는 것이니, 이러한 일들 하나하나를 소홀히 해서는 안 됨을 밝히고 있다.

이 책은 1517년 목판본으로 간행 된 것을 비롯하여 우리나라에 10여 종의 판본이 있다.

▶ 격몽요결(擊蒙要訣)에 대하여

격몽요결(擊蒙要訣)은 어린이에게 뜻을 세워 부모를 봉양하고 남을 대접할 줄 알며, 몸을 닦고, 독서의 방향을 교육하기 위해 이이가 1577년(선조 10년)에 저술하였다. 내용은 10개의 장으로, 입지(立志)·혁구습(革舊習)·지신(持身)·독서(讀書)·사친(事親)·상제(喪制)·제례(祭禮)·거가(居家)·접인(接人)·처세(處世) 등으로 나누었다. 책 끝에 사당도(祠堂圖)·시제도(時祭圖)·설찬도(設饌圖)·제의(祭儀)·출입의(出入儀)·참례의(參禮儀)·천헌의(薦獻儀) 등이 부록으로 붙어 있다. 조리 있는 서술과 배우고 익혀 실천하기에 적절한 덕목을 수록한 점이 특징이며, 저술 직후부터 왕으로부터 일반 유생에게까지 널리 익혀졌다. 인조대에는 전국 향교의 교재가 되기도 하였다. 초학자들에게는 〈천자문〉·〈동몽선습〉에 이어 널리 읽혀졌으며, 국립중앙도서관 등에 소장되어 있다.

〈격몽요결〉은 저술 당시부터 현대에 이르도록 여러 형태로 간행되었다. 예를 들어 1629년(인조 7년)에는 황해감사가 수백 권을 인쇄하여 조정에 바쳐 반포하게 하였으며, 다음해에는 예조에서 〈소학(小學)〉·〈오륜가(五倫歌)〉와 함께 간행하였고,

〈율곡전서(栗谷全書)〉에도 실려 있다.

내용은 이이가 해주에서 학도들을 가르친 경험을 바탕으로 기초교육에 대해 정리한 것으로서, 저자가 국왕의 학문을 위해 저술한 〈성학집요(聖學輯要)〉, 관학(官學) 교육을 위해 저술한 〈학교모범(學校模範)〉에 대응하는 책이다.

이이는 성리학을 체질화한 사림파가 정권을 잡고 그들의 이념을 나라 정치의 전반에 본격적으로 적용해 나가던 선조 초년의 정치와 사상을 주도하던 인물로서, 이 책도 단순히 아동을 교육하기 위한 개인적인 저술이 아니라 학문을 통해 사림파의 이념을 사회 저변에 확산하기 위한 근본적인 노력의 일환이었다고 볼 수 있으며, 초기 사림 이래의 〈소학〉에 대한 관심과 연구가 결실을 맺은 저술이다.

1635년 이이를 문묘에 종사할 것을 건의한 유생들이 이 책을 〈성학집요〉와 함께 그의 대표적인 저술로 꼽고 학자 일반의 일상생활에 극히 절실한 책이라고 높인 것은 위와 같은 까닭에서였다.

〈격몽요결〉은 10개의 장으로 구성되었으며, 각 장마다 여러 항목이 나열되어 있다. 학문이란 특별한 것이 아니라 인간이 인간답게 살아가기 위하여 일상생활에서 마땅하게 해나가는 것이라는 입장에서 저술되었다. 물론 이 때의 일상생활은 아버지는 자애롭고, 자식은 효성스러워야 하며, 신하는 충성되고, 부부는 유별해야 하고, 형제간에는 우애가 있고, 어린 사람은 어른을 공경해야 하고, 친구끼리는 신의가 있어야 한다는 유교의 이념을 구현하는 것이었다. 따라서 이 책의 목적은 배우는 사람에게 뜻을 세우고 몸을 삼가며 부모를 모시고 남을 대하는 방법을 가르쳐, 마음을 닦고 바른 도리를 배우게 하는 기초를 세우도록 노력하게 한다는 데 있으며, 동시에 저자도 스스로를 경계하고 반성하는 자료로 삼고자 했다.

　제1장 입지(立志)에서는 학문에 뜻을 둔 모든 사람은 성인(聖人)이 되는 것을 목표로 하여 물러서지 말고 나아가라고 했고, 제2장 혁구습(革舊習)에서는 학문을 성취하려면 모방과 안일만을 생각하는 좋지 않은 오랜 습관을 과감히 떨쳐버려야 한다고 하였다. 제3장 지신(持身)에서는 몸을 닦고 지키는 방법을 제시하여, 뜻을 어지럽히지 말고 학문의 기초를 마련하도록 하였다. 제4장 독서(讀書)에서는 독서가 도리를 완성하기 위한 궁리의 전제가 되므로, 단정한 자세로 정독할 것을 가르치고 마음의 양식이 되는 독서의 순서를 제시하여, 삶에 보탬이 되는 식견을 키우되 이단과 잡류의 책은 읽지 못하게 하였다. 여기서 정립된 독서 순서와 방법은 조선의 사림파가 그들의 사상 체계를 세워 유교의 모든 경전과 성리서를 조망하게 되었음을 보여주는 학문적 성과이다. 제5장 사친(事親)에서는 일상생활에서의 효도를, 제6장 상제(喪祭)와 제7장 제례(祭禮)에서는 주희의 〈가례〉에 따라서 해야 할 예법 등이 실려 있다. 제8장 거가(居家)에는 부부간의 예를 비롯하여 집안을 다스리고 가산을 관리하는 방법을, 제9장 접인(接人)에는 사회생활을 하는 데 필요한 기본적인 교양을, 제10장 처세(處世)에서는 과거시험을 거쳐 벼슬 생활을 하는 데 필요한 자세가 실려 있다.

|차례|

머리말 · 5

▶ 동몽선습(童蒙先習)

▶ 계몽편(啓蒙篇)

동몽선습(童蒙先習)

동몽선습(童蒙先習)은 조선 명종 때 학자 박세무(朴世茂)가 저술하였다. <천자문>을 익히고 난 후의 학동들이 배우는 초급교재로, 먼저 부자유친(父子有親), 군신유의(君臣有義), 부부유별(夫婦有別), 장유유서(長幼有序), 붕우유신(朋友有信)의 오륜(五倫)을 설명하였다. 이어 중국의 삼황오제(三皇五帝)에서부터 명나라까지의 역대사실(歷代史實)과, 한국의 단군에서부터 조선시대까지의 역사를 약술하였다.

이 책의 중요성을 깨달은 영조는 교서관(校書館)으로 하여금 발간하여 널리 보급하도록 하였다. 1541년(중종 36)에 쓴 저자의 친필사본(親筆寫本)은 한국학중앙연구원에 소장되어 있다. 초간본은 전하지 않고 1759년(영조 35)의 중간본만 전하며, 1742년 영조가 쓴 서(序)와 1770년에 송시열이 쓴 발(跋)이 있다.

어제동몽선습서(御製童蒙先習序)

夫此書 卽東儒所撰也 總冠以五倫 復以父子君臣夫婦長
부차서 즉동유소찬야 총관이오륜 부이부자군신부부장

幼朋友 列之于次 而其自太極肇判 三皇五帝 夏殷周
유붕우 열지우차 이기자태극조판 삼황오제 하은주

漢唐宋以至皇朝 歷代世系 纖悉備錄 逮夫我東 始檀君
한당송이지황조 역대세계 섬실비록 체부아동 시단군

歷三國 至于我朝 亦爲俱載 文雖約 而錄則博 卷雖小
역삼국 지우아조 역위구재 문수약 이록즉박 권수소

而包則大 其況堯舜之道 孝弟而已 舜之命契 以五品爲重
이포즉대 기황요순지도 효제이이 순지명설 이오품위중

此文之冠以五倫者 其意宏矣 噫 孝於親然後 忠於君
차문지관이오륜자 기의굉의 희 효어친연후 충어군

弟於兄然後 敬于長 以此觀之 五倫之中 孝弟爲先
제어형연후 경우장 이차관지 오륜지중 효제위선

雖然 詩贊文王曰 於緝熙敬止 敬者 成始終徹上下之工
수연 시찬문왕왈 어집희경지 경자 성시종철상하지공

夫也 故 大學要旨 卽敬字也 中庸要旨 卽誠字也
부야 고 대학요지 즉경자야 중용요지 즉성자야

誠敬 亦於學問 車兩輪鳥兩翼者也 今予於此書 以誠
성경 역어학문 거량륜조양익자야 금여어차서 이성

敬二字 冠于篇首 誠然後 能免書自我自 敬然後 可以
경이자 관우편수 성연후 능면서자아자 경연후 가이

欽體欽遵　學豈可忽乎哉　予又於卷下　國初開創　受號
흠체흠준　학기가홀호재　여우어권하　국초개창　수호

朝鮮之文　慨然追慕　三復興感也　噫　繼繼承承　重熙累洽
조선지문　개연추모　삼부흥감야　희　계계승승　중희루흡

寔是至仁盛德　深恩隆惠　垂裕後昆之致　繼體之君　式體
식시지인성덕　심은융혜　수유후곤지치　계체지군　식체

至德　兢兢業業　誠心調劑　至于蕩蕩　誠心愛民　永保元元
지덕　긍긍업업　성심조제　지우탕탕　성심애민　영보원원

則吾國其庶幾也　吾國　其庶幾也　且我東禮義　雖因箕聖
즉오국기서기야　오국　기서기야　차아동예의　수인기성

之敎　三韓以後　幾乎泯焉　入于我朝　禮義畢擧　文物
지교　삼한이후　기호민언　입우아조　예의필거　문물

咸備　惜乎　述者之猶遺乎此哉　嗟爾小子　益加勉旃也夫
함비　석호　술자지유유호차재　차이소자　익가면전야부

時玄黓閹茂朝月上浣　命芸館而廣印　作序文於卷首
시현익엄무조월상완　명예관이광인　작서문어권수

임금이 지은 동몽선습 서문

　이 책은 바로 우리나라 유학자가 지은 것이다. 첫머리에는
오륜(五倫)을 통틀어 논하고, 다시 부자·군신·부부·장유·붕우
의 도리를 다음에 열거하였다. 태극(太極)이 처음 나눠짐에서
부터 삼황(三皇)·오제(五帝)와 하(夏)·은(殷)·주(周)·한(漢)·당
(唐)·송(宋)을 거쳐 명나라에 이르기까지 역대의 세계(世系)를

자세하게 기록하고, 우리나라에 이르러서는 단군에서 시작하여 삼국시대(三國時代)를 거쳐서 조선에 이르기까지 역시 자세하게 기록하였다.

글은 비록 간략하지만 기록한 범위는 넓고, 책은 비록 작지만 포함하고 있는 뜻은 크다. 더욱이 요순의 도는 효도와 공경일 뿐이겠는가. 순임금이 설(契)에게 명령하여 오품(五品)을 가장 중하게 하셨으니, 이 책에서 오륜(五倫)을 맨 처음에 놓은 것은 그 뜻이 깊은 것이다.

아! 부모에게 효도한 뒤에 임금에게 충성하고, 형을 공경한 뒤에 윗사람을 공경하니, 이것을 기준으로 본다면 오륜 가운데에서 효제가 으뜸이다. 그러나 〈시경〉에서는 문왕을 칭찬하면서 "아! 공경의 덕을 밝히셨다."고 했으니, 공경이란 처음과 끝맺음을 바로하고, 위와 아래를 이어주는 공부이다. 그러므로 〈대학〉의 요지는 경(敬)이라는 한 글자에 있고, 〈중용〉의 요지는 성(誠)이라는 한 글자에 있다. 誠과 敬은 또한 학문에 있어서 마치 수레의 두 바퀴, 새의 두 날개와 같다고 하겠다.

이제 내가 이 책에서 誠과 敬 두 글자를 가지고 책머리에 강조한다. 마음을 정성스럽게 한 뒤에 책은 책대로, 나는 나대로인 것에서 벗어날 수 있고, 공경한 뒤에야 가르침을 본받고 따를 수 있는 것이니, 배움에 있어서 어찌 이를 가볍게 할 수 있겠는가.

나는 또 책 맨 끝에 나오는, 나라를 처음 세우고서 조선이라는 국호를 받았다는 부분에 대하여, 개연히 추모해서 세 번을 반복하여 읽고 감동했다. 아! 대대로 이어받아서 문물이 빛나고 정치가 밝았던 것은, 참으로 지극한 덕성과 깊은 은혜가 후손들에게 미친 까닭이다. 앞으로 왕업을 이어갈 임금들도 이 지극한 덕성을 본받아서 삼가고 두려워하며 성심으로 백성을 보살펴 길이 보전한다면, 우리나라도 앞날을 크게 기대할 수 있을 것이다.

또한 우리나라의 예의가 비록 기성(箕聖)의 가르침에서 나왔다고 하지만, 삼한(三韓) 이후에는 거의 사라졌다가 우리 조선조에 들어와 예의가 밝아지고 문물이 다 갖추어졌는데, 안타깝게도 이 책을 지은이가 이 내용을 빠뜨리고 기록하지 않았다. 아! 어린이들은 더욱 힘써야 한다.

때는 임술년(1742년) 정월 상순에 예관(芸館)에 명하여 널리 간행토록 하고 책머리에 서문을 쓴다.

[訓讀]

*儒 : 선비 유. *撰 : 지을 찬. *肇 : 비로소 조. *悉 : 다 실. 모두 실. *逮 : 미칠 체. *雖 : 비록 수. *偰 : 사람이름 설. 계약 계. *矣 : 어조사 의. 말 끝날 의. *噫 : 탄식할 희. 느낄 희. 감탄사. *於 : 어조사 어. 탄식할 오. 감탄사. *止 : 그칠 지. 여기서는 어조사로 별 뜻이 없음. *豈 : 어찌 기. *忽 : 소홀할 홀. *洽 : 적실 흡. 두루미칠 흡. *寔 : 참으로 식. 진실로 식. *昆 : 자손 곤. 맏이 곤. *兢 : 조심할 긍. 삼갈 긍. *蕩 : 씻을 탕. 넓을 탕. *箕 : 키 기. *泯 : 사라질 민. 멸망할 민. *咸 : 다 함. 두루미칠 함. *嗟 : 탄식할 차. *旃 : 깃대 전. 말그칠 전. *岡 : 모기장 강. 時의 옛글자. *黓 : 검을 익. *閹 : 내시 엄. 고자 엄. *浣 : 옷빨 완. 열흘사이 완.

[語釋]

*어제(御製) : 임금이 지음. 임금이 하는 일에는 반드시 앞에 御가 붙음. *서(序) : 머리말. 서문(序文). *부(夫) : 어조사로도 쓰여 대체로 등의 뜻이 됨. *동유(東儒) : 중국의 동쪽에 있는 유학자(儒學者)라는 말로, 즉 우리나라의 선비라는 뜻. *소찬(所撰) : 所는 바의 뜻, 撰은 짓는다는 뜻

으로 '지은 바', '지은 것' 등을 뜻함. *총관이오륜(總冠以五倫) : 총은 한 꺼번에 묶는 것이고, 관은 처음이니, 오륜의 도리를 처음에서 한데 묶어 논한다는 뜻. *태극(太極) : 우주 만물이 생겨난 본체를 뜻함. *조판(肇判) : 처음으로 갈라짐. *삼황(三皇) : 중국에서 말하는 최초의 지도자 세 사람을 말함. 그 세 사람을 가리키는 데는 여러 가지 설이 있음. 첫째는 천황(天皇)·지황(地皇)·인황(人皇)을 말하고, 둘째는 수인(燧人)·복희(伏羲)·신농(神農), 셋째는 복희·신농·축륭(祝融), 넷째는 복희·여와·신농, 다섯째는 복희·신농·황제(黃帝)를 말함. *오제(五帝) : 삼황에 다음가는 지도자로 다섯 임금을 말하는데, 역시 여러 가지 설이 있음. 주로 황제(黃帝)·전욱(顓頊)·제곡(帝嚳)·요(堯)·순(舜)을 말함. *하(夏) : 고대 중국의 나라로, 은나라의 탕왕(湯王)에게 멸망함. 약 400년 동안 존속함. *은(殷) : 고대 중국의 나라로, 탕왕이 하나라를 멸하고 세운 나라. 주나라 무왕(武王)에게 멸망함. *주(周) : 고대 중국의 나라, 무왕이 은나라를 멸하고 세웠음. *한(漢) : 유방(劉邦)이 진(秦)나라를 멸하고 세운 나라로, 전한(前漢)과 후한(後漢)으로 나누어짐. *당(唐) : 이연(李淵)이 그의 아들 이세민의 도움을 받아 수(隋)나라를 멸하고 세운 나라. *송(宋) : 조광윤(趙匡胤)이 후주(後周)를 멸하고 세운 나라. *황조(皇朝) : 우리나라에서 명(明)나라를 높여 부르는 말. *단군(檀君) : 우리나라 건국의 시조. *삼국(三國) : 신라·고구려·백제를 말함. *효제(孝第) : 효는 효도, 제는 윗사람에게 공손한 것을 뜻함. *설(契) : 중국 순임금 때 사람으로, 홍수(洪水)를 다스려서 공을 세움. *시(詩) : 〈시경(詩經)〉의 시를 말함. *문왕(文王) : 옛 중국 주나라 무왕(武王)의 아버지. 어진 정치로 백성을 잘 살게 했음. *집희경지(緝熙敬止) : 집희는 광명(光明)을 뜻하여, 공경의 덕을 계속해서 밝히는 것을 말함. *성시종(成始終) : 시작과 끝을 잘 맺음. *철상하(徹上下) : 위아래를 통하게 함. *대학(大學) : 논어(論語)·맹자(孟子)·중용(中庸)과 함께 사서(四書)의 하나. *서자아자(書自我自) : 글은 글대로 나는 나대로, 즉 글은 읽되 다른 데에 정신이 있음. *흠체(欽體) : 공경하여 본받음. *흠준(欽遵) : 공경하여 좇음. *여(予) : 임금이 자신을 가리켜 쓰는 말. *삼부(三復) : 세 번 되풀이하는 것이니, 여러 번 되풀이 하는 것을 말함. *흥감(興感) : 감격하는 마음을 일으킴. *계계승승(繼繼承承) : 대대로 이어 내려옴. *중희(重熙) : 거듭해서 밝은 것이니, 거듭해서 흡족하다는 뜻. *수유후곤지치(垂裕後昆之致) : 수유는 넉넉하게 전함, 후곤은 후손, 치는 소치(所致)이니, 후손에게 넉넉히 전해서 이루게 한다는 말. *계체지군(繼體之君) : 왕업을 이어받는 임금. *식체(式體) : 삼가 본받음. *긍긍업업(兢兢業業) : 두려워하고 삼감. *탕탕(蕩蕩) : 넓고 큼. *원원(元元) : 여기에서는 백성을 말함. *기성(箕聖) : 기자(箕子)를 성인(聖人)으로 높여 부르는 말. *삼한(三韓) : 마한(馬韓)·진한(辰韓)·변한(弁韓) 세 부족 국가를 말함. *기호(幾乎) : 거의. *민언(泯焉) : 민은 없어짐, 언은 어조사로, 했다는 뜻. *아조(我朝) : 우리나라. *필거(畢擧) : 모두 일으킴. *석호(惜乎) : 석은 애석, 호는 어조사로, 여기에서는 하도다의 뜻. *차이(嗟爾) : 차는 감탄사, 이는 어조사로, 별다른 뜻이 없음. *소자(小子) : 부모에 대하여 자신을 가리키는 말. *현익엄무(玄黓閹茂) : 현익은 임(壬), 엄무는 술(戌)이니, 임술년으로, 여기에서는 영조 18년을 말함. *조월(朝月) : 정월(正月)을 말함. *상완(上浣) : 상한(上澣)과 같으며, 상순(上旬)을 말함. *예관(藝館) : 조선시대에 도서(圖書)의 간행을 맡아보던 기관. 교서관(校書館)의 다른 이름.

[大意]

이 글은 조선 영조 임금이 지은 동몽선습의 서문이다. 이 글에서 〈동몽선습〉의 내용은 부모와 자식, 임금과 신하, 남편과 아내, 어른과 어린이, 친구 사이의 도리, 즉 오륜을 밝히고, 또 우주의 원리인 태극에서부터 음(陰)과 양(陽)의 두 기운이 생겨나서 세상의 만물을 이룬 뒤로 중국과 우리나라의 역사를 체계적으로 정리해서 보는 사람들이 알기 쉽게 했다고 했다.

포함된 범위는 넓지만, 그 말은 간략하고 요긴해서 사람들에게 정말로 유익한 것이다. 옛 중국을 다스린 요임금과 순임금이 강조한 것은 효도와 섬김의 도리였고, 순임금이 설에게 명한 것도 오륜의 도리를 귀중하게 함이었다. 오륜이 빛나야 세상의 질서가 바로 잡히는 것이니, 이 책의 첫머리에 오륜을 그 뜻이 깊은 것이라는 것을 밝혔다.

또 〈시경〉에서 문왕을 찬양하는 시(詩)를 예로 들고, 유교의 경전인 〈대학〉의 가르침이 일을 성실하게 함에 있고, 〈중용〉의 가르침이 마음을 공경하게 함에 있다는 것을 들어서 오륜의 도리를 실천할 것을 강조했다.

이어서 우리나라가 예부터 중국을 숭배하는 사상이 있어서, 태조 이성계가 조선을 세웠을 때 명나라로부터 국호를 받았다는 부분에서 감회에 젖었음을 밝히고, 후세에 임금이 되는 사람들도 명나라의 인덕을 본받아 더욱 삼가고 힘써서 나라를 빛낼 것을 당부했다.

그리고 옛날 기자가 숭상하여 교화했던 예의(禮義)가, 삼한시대에 사라졌다가 조선시대에 들어오면서 유학(儒學)을 숭상하여 다시 갖추어졌음을 〈동몽선습〉에서는 빠뜨린 것에 대해 애석해했다.

동몽선습(童蒙先習)

天地之間萬物之衆　惟人　最貴　所貴乎人者　以其有
천지지간만물지중　유인　최귀　소귀호인자　이기유

五倫也　是故　孟子曰　父子有親　君臣有義　夫婦有別
오륜야　시고　맹자왈　부자유친　군신유의　부부유별

長幼有序　朋友有信　人而不知有五常　則其違禽獸
장유유서　붕우유신　인이부지유오상　즉기위금수

不遠矣　然則父慈子孝　君義臣忠　夫和婦順　兄友弟恭
불원의　연즉부자자효　군의신충　부화부순　형우제공

朋友輔仁然後　方可謂之人矣
붕우보인연후　방가위지인의

　　하늘과 땅 사이에 있는 만물의 무리 가운데에서 오직 사람이
가장 귀한데, 사람을 귀하게 여기는 까닭은 오륜(五倫)이 있기
때문이다. 이런 까닭으로 맹자(孟子)는 "아버지와 자식 사이에
는 친함이 있어야 하고, 임금과 신하 사이에는 의리가 있어야
하며, 남편과 아내 사이에는 분별이 있어야 하고, 어른과 어린
이 사이에는 차례가 있어야 하며, 친구 사이에는 믿음이 있어
야 한다."고 했다. 사람이면서 이 다섯 가지 도리를 알지 못하
면 짐승과 다를 것이 없다. 그러므로 부모는 자식을 사랑하고
자식은 효도하며, 임금은 신하에게 의롭고 신하는 임금에게 충
성하며, 남편은 가족을 화합하고 아내는 남편에게 순종하며,
형은 우애하고 동생은 공경하며, 친구 사이에는 인(仁)으로 서

로 도와야 비로소 사람이라고 할 수 있다.

[訓讀]
*衆 : 무리 중. *遠 : 멀 원. *輔 : 도울 보. 보좌할 보. 덧방나무 보.

[語釋]
*오륜(五輪) : 사람이 지켜야 할 다섯 가지 도리. 부자유친(父子有親)과 군신유의(君臣有義)와 부부유별(夫婦有別)과 장유유서(長幼有序)와 붕우유신(朋友有信)을 말함. *맹자(孟子) : 중국 춘추전국시대의 사람으로, 공자 다음가는 성인으로 아성(亞聖)으로 불림. *오상(五常) : 오륜과 같은 말로, 변하지 않는 인간의 다섯 가지 바른 도리를 뜻함.

[大意]
　사람에게는 오륜이 있어서 다른 동물에 비해 고귀한 존재라는 것을 말했다. 오륜은 인간이 행하는 모든 도덕의 근본이며, 이 오륜의 도리를 잘 지켜야 가정과 사회가 평안하고, 비로소 사람다운 사람이 된다고 했다.

　세상에서 가장 귀한 것은 사람이다. 그 까닭은 사람에게 오륜(五倫)이 있기 때문이다.

　이런 까닭에 맹자(孟子)는, 아버지와 자식 사이에는 친함이 있어야 하고, 임금과 신하 사이에는 의리가 있어야 하며, 남편과 아내 사이에는 분별이 있어야 하고, 어른과 어린이 사이에는 차례가 있어야 하며, 친구 사이에는 믿음이 있어야 한다고 했다. 사람으로 태어나서 이 다섯 가지 도리를 깨닫지 못한다고 하면 짐승과 하나도 다를 것이 없다.

　그러므로 부모는 자식을 사랑하고, 자식은 부모에게 효도하며, 임금은 신하에게 의로워야하고, 신하는 임금에게 충성해야 하며, 남편은 가족을 화목하게 해야 하고 아내는 남편에게 순종해야 하며, 형은 동생을 사랑하고 동생은 형을 공경하며, 친구 사이에는 인(仁)으로 서로 도와야 비로소 사람이라고 할 수 있는 것이다.

이 다섯 가지는 사람이 살아가는 데에 있어서 모든 도덕의 근본이며, 옛날부터 우리나라는 물론 동양의 여러 나라에서 추구해온 것으로, 유교사상(儒敎思想)에 바탕을 두고 있는 윤리관이다. 따라서 이것이 잘 지켜지는 사회가 이상사회(理想社會)라고 본 것이다.

부자유친(父子有親)

父子　天性之親　生而育之　愛而教之　奉而承之　孝而
부자　천성지친　생이육지　애이교지　봉이승지　효이

養之　是故　教之以義方　弗納於邪　柔聲以諫　不使得
양지　시고　교지이의방　불납어사　유성이간　불사득

罪於鄕黨州閭　苟或父而不子其子　子而不父其父　其何
죄어향당주려　구혹부이부자기자　자이불부기부　기하

以立於世乎　雖然　天下　無不是底父母　父雖不慈　子不
이립어세호　수연　천하　무불시저부모　부수부자　자불

可以不孝　昔者　大舜　父頑母嚚　嘗欲殺舜　舜　克諧
가이불효　석자　대순　부완모은　상욕살순　순　극해

以孝　烝烝乂不格姦　孝子之道　於斯至矣　孔子曰　五刑
이효　증증예불격간　효자지도　어사지의　공자왈　오형

之屬　三千　而罪莫大於不孝
지속　삼천　이죄막대어불효

　　부모와 자식은 하늘이 정해준 친한 관계이므로, 부모는 자식
을 낳아서 기르고 사랑하여 가르치고, 자식은 부모를 받들어
부모님의 뜻을 이어가고 효도하면서 봉양한다. 그러므로 부모
는 자식을 바른 도리로 가르쳐서 나쁜 길로 가지 않게 해야 하
며, 자식은 부모에게 부드러운 목소리로 간해서 고을과 마을에
서 죄를 짓지 않도록 해야 한다.
　　만약에 부모로서 자기 자식을 사랑하지 않고, 자식으로서 자

기 부모를 사랑하지 않으면 어떻게 세상에 설 수 있겠는가. 그렇지만 천하에는 옳지 않은 부모가 없으니, 부모가 비록 자식에게 인자하지 않더라도 자식은 효도하지 않으면 안 된다

옛적에 위대한 순(舜)임금의 아버지는 완악(頑惡)하고, 새어머니는 모질어서 늘 순을 죽이려 했으나, 순이 효도로써 화합하고, 끈질기게 좋은 길로 인도해서 나쁜 일을 하지 않게 하였으니, 효자의 도리가 지극하였다.

공자는 "오형(五刑)에 속하는 죄목이 3,000가지이지만 그중에서도 불효보다 더 큰 죄는 없다."고 말했다.

[訓讀]
*弗 : 아니 불. 不과 같음. *邪 : 간사할 사. *閭 : 마을 려. *苟 : 진실로 구. *底 : 밑 저. 어조사로 '~의'. *罵 : 어리석을 은. *嘗 : 일찍 상. *諧 : 어울릴 해. *烝 : 찔 증. *乂 : 벨 예. 다스릴 예. *斯 : 이 사. 어조사로 則과 같음.

[語釋]
*천성(天性) : 선천적으로 타고난 성품. *봉이승지(奉而承之) : 봉은 받드는 것, 이는 어조사, 승은 이어받음을 뜻하므로, 순종한다는 말. *유성이간(柔聲而諫) : 부드러운 목소리로 간하다. *향당(鄉黨) : 태어나 사는 마을. *주려(州閭) : 주는 고을, 려는 마을. *부자기자(不子基子) : 자식을 자식으로 대하지 않는 것. *하이(何以) : 무엇으로. *불시저(不是底) : 옳지 않은 것. 여기에서 底는 的과 같아서 어조사로 쓰임. *불가이(不可以) : 해서는 안 됨. *대순(大舜) : 옛 중국의 순임금을 높여 부르는 말. *극해이효(克諧以孝) : 효도를 다해 화합함. *증증예(烝烝乂) : 끈질기게 다스림. 여기에서는 끊임없이 좋은 길로 인도하는 것. *불격간(不格姦) : 나쁘게 되지 않게 함. *오형지속(五刑之屬) : (옛 중국의) 다섯 가

지 형벌에 속함. *막대(莫大) : ~보다 더 큰 것은 없음.

[大意]

부모와 자식 사이의 사랑에 대해서 말했다.

부모와 자식 사이의 사랑은 누가 시키거나 억지로 하는 것이 아니고, 사람이 천성으로 지니고 태어난 것이다. 따라서 부모는 자식을 낳아서 사랑으로 기르고 가르쳐서 훌륭한 사람으로 만들어야 하고, 자식은 부모의 뜻에 따라 순종하고 받들어 모셔야 하며, 부모의 잘못은 부드럽게 간하여 잘못하지 않게 해야 한다.

만약에 부모가 자식에게 잘못하더라도 자식은 더욱 효도해야 한다. 순임금은 어릴 때 어머니를 잃고 완악한 아버지와 사나운 계모 밑에서 온갖 고생을 하며 자랐지만, 그럴수록 효도를 다해 아버지와 계모를 인자한 사람들로 만들었다.

이런 까닭으로 공자는 불효를 세상에서 가장 큰 죄악으로 생각했다.

군신유의(君臣有義)

君臣　天地之分　尊且貴焉　卑且賤焉　尊貴之使卑賤
군신　천지지분　존차귀언　비차천언　존귀지사비천

卑賤之事尊貴　天地之常經　古今之通義　是故　君者　體元
비천지사존귀　천지지상경　고금지통의　시고　군자　체원

而發號施令者也　臣者　調元而陳善閉邪者也　會遇之際
이발호시령자야　신자　조원이진선폐사자야　회우지제

各盡其道　同寅協恭　以臻至治　苟或君而不能盡君道
각진기도　동인협공　이진지치　구혹군이불능진군도

臣而不能修臣職　不可與共治天下國家也　雖然　吾君不能
신이불능수신직　불가여공치천하국가야　수연　오군불능

謂之賊　昔者　商紂暴虐　比干　諫而死　忠臣之節　於斯盡矣
위지적　석자　상주포학　비간　간이사　충신지절　어사진의

孔子曰　臣事君以忠
공자왈　신사군이충

　임금과 신하는 하늘과 땅처럼 분명히 구분되는 관계이다. 임금은 높고 귀하며 신하는 낮고 천하니, 높고 귀한 사람이 낮고 천한 사람을 부리고, 낮고 천한 사람이 높고 귀한 사람을 섬기는 것은 천지간의 어디에나 있는 도리이며, 예나 지금에 공통되는 의리이다.

　이런 까닭으로 임금은 으뜸가는 도리를 본받아 명령을 내리는 사람이고, 신하는 임금을 도와 착한 일을 하게 하여 나쁜 일을 막는 사람이다. 임금과 신하가 만날 때는 각각 그 도리를 다하여 함께 공경하며 지극한 정치를 이루어야 한다.

만약에 임금이면서도 임금의 도리를 다하지 못하고, 신하이면서도 신하의 도리를 다하지 못한다면 함께 천하와 나라를 다스릴 수 없다. 비록 그렇다고 해도 임금이 훌륭한 정치를 하지 못한다고 말하는 사람을 임금을 해치는 사람이라고 한다.

옛적에 상(商)나라 임금 주(紂)가 포학해서, 비간(比干)이 간하다가 죽었으니 충신의 절개가 여기서 다했다. 공자가 신하는 임금을 충성(忠誠)으로 섬겨야 한다고 말했다.

[訓讀]
*焉 : 어찌 언. 어조사. *經 : 길 경. 세로 경 *陣 : 펼 진. 줄 진. *際 : 즈음 제. 사이 제. 만날 제. *臻 : 이를 진. 모일 진. *暴 : 햇빛쬘 폭. 사나울 포.

[語釋]
*상경(常經) : 항상 변하지 않는 도리. 진리. *체원(體元) : 하늘의 섭리를 본받아 나라를 다스림. 여기에서 元은 으뜸가는 도리, 즉 하늘의 섭리를 말함. *진선폐사(陳善閉邪) : 선을 권하고 사악함을 막음. *동인협공(同寅協恭) : 서로 돕는 것. *지치(至治) : 지극하게 잘하는 정치. *오군불능(吾君不能) : 우리의 임금이 무능하다는 말. *상주(商紂) : 옛 중국 상나라의 포학한 임금. *비간(比干) : 옛 중국 주임금의 숙부.

[大意]
임금과 신하 사이의 도리에 대해서 말했다.
임금과 신하는 하늘과 땅처럼 구분되는 관계이므로, 각각 그 도리를 다하여 함께 공경하며 지극한 정치를 이루어야 한다. 임금과 신하 노릇을 하더라도 제대로 해야 한다. 임금과 신하 사이에는 맹목적인 충성이 아니라 의(義)가 있어야 한다고 했다.

임금이면서 임금의 도리를 못하고, 신하이면서 신하의 도리를 못한다면 함께 세상을 다스릴 수 없다. 그러나 그렇다고 하더라도 임금이 훌륭한 정치를 하지 못한다고 말하는 사람을 임금을 해치는 사람이라고 했으니, 목숨을 걸고 간해서 잘 다스리도록 해야 한다.

옛날 중국 상(商)나라 임금인 주(紂)가 포학해서, 비간(比干)이 간하다가 죽었는데 충신의 절의가 여기서 다했다. 나라가 위태로우면 임금을 위하여 목숨을 바쳐 싸우는 것이 충성이다. 공자는 신하되는 사람은 임금을 충성(忠誠)으로 섬겨야 한다고 말했다.

오륜(五倫)을 정립한 맹자는 혈연에 바탕을 둔 부자(父子)간의 도리가 하늘이 두 쪽 나도 깨질 수 없는 천합(天合)이라면, 나라를 잘 다스리는 데 목적을 둔 군신(君臣)의 결합은 의합(義合)으로 그 의(義)가 없어지면 깨질 수밖에 없다고 주장했다.

제나라 선왕이 탕이 걸을 쫓아내고 무왕이 주를 정벌한 사실을 들어 "신하가 임금을 죽여도 되느냐?"고 묻자, "인(仁)을 해치는 사람을 적(賊), 의(義)를 해치는 사람을 잔(殘)이라고 하는데, 잔적(殘賊)은 필부에 지나지 않으니, 필부인 주를 죽였다는 이야기는 들었어도 임금을 시해했다는 말은 듣지 못했다."면서 정당성을 말한 것도 그 때문이었다.

나라가 위태로우면 나라와 임금을 위하여 목숨을 바쳐 싸우는 것은 당연하다. 옛날부터 나라가 위태로울 때 목숨을 바쳐 싸운 사람들은 헤아릴 수 없을 만큼 많다.

그러나 국민이 주인인 오늘날에는 국가의 원수(元首) 개인을 위해서 충성을 할 수는 없다. 다만 국민은 국민에게 주어진 의무를 충실히 다해서 나라를 지켜 복된 사회를 만들어 가야 한다.

부부유별(夫婦有別)

夫婦　二姓之合　生民之始　萬福之原　行媒議婚　納幣
부부　이성지합　생민지시　만복지원　행매의혼　납폐

親迎者　厚其別也　是故　娶妻　不娶同姓　爲宮室　辨內外
친영자　후기별야　시고　취처　불취동성　위궁실　변내외

男子　居外而不言內　婦人　居內而不言外　苟能莊以涖之
남자　거외이불언내　부인　거내이불언외　구능장이리지

以體乾健之道　柔以正之　以承坤順之義　則家道正矣
이체건건지도　유이정지　이승곤순지의　즉가도정의

反是而夫不能專制　御之不以其道　婦乘其夫　事之不以其義
반시이부불능전제　어지불이기도　부승기부　사지불이기의

昧三從之道　有七去之惡　則家道索矣　須是夫敬其身
매삼종지도　유칠거지악　즉가도색의　수시부경기신

以帥其婦　婦敬其身　以承其夫　內外和順　父母其安樂之矣
이솔기부　부경기신　이승기부　내외화순　부모기안락지의

昔者郤缺　耨　其妻饁之　敬　相待如賓　夫婦之道　當如
석자극결　누　기처엽지　경　상대여빈　부부지도　당여

是也　子思曰　君子之道　造端乎夫婦
시야　자사왈　군자지도　조단호부부

　　남편과 아내는 두 성이 결합한 관계로서, 백성들이 태어나는
시초이며 모든 복의 근원이니, 중매를 하여 혼인을 의논하고
폐백을 드리며 친히 맞이하는 것은 그 구별을 두텁게 하기 위
한 것이다. 그러므로 아내를 맞되 같은 성(姓)은 맞이하지 않

고, 집을 짓되 안과 밖을 구별하여 남자는 밖에 거처하면서 안의 일에 대해서는 말하지 않고, 부인은 안에 거처하면서 밖의 일에 대해서는 말하지 않는다. 진실로 남편이 장중(莊重)함으로 하늘의 굳건한 도리를 본받고, 아내는 유순함으로 몸가짐을 바르게 해서 땅이 하늘에 순종하는 의리를 받든다면 집안의 도리가 바로 설 것이다. 이와 반대로, 남편이 마음대로 통솔하지 못하여 아내를 올바르게 이끌지 못하고, 아내가 남편의 잘못을 틈타서 올바른 도리로 섬기지 않고 삼종(三從)의 도리에 어두워서 칠거(七去)에 해당하는 악행이 있다면 집안의 도리가 무너질 것이다. 모름지기 남편은 자신의 몸을 삼가서 아내를 잘 이끌고, 아내는 자기 몸을 공경하게 하여 남편을 잘 받들어서 내외가 화순해야 부모가 편안하고 즐거워할 것이다.

옛적에 극결(郤缺)이 밭에서 김을 맬 때, 그 아내가 참을 내왔는데, 서로 공경하여 대하기를 마치 손님 대하듯 하였다. 부부간의 도리는 마땅히 이와 같아야 한다.

자사(子思)가 말하기를 "군자의 도리는 부부에서 비롯된다."고 했다.

[訓讀]
*原 : 근원 원. *媒 : 중매 매. *議 : 의논할 의. *幣 : 비단 폐. 예물 폐. *厚 : 두터울 후. *娶 : 장가들 취. *妻 : 아내 처. *辨 : 분별할 변. *壯 : 씩씩할 장. *涖 : 임할 리. *乾 : 하늘 건. *坤 : 땅 곤. 팔괘의 하나. *昧 : 어두울 매. 새벽 매. *帥 : 거느릴 솔. 장수 수. *郤 : 고을이름 극. *耨 : 김맬 누. *饁 : 들밥 엽. *賓 : 손님 빈.

[語釋]
*이성(二姓) : 두 가지 성씨(姓氏). 같은 성끼리는 혼인할 수 없으니 성이

달라야 한다는 말. *행매(行媒) : 매는 중매쟁이, 중매쟁이를 보내는 것을 말함. *납폐(納幣) : 결혼에 앞서 신랑 집에서 신부 집으로 폐백, 즉 예물을 보내는 것. *친영(親迎) : 신랑이 신부 집으로 가서 혼례를 치르고 신부를 맞이하는 것. *후기별야(厚其別也) : 후는 철저하게 함을 말하고, 별은 남녀 간의 분별을 말함. *취처(娶妻) : 아내를 맞음, 즉 장가드는 것. *궁실(宮室) : 집. *변내외(辨內外) : 안과 밖을 구별함. *장이리지(莊以涖之) : 장은 장중함, 리는 임하는 것이니, 장중한 태도로 아내를 대하는 것을 말함. *건건(乾健) : 하늘의 도리가 굳센 것. 乾은 여기서 남자를 비유한 것이기도 함. *곤순(坤順) : 땅이 하늘에 순종함. 坤은 여기서 여자를 비유함. *부승기부(婦乘其夫) : 아내가 그 남편의 잘못을 기회로 삼아 이용하는 것. *삼종지도(三從之道) : 옛날 봉건사회에서 여자에게 지키게 했던 세 가지 도리를 말함. 어려서는 아버지를, 시집가면 남편을, 남편이 죽으면 아들을 따르는 것을 말함. *칠거지악(七去之惡) : 여자가 이혼당하는 일곱 가지 죄악. *수(須) : 모름지기. 마땅히. *내외(內外) : 안과 밖, 여기서는 남편과 아내를 뜻함. *극결(郤缺) : 중국 춘추시대의 진나라 사람. *자사(子思) : 옛 중국 노나라 사람으로 공자의 손자. 〈중용(中庸)〉을 지었음.

[大意]

남편과 아내의 도리에 대해서 말했다. 남자로서의 남편과 여자로서의 아내가 부부로서 살아가는 데 분별이 있어야 한다는 뜻이다. 여기에서 분별이란 남편은 남편으로서 본분이 있고, 아내는 아내로서 본분이 따로 있으니 이를 잘 헤아려서 서로 침범하지 않고 잘 지켜야 한다는 말이다.

남녀유별이라는 말과 함께 남녀 간의 차별이라고 생각하여 과거 봉건사회의 남존여비 사상에 나온 것으로 오해하는 사람도 있지만, 여기에서 유별은 남자는 생리적으로나 정신적으로 씩씩하고 굳세며 강하고, 여자는 유순하고 섬세하며 아름다운 본래의 특성을 잘 살려서, 남자는 남자답고 여자는 여자다워야 한다는 뜻이므로, 이는 남녀 간의 불평등한 윤리가 아니라 오히려 남녀 간에 평등한 윤리라 할 수 있다.

자녀를 낳아 기르고 교육하는 데에도 아버지로서의 남편과 어머니로서의 아내의 본분이 서로 다르다. 아버지는 엄격하게 대하고 어머니는 자애로써 감싸 주어야 자녀가 강직하고도 훌륭한 인격을 갖추게 된다. 부부 사이가 비록 사랑하는 사이라 할지라도 서로 인격을 존중하고 자신들의 본분을 서로 지키는 분별함이 있어야 부부간의 사랑도 영원할 수 있는 것이며, 가정생활도 원만해지고 사회도 좋아진다.

이러한 사상은 옛 중국 전한(前漢) 때의 유학자 동중서(董仲舒)가 공자·맹자의 교리에 바탕을 두고 삼강오상설(三綱五常說)을 논한 데에서 유래되었는데, 중국에서뿐만 아니라 우리나라에서도 오랫동안 인도(人道)의 실천덕목으로 존중되어 왔다. 핵가족이 늘어나고 해마다 이혼율이 높아지는 현대사회에 더욱 필요한 윤리라 할 수 있다.

장유유서(長幼有序)

長幼　天倫之序　兄之所以爲兄　弟之所以爲弟　長幼
장유　천륜지서　형지소이위형　제지소이위제　장유

之道　所自出也　蓋宗族鄕黨　皆有長幼　不可紊也　徐行
지도　소자출야　개종족향당　개유장유　불가문야　서행

後長者　謂之弟　疾行先長者　謂之不弟　是故　年長以倍
후장자　위지제　질행선장자　위지불제　시고　년장이배

則父事之　十年以長則兄事之　五年以長則肩隨之　長慈幼
즉부사지　십년이장즉형사지　오년이장즉견수지　장자유

幼敬長然後　無侮少陵長之弊　而人道正矣　而況兄弟
유경장연후　무모소능장지폐　이인도정의　이황형제

同氣之人　骨肉至親　尤當友愛　不可藏怒宿怨　以敗天常也
동기지인　골육지친　우당우애　불가장노숙원　이패천상야

昔者　司馬光　與其兄伯康　友愛尤篤　敬之如嚴父　保之
석자　사마광　여기형백강　우애우독　경지여엄부　보지

如嬰兒　兄弟之道　當如是也　孟子曰　孩提之童　無不知
여영아　형제지도　당여시야　맹자왈　해제지동　무부지

愛其親　及其長也　無不知敬其兄也
애기친　급기장야　무부지경기형야

어른과 어린이는 하늘이 차례를 지어 준 관계이다. 형이 형
노릇을, 아우가 아우 노릇을 하는 것에서 어른과 어린이의 도
리가 비롯된다. 종족(宗族)과 향당(鄕黨)에는 모두 어른과 어
린이가 있으니, 이것을 문란하게 하면 안 된다.

어른의 뒤에 쳐져 천천히 가는 것을 공손하다고 하고, 어른
보다 앞서 빨리 가는 것을 공손하지 않다고 한다. 그러므로 나
이가 나보다 갑절이 많으면 부모를 섬기듯 하고, 열 살이 많으
면 형을 섬기듯 하며, 다섯 살이 많으면 어깨를 맞춰 뒤에 따라
간다. 어른은 어린이를 사랑하고, 어린이는 어른을 공경하면
어린이를 업신여기거나 어른을 능멸하는 폐단이 없어져서 사
람의 도리가 바로 선다.

하물며 형제는 같은 기운을 함께 나눈 사람이고, 뼈와 살을
나눈 지극히 가까운 관계이니 더욱 우애해야 할 것이며, 노여
움을 마음속에 감추고 원한을 품어 하늘의 도리를 무너뜨려서
는 안 된다.

옛적에 사마광(司馬光)이 그의 형 백강(伯康)과 우애가 매우
돈독하여 형을 아버지처럼 공경하고, 어린아이같이 보호했는
데, 형제의 도리는 마땅히 이와 같아야 한다.

맹자는 "손을 잡고 데리고 다닐만한 어린아이도 자신의 부모
를 사랑할 줄 모를 리 없고, 자라서는 형을 공경할 줄 모를 리
가 없다."고 했다.

[訓讀]
*盖 : 덮을 개. 대개 개. = 蓋. *紊 : 어지러울 문. *徐 : 천천히 서.
*疾 : 병 질. 빠를 질. *肩 : 어깨 견. *隨 : 따를 수. *侮 : 업신여길
모. *陵 : 큰언덕 릉. 업신여길 릉. *弊 : 폐단 폐. *況 : 하물며 황. *尤
: 더욱 우. *藏 : 감출 장. *宿 : 잘 숙. *伯 : 맏 백. *嬰 : 어릴 영.
*孩 : 아이 해. *提 : 끌 제.

[語釋]
*천륜(天倫) : 부모와 자식. 형제 사이의 불변의 도리. *형지소이위형(兄

之所以爲兄) : 所以는 까닭을 말하므로, 형이 형이 되는 까닭. *종족(宗族) : 같은 성씨의 친족. *질행(疾行) : 빨리 가는 것. *연장(年長) : 나이가 많음. *견수지(肩隨之) : 之는 어조사, 어깨를 나란히 따라가다. *동기지인(同氣之人) : 같은 부모의 기운을 받아 태어난 사람. *장노(藏怒) : 노여움을 마음속에 간직함. *숙원(宿怨) : 원망하는 마음을 갖는 것. *천상(天常) : 천륜의 도리. *사마광(司馬光) : 중국 송나라 사람으로 정치가이며 학자. 〈자치통감〉의 저자. *백강(伯康) : 사마광의 형. *해제지동(孩提之童) : 손을 잡고 데리고 다닐 만한 나이의 아이.

[大意]

어른과 어린아이 사이에 차례가 있는 것은 사람이 살아가는 질서이다. 형이 먼저 태어나고 아우가 뒤에 태어나서, 아우는 형을 받들고 형은 아우를 사랑함은 세상 어디에나 마찬가지이다. 이것은 사람의 자연적인 정(情)의 표현이다.

옛날에는 사람이 살아가는 모든 생활 속에서 어른과 어린 사람의 차례를 지켰다. 어른과 길을 갈 때면 어린 사람은 반드시 뒤에서 가고, 좌석에 앉을 때에도 어른이 먼저 앉고 어린 사람이 앉았고, 또 나이 차례대로 앉았으며, 식사 때에도 어른이 먼저 먹어야 어린 사람이 따라 먹으며 겸양의 뜻을 보였다.

어른은 어린 사람을 사랑하고, 어린 사람은 어른을 받들어서 도리를 지켜나가야 밝은 사회가 이루어진다. 더구나 형제 사이는 말할 필요도 없다. 오늘에 이르러 많은 사람들이 개인주의로 흘러서 이런 미덕을 망각하는 경우가 많이 있다. 잘못된 생각을 고쳐서 장유유서의 바른 도리에 따르도록 힘써야 한다.

붕우유신(朋友有信)

朋友 同類之人 益者三友 損者三友 友直 友諒 友多聞
붕우 동류지인 익자삼우 손자삼우 우직 우량 우다문

益矣 友便辟 友善柔 友便佞 損矣 友也者 友其德也
익의 우편벽 우선유 우편녕 손의 우야자 우기덕야

自天子 至於庶人 未有不須友以成者 其分 若疎 而其
자천자 지어서인 미유불수우이성자 기분 약소 이기

所關 爲至親 是故 取友 必端人 擇友 必勝己 要當責
소관 위지친 시고 취우 필단인 택우 필승기 요당책

善以信 切切偲偲 忠告而善道之 不可則止 苟或交遊之際
선이신 절절시시 충고이선도지 불가즉지 구혹교유지제

不以切磋琢磨 爲相與 但以歡狎戲謔 爲相親 則安能
불이절차탁마 위상여 단이환압희학 위상친 즉안능

久而不疎乎 昔者 晏子 與人交 久而敬之 朋友之道
구이불소호 석자 안자 여인교 구이경지 붕우지도

當如是也 孔子曰 不信乎朋友 不獲乎上矣 信乎朋友有道
당여시야 공자왈 불신호붕우 불획호상의 신호붕우유도

不順乎親 不信乎朋友矣
불순호친 불신호붕우의

　친구는 같은 무리의 사람이다. 유익한 친구가 세 종류 있고, 해로운 친구가 세 종류가 있는데, 정직하고 믿음이 있으며 아는 것이 많은 친구는 이롭고, 편벽하고 유약하며 아첨을 잘하는 친구는 해롭다. 친구를 사귀는 것은 그 덕을 보고 사귀는 것이다. 천자(天子)에서 서민에 이르기까지 친구로 인해서 자신의 덕을 쌓지 않는 경우가 없으니, 그 관계가 소원한 것 같지만 관련되는 바가 지극히 가까운 것이다. 이 때문에 친구를 사귈때에는 반드시 단정한 사람을 사귀며, 친구를 택할 때에는 반드시 자신보다 나은 사람으로 해야 한다.

마땅히 선(善)한 일로 권면하되 믿음이 있게 하며, 잘못이 있으면 간절하게 타일러서 선으로 인도하다가 안 되면 친구 관계를 그만두어야 한다. 혹시라도 서로 사귈 때에 절차탁마(切磋琢磨)하는 도리로 서로 함께 하지 아니하고, 다만 즐기고 장난하고 농담하는 것으로 서로 가까이 한다면, 어찌 오래 되어도 멀어지지 않겠는가.

옛날에 안자(晏子)는 남과 사귀되 오래도록 서로 공경하였으니, 친구 사이의 도리는 마땅히 이와 같아야 한다. 공자(孔子)도 이렇게 말했다. "친구에게서 믿음을 얻지 못하면 윗사람에게서도 인정받지 못한다. 친구에게서 믿음을 얻는 도리가 있으니, 부모의 뜻에 순종하지 않으면 친구에게도 신임을 얻지 못한다."

[訓讀]
*類 : 무리 류. 같을 류. *益 : 더할 익. *損 : 덜 손. *諒 : 믿을 량. *辟 : 편벽될 벽. *佞 : 아첨할 녕. *關 : 관계 관. 빗장 관. *端 : 바를 단. 끝 단. *擇 : 가릴 택. *勝 : 이길 승. *偲 : 굳셀 시. 힘쓸 시. *磋 : 갈 차. *琢 : 쫄 탁. 다듬을 탁. *歡 : 기쁠 환. *狎 : 익숙할 압. 친압할 압. *戲 : 놀 희. *謔 : 희롱거릴 학. *晏 : 늦을 안. *獲 : 얻을 획.

[語釋]
*동류(同類) : 나이와 처지가 서로 비슷함. *편녕(便佞) : 아첨함. *야자

(也者) : 어조사로 '~이라는 것'으로 풀이가 됨. *기분(其分) : 그 정
분(情分). *약소(若疎) : 멀다. 친하지 않다. 성기다. 疎는 疏와 같음. *
소관(所關) : 관계되는 바. *지친(至親) : 지극히 친밀함. *승기(勝己) :
자기보다 뛰어남. *책선(責善) : 선하게 되도록 권면함. *절절시시(切切
偲偲) : 간절히 권고하고 격려함. *절차탁마(切磋琢磨) : 옥(玉)을 끊고
갈고 쪼고 닦는다는 말이니, 인격을 도야한다는 말. 즉 학문이나 덕행 등
을 배우고 닦는다는 말. *환압(歡狎) : 장난을 지나치게 함. *희학(戲謔)
: 희롱하고 놀림. *안자(晏子) : 중국 춘추시대의 제(齊)나라 재상. 이름
은 영(嬰), 자(字)는 중(仲). 제나라의 영공(靈公)과 장공(莊公)과 경공(景
公), 세 임금을 섬긴 어진 정치가로, 시호(諡號)가 평(平)이어서 세상 사
람들은 안평중(晏平仲)으로 불렀음. 공자가 그의 교우관계(交友關係)를
칭찬하면서 말하기를, 안평중은 사귀기도 잘하지만, 사귄지가 오래 되어
도 공경(恭敬)한다고 했다. *불획호상(不獲乎上) : 獲은 거두는 것이고,
여기서 上은 윗사람의 신임을 말함. 乎는 어조사로 위와 아래의 말을 연
결시켜 주는 역할을 한다. 즉 윗사람의 신임을 얻지 못한다는 말.

[大意]

친구 사이의 도리에 대해서 말했다. 옛날 말에 친구는 같은
스승 밑에서 배운 동창생이나 뜻을 같이 하는 사람이라고 했
고, 상대의 덕행을 벗하는 것이라고 했다.

사람은 혼자는 살 수 없다. 서로 친구를 찾아 함께 어울리며
살아간다. 어릴 때 함께 놀며 자란 죽마고우(竹馬故友), 학창
시절의 학우나 동창, 군대시절의 전우, 사회에서 사귄 동료 등
친구는 많다. 그렇지만 어떠한 친구든 서로 사귀는 데에는 믿
음이 있어야 한다.

옛 중국 노(魯)나라의 사상가 증자(曾子)는 삼성(三省)의 하
나로 믿음을 중시하여 '벗과 사귀는 데 믿음이 있었는가?' 하며

날마다 스스로 묻고 반성하였다고 한다.

이러한 인륜의 사상은 중국 전한(前漢) 때의 유학자 동중서(董仲舒)가 공자·맹자의 교리에 바탕을 두고 삼강오상설(三綱五常說)을 논한 데에서 유래되는데, 중국에서뿐만 아니라 우리나라에서도 오랫동안 인륜의 행동기준으로 존중되어 왔다.

친구란 인격적으로 서로 아끼고 함께 살아가는 길을 가는 정신적인 만남이어야 하기에 어떤 불순한 뜻이 개재되어서도 안된다.

친구를 믿을 수 있는 근거는 진실이다. 아무리 사회가 변하고 오랜 세월이 지나더라도 자신이 사귀는 친구가 진실하기 때문에 믿을 수가 있는 것이다. 이 믿음은 확실한 신념으로 굳어진다. 이러한 믿음이 사회에 확산되면 마침내 불신의 풍조는 사라지고, 오직 진실만이 통하는 풍조가 이루어져서 모든 사람이 안심하고 살 수 있는 밝은 세상이 될 것이다.

불신풍조가 만연되는 오늘날의 사회에 이런 윤리야말로 더욱 필요한 것이고, 중요시해야 한다.

총론(總論) 1

此五品者　天敍之典而人理之所固有者　人之行　不外
차오품자　천서지전이인리지소고유자　인지행　불외

乎五者而唯孝爲百行之源　是以　孝子之事親也　鷄初
호오자이유효위백행지원　시이　효자지사친야　계초

鳴　咸盥漱　適父母之所　下氣怡聲　問衣燠寒　問何
명　함관수　적부모지소　하기이성　문의욱한　문하

食飮　冬溫而夏淸　昏定而晨省　出必告　反必面　不
식음　동온이하청　혼정이신성　출필고　반필면　불

遠遊　遊必有方　不敢有其身　不敢私其財　父母愛之
원유　유필유방　불감유기신　불감사기재　부모애지

喜而不忘　惡之　懼而無怨　有過　諫而不逆　三諫而
희이불망　오지　구이무원　유과　간이불역　삼간이

不聽　則號泣而隨之　怒而撻之流血　不敢疾怨　居則
불청　즉호읍이수지　노이달지유혈　불감질원　거즉

致其敬　養則致其樂　病則致其憂　喪則致其哀　祭則致其嚴
치기경　양즉치기락　병즉치기우　상즉치기애　제즉치기엄

이 다섯 가지 도리는 하늘이 마련한 법칙이고, 사람이 본래
부터 가지고 있는 것이다. 사람의 행실이 이 다섯 가지에서 벗
어나지 않지만, 오직 효도가 모든 행실의 근원이 된다.

이런 까닭에 효자가 부모를 섬김은, 첫닭이 울면 세수하고
양치질하고 부모가 계신 곳으로 가서, 기운을 낮추고 목소리를
부드럽게 하여 옷이 따뜻한지 추운지를 묻고, 무엇을 잡수시고

마시고 싶은지를 물으며, 겨울에는 따뜻하게 여름에는 시원하게 해드리며, 저녁에는 잠자리를 봐드리고 새벽에는 안부를 묻고, 외출할 때는 반드시 알리고 돌아와서는 반드시 부모를 뵌다. 멀리 나가 다니지 않고, 나다니되 반드시 장소를 알리며, 감히 자신의 몸을 자기 것으로 여기지 않고, 감히 재물을 자기 것으로 차지하지 않는다.

부모가 나를 사랑해 주면 기뻐하고 잊지 않으며, 미워하거든 두려워하되 원망하지 않는다. 부모가 잘못을 저지르면 간하되 뜻을 거스르지 않으며, 세 번을 간했는데도 들어주지 않으면 부르짖고 울면서 따르고, 부모가 화가 나서 종아리를 때려 피가 흐르더라도 감히 미워하거나 원망치 않는다.

부모가 계시면 극진히 공경하고, 봉양할 때는 즐거움을 다하고, 병환이 나면 근심을 다해야 하고, 돌아가시면 슬픔을 다하고, 제사 지낼 때는 엄숙함을 다해야 한다.

[訓讀]
*叙 : 펼 서. 베풀 서. *典 : 법 전. *盥 : 대야 관. 씻을 관. *漱 : 양치할 수. *適 : 갈 적. 마땅할 적. *怡 : 기쁠 이. *聲 : 소리 성. *燠 : 따뜻할 욱. *昏 : 어두울 혼. *晨 : 새벽 신. *省 : 살필 성. 깨달을 성. *敢 : 감히 감. 굳셀 감. *懼 : 두려울 구. *怨 : 원망할 원. *過 : 지날 과. 허물 과. *逆 : 거스를 역. 역적질할 역. *撻 : 매질할 달. *疾 : 병질. 미워할 질. *喪 : 죽을 상. 잃을 상.

[語釋]
*불외(不外) : 벗어나지 않음. *오자(五者) : 다섯 가지. 여기서는 오륜을 말함. *백행(百行) : 백 가지 행실이라는 말로, 모든 행실을 말함. *사친(事親) : 부모를 섬김. *하기(下氣) : 기운을 낮춤. 숨을 죽임. *혼정(昏

定) : 밤에 부모의 잠자리를 마련함. *신성(晨省) : 아침 일찍 부모의 안부를 살핌. *유필유방(遊必有方) : 유방은 방향이 있는 것을 뜻하니, 밖에 나다닐 때 가는 곳을 알리는 것을 말함. *불감유기신(不敢有其身) : 자신의 몸을 자기 마음대로 못함. *불감사기재 (不敢私其財) : 자신이 모은 재산이라도 부모가 살아 있으면 부모에게로 돌리는 것을 말함.

[大意]

사람은 모두 오륜의 도리를 갖추고 있고, 사람의 행실은 오륜에서 벗어나지 않으며, 효도는 모든 행실의 근본이다. 부모에게 효도하는 사람이 어른을 공경하고, 부부간에 화목하며, 친구 사이에 믿음이 있고 임금에게 충성한다. 이 글에는 효도의 도리를 자세하게 이야기했다.

오륜은 하늘이 마련한 법칙이고, 사람이 타고나면서 가지고 있는 것이다. 사람의 행실은 오륜에서 벗어나지 않지만, 효도가 모든 행실의 근원이 된다.

부모를 섬기는 것은, 첫닭이 울면 부모가 계신 곳으로 가서, 목소리를 낮추어 부드럽게 부모의 옷이 따뜻한지 추운지를 묻고, 잡수고 마시고 싶은 것을 물으며, 겨울에는 따뜻하게 여름에는 시원하게 해드리고, 저녁에는 잠자리를 봐드리고, 새벽에는 안부를 묻고, 외출할 때는 반드시 어디로 가는지를 알리고, 돌아오면 부모를 뵌다. 멀리 나다니지 않고, 나다니되 반드시 가는 곳을 알리며, 자신의 몸은 자기 것으로 여기지 않고, 재물이 생겨도 자기 것으로 차지하지 않는다.

부모가 자신을 사랑하면 기뻐하고 잊지 않으며, 미워해도 두려워하되 원망하지 않는다. 부모가 잘못을 저지르면 간하되 그 뜻을 거스르지 말고, 세 번을 간해도 듣지 않으면 울면서 따르며, 부모가 화가 나서 때리더라도 감히 미워하거나 원망하지 않아야 한다. 부모가 살아 계시면 극진히 공경하고, 섬길 때는 즐거운 마음으로 하며, 병환이 나면 근심을 다해야 하고, 돌아 가시면 더 없이 슬퍼하고, 제사 지낼 때는 지극히 엄숙하게 해 야 한다.

총론(總論) 2

若夫人子之不孝也　不愛其親　而愛他人　不敬其親
약부인자지불효야　불애기친　이애타인　불경기친

而敬他人　惰其四肢　不顧父母之養　博奕好飮酒　不
이경타인　타기사지　불고부모지양　박혁호음주　불

顧父母之養　好貨財　私妻子　不顧父母之養　從耳目
고부모지양　호화재　사처자　불고부모지양　종이목

之好　以爲父母戮　好勇鬪狠　以危父母　噫　欲觀其
지호　이위부모륙　호용투한　이위부모　희　욕관기

人　行之善不善　必先觀其人之孝不孝　可不愼哉　可
인　행지선불선　필선관기인지효불효　가불신재　가

不懼哉　苟能孝於其親　則推之於君臣也　夫婦也　長
불구재　구능효어기친　즉추지어군신야　부부야　장

幼也　朋友也　何往而不可哉　然則孝之於人　大矣
유야　붕우야　하왕이불가재　연즉효지어인　대의

而亦非高遠難行之事也　然　自非生知者　必資學問而
이역비고원난행지사야　연　자비생지자　필자학문이

知之　學問之道　無他　將欲通古今達事理　存之於心
지지　학문지도　무타　장욕통고금달사리　존지어심

體之於身　可不勉其學問之力哉　茲用摭其歷代要義
체지어신　가불면기학문지공재　자용척기역대요의

書之于左
서지우좌

부모에게 불효하는 자식은 자신의 부모는 사랑하지 않고 다른 사람을 사랑하고, 자신의 부모는 공경하지 않으면서 다른 사람을 공경하며, 사지(四肢)를 게을리 하여 부모에 대한 봉양을 하지 않으며, 장기나 바둑, 술 마시는 것을 좋아하여 부모에 대한 봉양을 하지 않으며, 재물을 좋아하고 처자식만을 사랑해서 부모에 대한 봉양을 하지 않으며, 이목(耳目)의 욕망을 좇아 부모를 욕되게 하며, 용맹을 좋아하여 싸우는 것으로 부모를 위태롭게 한다.

아! 그 사람의 행실이 착한지 아닌지를 알고자 한다면 반드시 먼저 그 사람이 효도를 하는지 아닌지를 알아보아야 하는데, 어찌 삼가지 않겠으며 두려워하지 않을 수 있겠는가. 만일 그 부모에게 효도할 수 있다면, 그 마음을 군신 간과 부부 간, 장유 간과 붕우 간에 미루어 어떤 경우에 적용한들 옳지 않겠는가. 그렇다면 효도는 사람에게 정말로 중대한 것이지만, 그렇다고 멀고 높아서 실행하기 어려운 것은 아니다.

그러나 스스로 나면서부터 이치를 아는 사람이 아니라면, 반드시 학문에 힘을 입어서 알 수 있다. 학문하는 목적은 다른 데에 있는 것이 아니다. 장차 고금(古今)의 사리(事理)에 통달하여 마음속에 간직하며 몸으로 실천하는 데 있는 것이니, 어찌 학문에 힘쓰지 않겠는가.

이제 역대(歷代)의 중요한 것들을 추려서 다음과 같이 기록한다.

[訓讀]
*若 : 같을 약. 만일 약. *夫 : 대저 부. 발어사(發語詞)로서, 사내 부. *惰 : 게으를 타. *肢 : 팔다리 지. *顧 : 돌아볼 고. *博 : 넓을 박. 장기 박. *奕 : 클 혁. 바둑 혁. *貨 : 재화 화. *戮 : 죽일 륙. 욕될 륙. *鬪

: 싸움 투. *狠 : 싸우는소리 한. 물어뜯을 한. *愼 : 삼갈 신. 이룩할 신. *推 : 밀 추. 옮을 추. 천거할 추. 받들 추. *往 : 갈 왕. 옛 왕. *資 : 재물 자. 밑천 자. *撫 : 주울 척.

[語釋]

*사지(四肢) : 두 팔과 두 다리. *투한(鬪狠) : 사납고 맹렬하게 다투며 싸우는 것. *가불구재(可不懼哉) : 의문사(疑問詞)로 쓰여서, '어찌 두렵지 않겠는가.'의 뜻. *하왕이불가재(何往而不可哉) : 어디를 가나 옳지 않겠는가. *연(然) : 그렇다면. 그러나. *자(資) : 힘을 입는다는 말로, 즉 힘을 빌린다는 뜻임. *필자학문이지지(必資學文而知之) : 학문의 힘을 빌려서 알 수 있음. *무타(無他) : 다른 데 없다. 다른 데 있는 것이 아니다.

[大意]

맹자가 말한 다섯 가지 불효, 즉 사지(四肢)를 게을리 하여 부모를 돌보지 않고, 장기나 바둑, 술 마시는 것을 좋아하여 부모를 봉양하지 않으며, 재물을 좋아하고 처자식만을 사랑해서 부모를 소홀히 하며, 이목(耳目)을 즐겁게 하는 것을 좋아해서 부모를 욕되게 하며, 폭력을 좋아하여 부모를 위태롭게 하는 것 등에 대해 말했다.

내 부모를 사랑하지 않고 남의 부모를 사랑하고, 내 부모를 공경하지 않고 남의 부모를 공경하는 것, 부모를 사랑하는 것이 천성인데도 부모를 사랑하지 않는다면 더 이상의 불효가 없다. 사람의 행실이 착한지 아닌지는 먼저 그 사람이 효도를 하는지 아닌지로 알 수 있다.

효도는 사람에게 정말로 중대하지만, 그렇다고 멀고 높아서 실행하기 어려운 것은 아니다. 마땅히 효도가 모든 행동의 근본이라는 것을 알고 힘써 노력해야 한다.

　그 다음에는 역대의 중요한 사건들을 간추려서 체계적으로
서술한다고 했다.

총론(總論) 3

蓋自太極肇判　陰陽始分　五行　相生　先有理氣　人
개 자 태 극 조 판　음 양 시 분　오 행　상 생　선 유 이 기　인

物之生　林林總總　於是　聖人　首出　繼天立極　天皇
물 지 생　임 임 총 총　어 시　성 인　수 출　계 천 입 극　천 황

氏　地皇氏　人皇氏　有巢氏　燧人氏　是爲太古　在書
씨　지 황 씨　인 황 씨　유 소 씨　수 인 씨　시 위 태 고　재 서

契以前　不可考　伏羲氏　始畫八卦　造書契　以代結
계 이 전　불 가 고　복 희 씨　시 획 팔 괘　조 서 계　이 대 결

繩之政　神農氏　作未耜　製醫藥　黃帝氏　用干戈
승 지 정　신 농 씨　작 뢰 거　제 의 약　황 제 씨　용 간 과

作舟車　造曆算　制音律　是爲三皇　至德之世　無爲
작 주 거　조 력 산　제 음 률　시 위 삼 황　지 덕 지 세　무 위

而治　少昊　顓頊　帝嚳　帝堯　帝舜　是爲五帝　皐夔
이 치　소 호　전 욱　제 곡　제 요　제 순　시 위 오 제　고 기

稷契　佐堯舜　而堯舜之治　卓冠百王　孔子定書　斷自唐虞
직 설　좌 요 순　이 요 순 지 치　탁 관 백 왕　공 자 정 서　단 자 당 우

　　태극이 처음으로 갈라져서 음과 양이 비로소 나누어진 시기
로부터 오행(五行)이 서로 생성됨에 먼저 이기(理氣)가 있었
다. 사람과 물건이 많이 생겨나고, 이에 성인(聖人)이 먼저 나
타나서 하늘의 뜻을 이어받아 지도자가 되었으니, 천황씨(天皇
氏)와 지황씨(地皇氏)와 인황씨(人皇氏)와 유황씨(有巢氏)와
수인씨(燧人氏)다. 이때는 아주 오랜 옛날로 서계(書契) 문자

가 나타나기 이전이라 상고할 수가 없다.

복희씨가 처음으로 팔괘(八卦)를 그리고 서계(書契) 문자를 만들어 결승(結繩) 문자로 행하던 정치를 대신했고, 신농씨가 쟁기와 보습을 만들고, 의술과 약을 만들었으며, 황제씨가 방패와 창을 사용하고, 배와 수레를 만들었고, 달력과 산수를 만들며, 음률(音律)을 제정했으니, 이들이 삼황(三皇)이다. 이때는 사람들의 본성이 지극히 순박해서 인위적인 정치를 하지 않아도 천하가 잘 다스려졌다.

소호(少昊)와 서현(顓頊)과 제곡(帝嚳)과 제요(帝堯)와 제순(帝舜)을 오제(五帝)라고 한다. 고(皐)와 기(夔)와 직(稷)과 설(契)이 요임금과 순임금을 도왔으니, 요임금과 순임금의 다스림이 모든 왕의 으뜸이 되었다. 공자가 서경(書經)을 정리하면서 그전의 것은 잘라버리고 당우(唐虞)시대부터 시작했다.

[訓讀]
*理 : 다스릴 리. *巢 : 집 소. 보금자리 소. *燧 : 횃불 수. 봉화 수.
*羲 : 사람이름 희. *畫 : 그을 획. 그림 화. *卦 : 걸 괘. 매달 괘. *繩
: 새끼줄 승. *耒 : 쟁기 뢰. *耟 : 따비술 거. *干 : 방패 간. *戈 :
창 과. *曆 : 책력 역. *昊 : 하늘 호. 클 호. *顓 : 별이름 전. 전단할
전. *頊 : 사람이름 욱. *嚳 : 고할 곡. 사람이름 곡. *皐 : 부르는 소리
고. 언덕 고. *夔 : 외발 짐승 기. 이름 기. *稷 : 기장 직. *佐 : 도울
좌. *卓 : 높을 탁. *虞 : 헤아릴 우. 나라이름 우.

[語釋]
*음양(陰陽) : 천지만물을 창조하는 두 가지의 기운. *오행(五行) : 만물을 생성하는 다섯 가지 원소(元素), 즉 金木水火土의 다섯 가지 기운을 말함. *이기(理氣) : 중국 송나라의 유학자들이 만든 학설. 천지만물을

창조하는 음양오행을 기(氣)로 보았음. *천황씨(天皇氏) : 중국 최초의 지도자. *지황씨(地皇氏) : 천황씨 다음의 지도자. *인황씨(人皇氏) : 지황씨 다음의 지도자. *유소씨(有巢氏) : 중국 상고시대의 지도자. 처음으로 집을 짓는 방법을 가르쳤음. *수인씨(燧人氏) : 중국 상고시대의 지도자. 처음으로 불을 일으켜 익혀 먹는 법을 가르쳤음. *복희씨(伏羲氏) : 중국 상고시대의 지도자로 가축을 기르게 했고, 팔괘(八卦)를 그리고 서계(書契)를 만들었음. *서계(書契) : 중국 상고시대의 문자. *팔괘(八卦) : 〈주역〉에서 말하는 여덟 가지 괘. *결승(結繩) : 옛날 중국에서 썼던 새끼줄 모양의 부호. *신농씨(神農氏) : 중국 상고시대의 지도자. 농사를 가르치고 병을 고쳤음. *황제씨(皇帝氏) : 중국 상고시대의 지도자로, 무력으로 중국을 통일하고, 상형문자를 만들어 문물을 진흥시켰음. *무위(無爲) : 덕으로써 감화시켜서 이상사회를 만드는 것. *소호(少昊) : 중국 상고시대의 지도자. 황제의 아들. *전욱(顓頊) : 중국 상고시대의 지도자로, 황제의 손자. *제곡(帝嚳) : 중국 상고시대의 지도자, 황제의 증손자. *고(皐) : 순임금의 신하. 법과 형벌을 만들었음. *기(夔) : 순임금의 신하. 음악을 다스렸음. *직(稷) : 요임금 때 농사를 맡아보던 벼슬. 주나라의 시조 기(棄)를 말하기도 함. *서(書) : 〈서경〉을 말함. 요나라부터 주나라까지의 정치에 대한 문서를 공자가 정리한 책.

[大意]

우주의 본체인 태극이 처음으로 갈라져서 음과 양이 비로소 나누어진 시기로부터 음양오행(陰陽五行)이 생성됨을 말했다.

중국 상고시대의 지도자에 대해서 말했는데, 천황씨(天皇氏)와 지황씨(地皇氏)와 인황씨(人皇氏)와 유황씨(有巢氏)와 수인씨(燧人氏)다.

복희씨가 처음으로 팔괘(八卦)를 그려 서계(書契)를 만들어 결승(結繩) 문자로 행하던 정치를 대신한 것과, 신농씨가 쟁기와 보습을 만들며 의술과 약을 만든 것, 황제씨가 방패와 창을 사용하고, 배와 수레를 만든 것, 달력과 산수를 만들며 음률(音律)을 제정한 것과 그 외 삼황오제의 무위 정치에 대해 말했다.

공자가 서경(書經)을 펴내면서 그전의 것은 무시해 버리고, 요임금의 당나라와 순임금의 우나라부터 시작해서 요순시대를 후세 정치의 본으로 만들었다고 했다.

夏禹　商湯　周文王武王　是爲三王　歷年　或四百
하우　상탕　주문왕무왕　시위삼왕　역년　혹사백

或六百　或八百　三代之隆　後世莫及　而商之伊尹傅說
혹육백　혹팔백　삼대지륭　후세막급　이상지이윤부열

周之周公召公　皆賢臣也　周公　制禮作樂　典章法度
주지주공소공　개현신야　주공　제례작악　전장법도

粲然極備　及其衰也　五覇　摟諸侯　以匡王室　若齊桓公
찬연극비　급기쇠야　오패　누제후　이광왕실　약제환공

晉文公　宋襄公　秦穆公　楚莊王　迭主夏盟　王靈　不振
진문공　송양공　진목공　초장왕　질주하맹　왕령　부진

孔子以天縱之聖　轍環天下　道不得行于世　刪詩書　定禮樂
공자이천종지성　철환천하　도부득행우세　산시서　정례악

贊周易　修春秋　繼往聖　開來學　而傳其道者　顏子曾子
찬주역　수춘추　계왕성　개래학　이전기도자　안자증자

事在論語　曾子之門人　述大學
사재논어　증자지문인　술대학

　　하(夏)나라 우왕과 상(商)나라 탕왕과 주(周)나라의 문왕(文王)과 무왕(武王)을 삼왕(三王)이라 일컫는다. 나라의 수명이 어떤 경우는 400년, 어떤 경우는 600년, 어떤 경우는 800년이었으니, 삼대(三代)에 융성했던 문물이 후세에는 미치지 못했고, 상나라의 이윤과 부열, 주나라의 주공과 소공이 모두 뛰어난 신하다. 주공이 예악(禮樂)을 제작해서 전장(典章)과 법도가 찬란하게 갖추어졌다. 주나라가 쇠퇴하자 오패(五覇)가 제후들을 이끌고 왕실을 바로 잡았는데, 이를테면 제나라 환공, 진나라 문공, 송나라 양공, 진나라 목공, 초나라 장왕이 번갈아 가면서 중국의 하맹(夏盟)을 주도했으니, 왕실의 위엄을 떨치지 못했다.

공자는 하늘이 낸 성인으로서 수레를 타고 천하를 돌아다녔으나 도(道)가 세상에서 시행되지 않아 〈시경〉과 〈서경〉을 정리하며 예악(禮樂)을 결정하고, 〈주역〉을 해설하며 〈춘추(春秋)〉를 지어 지난날의 성현(聖賢)을 계승하고 후세의 학자들을 인도했다. 그 도를 전수받은 이는 안자와 증자이다. 이런 사실에 대한 기록은 〈논어〉에 나와 있다. 증자의 문인(門人)이 〈대학〉을 지었다.

[訓讀]
*湯 : 끓을 탕. 사람이름 탕. *隆 : 클 륭. 융성할 륭. *伊 : 저 이. 어조사. *傅 : 스승 부. *說 : 기꺼울 열. 말씀 설. *召 : 부를 소. *覇 : 으뜸 패. 霸의 속자. *摟 : 이끌 루. *侯 : 임금 후. *匡 : 바룰 광. *齊 : 가지런할 제. 제나라 제. *桓 : 굳셀 환. *晉 : 나아갈 진. 진나라 진. *襄 : 도울 양. 높을 양. *秦 : 벼이름 진. 나라이름 진. *穆 : 화목할 목. *迭 : 번갈아 질. 달아날 질. *盟 : 맹세할 맹. *振 : 떨칠 진. *縱 : 놓을 종. 세로 종. *轍 : 바퀴자국 철. 흔적 철. *環 : 고리 환. *刪 : 깎을 산. 제할 산.

[語釋]
*우(禹) : 하나라의 시조. 요순시대에 홍수(洪水)를 다스려 공을 세웠음.
*탕(湯) : 하(夏)의 걸왕(桀王)이 포악무도해서 추방하고 상(商)나라의 시조가 되었음. *주문왕(周文王) : 주나라를 세운 발(發)의 아버지. *무왕

(武王) : 문왕의 아들 발을 말함. 은나라의 주왕(紂王)이 무도해서 그를 멸하고 주(周)를 세웠음. *삼왕(三王) : 하나라 우왕, 상나라 탕왕, 주나라 문왕과 무왕을 일컬음. 문왕과 무왕은 주나라 부자(父子)간이기 때문에 하나로 보아 삼왕이라 함. *삼대(三代) : 하나라와 은나라와 주나라 세 나라를 합쳐서 말한 것. *이윤(伊尹) : 은나라의 어진 재상. 탕왕을 도와서 하나라를 멸하고 은나라를 세우게 했음. *부열(傅說) : 은나라 고종왕조의 재상으로, 고종을 도와서 은나라를 흥하게 했음. *주공(周公) : 주나라 문왕의 아들, 무왕의 아우로, 무왕을 도와서 은나라의 폭군 주왕을 쳐서 멸했음. *소공(召公) : 주나라의 어진 정치가로, 무왕을 도와서 은나라의 주왕을 치고, 무왕이 죽자, 그 아들 성왕을 도와서 주공과 함께 어진 정치를 베풀어 고대 중국문화의 황금기를 이루었음. *오패(五霸) : 중국 춘추시대의 다섯 패자(霸者), 즉 제환공과 진문공과 송양공과 진목공과 초장왕을 말함. *제환공(齊桓公) : 오패의 으뜸가는 왕으로, 관중(管仲)을 재상으로 만들어 국력을 길러서 제후들을 규합하여 세상을 편안하게 했음. *진문공(晉文公) : 제환공의 뒤를 이은 패자로, 진목공의 힘을 빌려 왕위에 올랐음. *송양공(宋襄公) : 환공의 아들. *진목공(塵穆公) : 어진 정치를 베푼 오패의 한 사람. 어진 정치가들을 등용하여 국력을 길러 나라의 땅을 크게 넓혔음. *초장왕(楚莊王) : 목공(穆公)의 아들로, 여러 나라를 굴복시켜 패자가 되었음. *예악(禮樂) : 인간 생활에 필요한 예법과 음악. 예법은 공자가 정리해서 책으로 만들었으나 진시황의 분서갱유로 없어지고, 한(漢)나라 때의 〈예기〉가 오늘날에 전해지며, 음악에 대한 기록을 정리하여 〈악경〉을 만들었으나 역시 진시황 때 없어지고, 〈예기〉 안에 '악기(樂記)'가 한 편 있음. *주역(周易) : 음양의 이치로 우주만물의 법칙을 설명하여 길흉화복(吉凶禍福)을 판단하는 학문. *춘추(春秋) : 노(魯)나라의 사관(史官)이 기록한 사기(史記)를 공자가 수집하고 정리해서 편찬한 책. 사서오경(四書五經) 중의 하나. *안자(顏子) : 공자의 수제자로, 학문과 덕행이 가장 높음. *증자(曾子) : 공자

의 제자로, 효행(孝行)이 높았으며, 공자의 사상을 전하기에 힘썼음. *논어(論語) : 사서(四書)의 하나로, 공자가 살아 있을 때의 언행과 교훈을 기록한 책. 전부 20편으로 되어 있음.

[大意]

이 글은 요순시대의 뒤를 잇는 하나라와 은나라와 주나라의 변천사를 말했다.

세 왕조 시대에는 정치가 밝고 문물이 발달해서 살기 좋은 세상으로 삼대(三代)라 했고, 하나라 우왕, 은나라 탕왕, 주나라 문왕은 현명한 군주로 삼왕(三王)으로 불렸다. 은나라 이윤과 부열, 주나라의 주공과 소공은 모두 당시의 어진 신하이고, 특히 주나라의 주공은 예악을 만들어서 중국의 고대 문화를 꽃피웠다.

춘추시대에 주나라가 쇠퇴함에 오패(五覇)가 제후들을 이끌고 왕실을 바로 잡았는데, 제나라 환공, 진나라 문공, 송나라 양공, 진나라 목공, 초나라 장왕이 오패로 번갈아 가면서 중국의 하맹(夏盟)을 주도했지만, 왕실의 위엄을 떨치지는 못했다.

춘추시대 말기에 공자는 하늘이 낸 성인으로 혼란에 빠진 세상을 바로 잡으려고 천하를 돌아다녔으나 뜻을 얻지 못하고, 고향에서 〈시경〉과 〈서경〉을 정리하며 예악을 결정하고, 〈주역〉을 해설하며 〈춘추(春秋)〉를 지어 후세의 학자들을 지도했다. 춘추시대는 이 〈춘추〉라는 책에서 이름을 따온 것이다.

그 중 안자와 증자는 공자의 도를 전하는 데 힘썼다. 이런 사실에 대한 기록은 〈논어〉에 많이 나와 있다.

列國 則曰魯 曰衛 曰晉 曰鄭 曰曹 曰蔡 曰燕
열국 즉왈노 왈위 왈진 왈정 왈조 왈채 왈연

曰吳 曰齊 曰宋 曰陳 曰楚 曰秦 干戈日尋 戰爭
왈오 왈제 왈송 왈진 왈초 왈진 간과일심 전쟁

不息 遂爲戰國 秦楚燕齊韓魏趙 是爲七雄 孔子之
불식 수위전국 진초연제한위조 시위칠웅 공자지

孫子思 生斯時 作中庸 其門人之弟孟軻 陳王道於
손자사 생사시 작중용 기문인지제맹가 진왕도어

齊梁 道又不行 作孟子七篇 而異端 縱橫 功利之說
제양 도우불행 작맹자칠편 이이단 종횡 공리지설

盛行 吾道不傳 及秦始皇 吞二周 滅六國 廢封建
성행 오도부전 급진시황 탄이주 멸육국 폐봉건

爲郡縣 焚詩書 坑儒生 二世而亡
위군현 분시서 갱유생 이세이망

　　열국(列國)은 노(魯)·위(衛)·진(晉)·정(鄭)·조(曹)·채(蔡)·연(燕)·오(吳)·제(齊)·송(宋)·진(陳)·초(楚)·진(秦) 등을 말한다. 날마다 방패와 창으로 전쟁이 끊이지 않아 마침내 전국시대가 되었으며, 진(秦)·초(楚)·연(燕)·제(齊)·한(韓)·위(魏)·조(趙)의 일곱 나라를 칠웅(七雄)이라 일컫는다.

　　공자의 손자인 자사(子思)가 이 시기에 태어나 〈중용〉을 저술했고, 그 문인의 제자인 맹가(孟軻)가 제나라와 양나라에서 왕도(王道)를 진술했는데 도가 또 시행되지 않아서 〈맹자〉7편을 지었다. 이단과 종횡과 공리의 학설이 성행해서 이런 유학의 도가 전해지지 못하였다.

진시황 시대에 2주(二周)를 병탄하고 여섯 제후국을 멸망시켜, 봉건제도를 폐지하고 군현(郡縣)을 설치하며, 시서(詩書)를 불태우고 유생들을 구덩이 속에 파묻어 죽였다. 진나라는 2대(代)에 멸망하였다.

[訓讀]
*魯 : 노나라 노. *衛 : 위나라 위. 호위할 위. *晉 : 진나라 진. *鄭 : 정나라 정 *曹 : 조나라 조. *蔡 : 채나라 채. *燕 : 연나라 연. *吳 : 오나라 오. *陳 : 진나라 진. 베풀 진. *楚 : 초나라 초. *秦 : 진나라 진. *韓 : 한나라 한. *魏 : 위나라 위. *趙 : 조나라 조. *雄 : 수컷 웅 *軻 : 수레 가. 굴대 가. *梁 : 양나라 양. 들보 양. *呑 : 삼킬 탄. *封 : 봉할 봉. *縣 : 고을 현. 매달 현. *焚 : 불사를 분. *坑 : 구덩이 갱.

[語釋]
*열국(列國) : 중국 춘추시대의 여러 나라를 말함. 노(魯)·위(衛)·진(晉)·정(鄭)·조(曹)·채(蔡)·연(燕)·오(吳)·제(齊)·송(宋)·진(陳)·초(楚)·진(秦) 등을 말한다. *전국(戰國) : 춘추시대의 다음인 전국시대를 말함. 진(秦)·초(楚)·연(燕)·제(齊)·한(韓)·위(魏)·조(趙)의 일곱 나라를 전국시대의 칠웅(七雄)이라 말함. *맹자(孟子) : 대학·중용·논어와 함께 사서(四書)의 하나. *이단(異端) : 성인(聖人)의 길이 아닌 사도(邪道)나 사교(邪敎). *진시황(秦始皇) : 주나라 및 6국을 멸하여 중국을 통일하고 황제라 칭했음. 자손만대에 이르기까지 황제가 되리라는 야망의 시작이라는 뜻에서 시황제(始皇帝)로 일컬어서 진시황이라고 불림. *이주(二周) : 동·서주(東西周)

를 말함. *육국(六國) : 전국시대 칠웅(七雄)에서 진나라를 뺀 여섯 나라. *봉건(封建) : 천자가 천하를 그의 일족(一族)이나 공신(功臣)들에게 나누어 주고 세습(世襲)하여 다스리게 하는 제도. *군현(郡縣) : 나라를 여러 개의 군으로 나누고 군 밑에 많은 현을 두어 다스리는 제도. *시서(詩書) : 유교의 모든 경전.

[大意]

이 글에서는 전국시대(戰國時代)에서 진나라가 멸망할 때까지의 역사를 간략하여 설명했다.

춘추시대를 지나서 많은 제후국(諸侯國)들이 전쟁을 일삼았는데, 전국시대에 이르러서 일곱 강대국만 남아 서로가 천하를 차지하려고 했다.

춘추시대까지는 패자(覇者)들의 대의명분(大義名分)이 살아 있었지만, 전국시대에 들어와서는 유명무실해졌다.

공자의 손자인 자사(子思)가 이 시기에 태어나 〈중용〉을 저술했고, 자사의 문인(門人)의 제자인 맹가(孟軻)가 제나라와 양나라에서 왕도(王道)를 진술하려 했으나 뜻을 이루지 못하고 〈맹자〉 7편을 지어 제자들에게 성인(聖人)의 도리를 가르치기에 힘썼다. 그러나 다른 학설들이 성행해서 이런 유학의 도가 제대로 전해지지 못했다.

진시황은 주나라를 무너뜨리고 다른 여섯 나라를 멸망시켜 중국을 통일했다. 봉건제도를 폐지하고 군현(郡縣)을 설치하여 새로운 행정제도를 두었다. 그러나 진시황의 전제정치를 유생들이 비판하고 항거하자, 시서(詩書)를 불태우고 유생들을 구덩이 속에 파묻어 죽였다.

진나라는 전쟁을 일삼고 심한 전제 정치를 하여 국력이 쇠약해진데다가 민심까지 등을 돌렸는데, 2세 황제 역시 학정(虐

政)을 일삼고, 간신들이 횡포를 부려서 세상이 어지러워지자 2
세 황제가 간신에게 시해되고, 그 형이 황제가 되었으나 여의
치 않아 한(漢)나라에게 항복하고 말았으니, 2대(代)에 멸망하
고 말았다.

총론(總論) 6

漢高祖　起布衣成帝業　歷年　四百　在明帝時　西域
한고조　기포의성제업　역년　사백　재명제시　서역

佛法　始通中國　惑世誣民　蜀漢　吳　魏　三國　鼎峙
불법　시통중국　혹세무민　촉한　오　위　삼국　정치

而諸葛亮　仗義扶漢　病卒軍中　晉有天下　歷年百餘
이제갈량　장의부한　병졸군중　진유천하　역년백여

五胡亂華　宋齊梁陳　南北分裂　隋能混一　歷年三十
오호란화　송제양진　남북분열　수능혼일　역년삼십

唐高祖　太宗　乘隋室亂　化家爲國　歷年三百　後梁
당고조　태종　승수실란　화가위국　역년삼백　후양

後唐　後晉　後漢　後周　是爲五季　朝得暮失　大亂　極矣
후당　후진　후한　후주　시위오계　조득모실·대란　극의

　　한(漢)나라 고조가 포의(布衣)의 몸으로 일어나 황제의 위업을 이루어 나라의 수명이 4백년에 이르렀다. 명제(明帝)때에 서역(西域)의 불교가 처음으로 중국에 들어와서 세상을 미혹하고 백성들을 속였다. 촉한(蜀漢)과 오(吳)와 위(魏)의 세 나라가 솥발처럼 대치했는데, 제갈량이 의리를 지켜 한(漢)나라를 지키다 병들어 전쟁터에서 죽었다.

　　진(晉)나라가 천하를 다스려서 나라의 수명이 100여 년에 이르렀는데, 다섯 오랑캐나라가 중원(中原)을 어지럽혀서 송(宋)·제(齊)·양(梁)·진(陳)나라에 남북으로 분열되었다가, 수(隋)나라가 통일하였으나 나라의 수명이 30년에 그쳤다.

당나라 고조와 태종이 수(隋)나라가 어지러운 틈을 타서 이를 멸망시키고 나라를 세워 수명이 300년에 이르렀다. 후량(後梁)과 후당(後唐)과 후진(後晉)과 후한(後漢)과 후주(後周)를 오계(五季)라고 하여, 아침에 나라를 얻었다가 저녁이면 잃어서 혼란이 극도에 이르렀다.

[訓讀]
*域 : 지경 역. *佛 : 부처 불. *惑 : 미혹할 혹. *誣 : 속일 무. *蜀 : 나라이름 촉. *鼎 : 솥 정. *峙 : 우뚝솟을 치. *葛 : 칡 갈. *亮 : 밝을 량. *仗 : 의지할 장. 무기 장. *扶 : 붙들 부. 도울 부. *卒 : 군사 졸. 죽을 졸. *胡 : 오랑캐 호. *華 : 빛날 화. *季 : 끝 계. 철 계.

[語釋]
*한고조(漢高祖) : 한나라의 시조, 유방(劉邦). 초회왕(楚懷王)의 명으로 항우(項羽)와 길을 다르게 진(秦)을 공략했는데, 먼저 도착해서 진나라를 항복시켜 한나라의 왕이 되었으며, 항우를 멸하여 중국을 통일하고 왕조를 열었음. *布衣(포의) : 베옷. 벼슬하지 않는 사람이 입는 옷이라 하여 벼슬하지 않는 사람을 가리키기도 함. *명제(明帝) : 후한(後漢) 광무제(光武帝)의 아들로, 유학을 숭상하였으며, 또 사신을 인도에 보내어 처음 불교를 중국에 들어오게 했음. *서역(西域) : 중국 서쪽의 여러 나라를 말함. 넓은 의미로는 유럽까지 포함됨. *촉한(蜀漢) : 중국 삼국시대에 한나라의 후손 유비(劉備)가 세운 나라. 지금의 사천성(四川省), 옛날의 촉(蜀) 땅에 세웠다고 하여 촉한이라 불렀음. 제갈량(諸葛亮)을 승상(丞相)으로 등용해서 한 때 세력을 떨쳤으나, 유비가 죽고 그 아들 대에 이르러 위(魏)에 의해 멸망함. *오(吳) : 중국 삼국시대에 손권(孫權)이 세운 나라. 서진(西晉)에

게 멸망당함. *위(魏) : 중국 삼국시대에 삼국의 하나. 후한(後漢) 말
기에 조조(曹操)가 위공(魏公)에 봉해지고, 아들 비(丕) 때에 이르러
헌제(獻帝)를 쫓아내고 세운 나라. 서진(西晉)에게 멸망당함. *제갈
량(諸葛亮) : 중국 삼국시대에 촉한의 전략가이며 충신으로, 그를 높
여서 와룡선생(臥龍先生)이라고 불렀음. 유비가 세 번 찾아준 것에 감
격해서 그의 군사(軍師)가 되어 촉한을 세우게 했음. 유비가 죽은 후
에 그 아들을 도와서 위(魏)를 쳤는데, 위나라의 사마의(司馬懿)와 싸
우다가 54세에 병들어 죽었음. *진(晉) : 사마염(司馬炎)이 위나라를
멸망시키고 세운 나라. 4대 52년 동안 존속했다가, 사마염의 증손자
인 사마예(司馬睿)가 강남으로 내려가서 그 뒤를 이어 동진(東晉)이라
했으며 11대 104년 동안 존속했음. 그 이전의 처음의 진나라를 서진
(西晉)이라 함. *오호(五胡) : 한(漢) · 진(晉)나라 무렵에 중국 본토를
침략했던 다섯 오랑캐 나라로, 흉노(匈奴) · 선비(鮮卑) · 저(氐) · 강
(羌) · 갈(羯) 등의 다섯 민족을 말함. *송(宋) : 한나라 초원왕의 후
손 유유(劉裕)가 동진을 멸하고 세운 나라. *제(齊) : 소도성(蕭道成)
이 송나라를 멸하고 세운 나라. 강남에 있었다고 하여 남제(南齊)라고
도 함. *진(陳) : 진패선(陳覇先)이 양나라를 멸하고 세운 나라. 수
(隋)나라에 멸망당함. *수(隋) : 양견(楊堅)이 북조와 진나라를 멸하
고 세웠음. 그가 수의 문제(文帝)이고, 그 아들이 양제(煬帝)임. 3대
38년 동안 존속하다가 당(唐)에게 멸망당함. *후량(後梁) : 주전충(朱
全忠)이 당나라를 멸하고 세운 나라. 그 아들 말제(末帝)에 이르러 후
당에게 멸망당함. *후당(後唐) : 이극용(李克用)이 후량을 멸하고 세
운 나라. *후진(後晉) : 석경당이 후당을 멸하고 세운 나라. *후한(後
漢) : 후진의 장수 유지원(劉知遠)이 세운 나라. *후주(後周) : 곽위
(郭威)가 후한을 멸하고 세운 나라. *오계(五季) : 후량 · 후당 · 후
진 · 후한 · 후주 다섯 나라를 말함. 도의가 땅에 떨어져 끝에 달했다
하여 季로 표현함.

[大意]

한(漢)나라기 일어난 것부터 멸망하기까지 역사의 변천 과정을 말했다.

후한 명제 때에 불교가 서역에서 들어와서 백성들을 미혹시키고 속였다는 것은, 유교에서는 불교를 이단으로 보기에 나온 말이다.

제갈량이 삼국을 통일하고 한나라를 부흥시키려 했지만, 위나라를 치다가 병들어 죽었다.

진(晉)나라가 삼국을 통일하여 100여 년을 다스렸고, 이때 다섯 오랑캐나라 민족인 흉노(匈奴)·선비(鮮卑)·저(氐)·강(羌)·갈(羯)이 침입하여 강북지방에 16국을 세웠는데, 후에 선비(鮮卑)족에 의해 후위(後衛)로 통합되어 북조(北朝)가 되고, 강남지방에서는 송(宋)·제(齊)·양(梁)·진(陳) 등의 나라가 남조(南朝)가 되었는데 이것이 남북조시대이다. 남북조는 수(隋)나라가 통일하였으나 당나라에 망하니, 나라의 수명이 30년에 그쳤다.

당나라 고조와 태종이 수(隋)나라를 멸망시키고 나라의 수명이 300년에 이르렀다.

그 후 50여 년간에 바뀐 후량(後梁)과 후당(後唐)과 후진(後晉)과 후한(後漢)과 후주(後周) 다섯 나라가 오대(五代)인데, 혼란이 극도에 이르러 말세(末世), 계세(季世)라 했으며, 이 오대를 아침에 나라를 얻었다가 저녁이면 잃어버린다고 해서 오계(五季)라고도 했다.

宋太祖立國之初　五星　聚奎　濂洛關閩　諸賢　輩出
송 태 조 립 국 지 초　오 성　취 규　염 락 관 민　제 현　배 출

若周敦頤　程顥　程頤　司馬光　張載　邵雍　朱熹
약 주 돈 이　정 호　정 이　사 마 광　장 재　소 옹　주 희

相繼而起　以闡明斯道　爲己任　身且不得見容　而朱子
상 계 이 기　이 천 명 사 도　위 기 임　신 차 부 득 견 용　이 주 자

集諸家說　註四書五經　其有功於學者　大矣　然而國勢不競
집 제 가 설　주 사 서 오 경　기 유 공 어 학 자　대 의　연 이 국 세 불 경

歷年三百　契丹　蒙古　遼　金　迭爲侵軼　而及其垂亡
역 년 삼 백　계 단　몽 고　요　금　질 위 침 질　이 급 기 수 망

文天祥　竭忠報宋　竟死燕獄　胡元　滅宋　混一區宇
문 천 상　갈 충 보 송　경 사 연 옥　호 원　멸 송　혼 일 구 우

綿歷百年　夷狄之盛　未有若此者也
면 력 백 년　이 적 지 성　미 유 약 차 자 야

　송나라 태조가 국가를 세운 초기에 다섯 개의 별이 규성(奎星)에 모이자, 염(濂)·낙(洛)·관(關)·민(閩)에서 여러 현인이 나왔는데, 주돈이(周敦頤)와 정호(程顥)와 정이(程頤)와 사마광(司馬光)과 장재(張載)와 소옹(邵雍)과 주희(朱熹) 같은 학자들이 이어서 나타나, 사도(斯道)를 밝히는 것을 자신의 임무로 삼아서 마치 몸 둘 곳이 없는 것처럼 하였다. 주자가 여러 학자의 학설을 모아서 사서와 오경을 주해하여 배우는 자들에게 크게 공을 세웠다.

그러나 국가의 힘이 강하지 못하여 나라의 수명이 300년이
었고, 거란(契丹)과 몽골(蒙古)과 요(遼)와 금(金)이 번갈아 침
략해서 멸망의 위기에 미치자, 문천상(文天祥)이 충성을 다하
여 나라에 보답하다가 마침내 연경의 옥에서 죽고 말았다.
　　오랑캐 원(元)나라가 송(宋)나라를 멸망시키고 천하를 통일
하여 백년을 누렸으니, 오랑캐의 세력이 이때만큼 떨친 적이
없었다.

[訓讀]

*聚 : 모일 취. *奎 : 별이름 규. *濂 : 시내이름 렴. *洛 : 강이름
락. *閩 : 종족이름 민. *輩 : 무리 배. *頤 : 턱 이. *程 : 법 정.
단위 정. *顥 : 클 호. *邵 : 고을이름 소. *雍 : 누구러질 옹. *熹
: 밝을 희 성할 희. *闡 : 열 천. 밝힐 천. *註 : 주낼 주. *競 : 성할
경. 다툴 경. *遼 : 멀 요. *軼 : 부딪칠 질. 지나칠 질. *垂 : 드리울
수. 베풀 수. *竭 : 다할 갈. *竟 : 다할 경. 마침내 경 *綿 : 이어질
면. 솜 면. *夷 : 오랑캐 이. *狄 : 오랑캐 적.

[語釋]

*송태조(宋太祖) : 송나라의 태조 조광윤. *오성(五星) : 금성(金星)
과 목성(木星)과 수성(水星)과 화성(火星)과 토성(土星), 다섯 개의 별
을 말함. *규(奎) : 사방이 각각 7개로 된 28개의 별자리 중에 가운데
서쪽의 첫째 별자리. *염락관민(濂洛關閩) : 염계(濂溪)·낙양(洛
陽)·관중(關中)·민중(閩中) 등 네 곳의 약칭. *주돈이(周敦頤) : 북
송(北宋)의 유학자(儒學者). *정호(程顥) : 북송(北宋)의 유학자(儒學
者). 아우 정이와 함께 주돈이의 문하에서 배워 성리학(性理學)을 크
게 발전시킴. *정이(程頤) : 형 정호와 함께 북송(北宋)의 유학자(儒
學者). *장재(張載) : 북송(北宋)의 유학자(儒學者). *소옹(邵雍) : 북

송(北宋)의 유학자(儒學者). *주희(朱熹) : 남송(南宋)의 유학자(儒學者). 성리학을 집대성하여 그의 학문은 주자학(朱子學)으로 불리고 있음. *글안(契丹) : 옛 몽골의 유목민족. *몽골(蒙古) : 중국 본토의 북쪽에 있는 나라. *요(遼) : 거란족이 세운 나라. 송나라와 금나라에게 망했음. *금(金) : 여진족 추장 아골타(阿骨打)가 세운 나라. *문천상(文天祥) : 남송(南宋)의 충신. *호원(胡元) : 오랑캐가 세운 원나라라는 말. *이적(夷狄) : 오랑캐.

[大意]

　중국 송나라 때는 너무 학문을 숭상했다는 것과 그러한 정책 탓으로 국력이 약해서 끊임없는 외세의 침략을 받았다는 것에 대해 말했다.

　송나라 태조가 나라를 세운 초기에 다섯 개의 별이 별자리에 모였는데, 염계에서 주돈이가 나와 성리학을 창도(唱導)하자, 낙양에서는 정호와 정이 형제, 관중에서는 장재, 민중에서는 주희가 나와서 이것을 집대성했다. 그밖에 사마광과 소옹(邵雍) 같은 학자들이 이어서 나타나 유학을 발전시켰다.

　주희가 여러 학자의 학설을 모아서 사서와 오경을 주해하여 배우는 자들에게 크게 도움을 주었는데, 이것을 주자학(朱子學)이라고 했으며, 우리나라에도 고려 말기에 들어와서 영향을 주었는데 조선시대에 이르러 학문과 사상의 중심을 이루었다.

　학문은 그렇게 번성했지만 국력이 약해져서 끊없이 외세의 침략을 당했는데, 거란과 몽골과 요나라와 금나라가 번갈아 침략해서 강북의 땅을 빼앗기고 남송(南宋)으로 축소되었다가 멸망했다. 그러나 유학의 영향을 받아 충신과 의사(義士)가 많았는데, 그 중 문천상(文天祥)이 망해가는 나라에 충성을 다하여 싸우다가 포로가 되어 연경의 옥에서 죽었다.

유목민족 몽골이 세운 원(元)나라가 송(宋)나라를 멸망시키고 천하를 통일하여 백년을 지배하게 되니, 오랑캐의 세력이 그만큼 떨친 적이 없었다.

총론(總論) 8

天厭穢德　大明　中天　聖繼神承　於千萬年　嗚呼
천염예덕　대명　중천　성계신승　어천만년　오호

三綱五常之道　與天地相終始　三代以前　聖帝明王
삼강오상지도　여천지상종시　삼대이전　성제명왕

賢相良佐　相與講明之　故　治日　常多　亂日　常少
현상양좌　상여강명지　고　치일　상다　난일　상소

三代以後　庸君暗主　亂臣賊子　相與敗壞之　故　亂日　常多
삼대이후　용군암주　난신적자　상여패괴지　고　난일　상다

治日　常少　其所以世之治亂安危　國之興廢存亡　皆由
치일　상소　기소이세지치란안위　국지흥폐존망　개유

於人倫之明不明如何耳　可不察哉
어인륜지명불명여하이　가불찰재

하늘이 더러운 덕을 싫어해서 명나라가 하늘 한가운데로 떠올라서 성인(聖人)과 신인(神人)이 이어받으니 천만년을 이어갈 것이다.

아! 삼강오상(三綱五常)의 도리가 천지와 더불어 운명을 함께하니, 삼대(三代) 이전에는 성스러운 임금, 밝은 군주와 어진 재상과 성실하게 보필하는 사람들이 서로 함께 강론하여 밝혔기 때문에 다스려진 날이 항상 많고 어지러운 날이 적었으며, 삼대(三代) 이후에는 용렬한 임금과 어두운 군주와 나라의 기강을 어지럽히는 신하와 집안의 도리를 해치는 자식들이 서로 함께 그것을 무너뜨렸다. 그 때문에 어지러운 날이 항상 많았고 다스려진 날이 적었다. 세상이 다스려지고 어지러우며 편안하고 위태로운 것과, 나라가 흥하고 쇠약해지며 보존되고 멸망하는 까닭은 모두가 인륜(人倫)이 밝거나 밝지 못함에 달려있다. 어찌 살피지 않을 수 있겠는가.

[訓讀]
*厭 : 싫을 염. *穢 : 더러울 예. *嗚 : 탄식할 오. 슬플 오 *呼 : 부를 호. *綱 : 벼리 강. *賊 : 도둑 적. *壞 : 무너질 괴. *由 : 말미암을 유. *察 : 살필 찰.

[語釋]
*예덕(穢德) : 더러운 덕. 여기에서 원나라를 오랑캐라고 하기에 나온 말. *대명(大明) : 명나라를 높여 하는 말. *삼강오상(三綱五常) : 삼강은 부위자강(父爲子綱 : 어버이는 자식의 본이다), 군위신강(君爲臣綱 : 임금은 신하의 본이다), 부위부강(夫爲婦綱 : 남편은 아내의 본이다)이라는 세 가지 도리이고, 오상은 오륜(五倫)을 말함. *난신적자(亂臣賊子) : 난신은 나쁜 신하, 적자는 역적을 말함. *치란안위(治亂安危) : 치는 세상이 잘 다스려 지는 것, 란은 어지러운 것, 안은 편안한 것, 위는 위태로운 것. *흥폐존망(興廢存亡) : 흥하고, 쇠하고, 존재하고, 멸망하는 것.

[大意]
　여기에서 명나라를 대명(大明)이라고 한 것은, 박세무(童蒙先習의 저자)가 살아 있던 때가 중국으로는 명나라시대였다. 따라서 중국의 역사를 기록하는 것은 명나라 때까지였는데, 우리나라가 예로부터 중국문화의 영향을 많이 받아 왔고, 또 그것을 숭배했기 때문이다.

저자는 이 글에서 명나라의 덕을 높이 기리고 무궁하기를 기원했다. 또 하(夏)·은(殷)·주(周)나라 삼대 이전에는 삼강오상의 도리가 밝아서 세상이 잘 다스려지고, 그 후에는 이 도리가 무너져서 나라가 어지러워졌다는 것을 들어서, 삼강오상의 도리가 곧 나라의 흥폐존망이 된다는 것을 말했다. 다시 말해서, 나라를 다스리는 사람들이 삼강오상의 도리에 밝아서 백성들을 이끌고 실천한다면 그 나라는 평화롭고 밝은 나라가 되고, 그렇지 못한다면 나라가 위태롭게 된다는 뜻이다.

하늘이 원나라의 더러운 덕을 싫어하니, 명나라가 하늘 높이 떠올라 성인(聖人)과 신인(神人)이 이어받아 천만년을 이어가게 될 것이다.

삼강오상(三綱五常)의 도리가 천지와 운명을 같이하니, 삼대(三代) 이전에는 성스러운 임금과 밝은 군주와 어진 재상과 그 밑에서 일하는 사람들이 서로 함께 강론하여 밝혀서 다스렸으므로, 평화로운 날이 많고 어지러운 날이 적었으며, 삼대(三代) 이후에는 나쁜 임금과 어리석은 군주, 나라의 기강을 어지럽히는 신하와 집안의 도리를 해치는 자식들이 서로 많아서 삼강오상의 도리가 무너졌다. 따라서 어지러운 날이 항상 많고 평화로운 날이 적었다. 세상이 다스려지고 어지러우며 편안하고 위태로운 것과, 나라가 흥하고 쇠약해지며 보존되고 멸망하는 것은 모두가 사람의 도리가 밝거나 밝지 못함에 달려있다고 하겠다. 그러므로 항상 삼강오상의 윤리와 도덕을 실천하기에 힘을 써야 한다.

나라를 다스리는 사람들은 참된 도의로 국민들을 이끌어서 밝은 사회를 만들어서 나라가 번영하게 해야 하며, 도의적이지 못해서 사회를 혼란에 빠뜨리고 나라를 위태롭게 해서는 안 될 것이다.

東方　初無君長　有神人　降于太白山檀木下　國人
동방　초무군장　유신인　강우태백산단목하　국인

立以爲君　與堯竝立　國號　朝鮮　是爲檀君　周武王
입이위군　여요병립　국호　조선　시위단군　주무왕

封箕子于朝鮮　敎民禮義　設八條之敎　有仁賢之化
봉기자우조선　교민예의　설팔조지교　유인현지화

燕人衛滿　因盧綰亂　亡命來　誘逐箕準　據王儉城
연인위만　인로관란　망명래　유축기준　거왕검성

至孫右渠　漢武帝討滅之　分其地　置樂浪臨屯玄菟眞
지손우거　한무제토멸지　분기지　치낙랑임둔현도진

蕃四郡　昭帝以平那玄菟　爲平州　臨屯樂浪　爲東府
번사군　소제이평나현도　위평주　임둔낙랑　위동부

二都督府　箕準　避衛滿　浮海而南　居金馬郡　是爲
이도독부　기준　피위만　부해이남　거금마군　시위

馬韓　秦亡人　避入韓　韓　割東界以與　是爲辰韓
마한　진망인　피입한　한　할동계이여　시위진한

弁韓則立國於韓地　不知其始祖年代　是爲三韓
변한즉립국어한지　부지기시조년대　시위삼한

　동방에는 처음에 임금이 없었는데 신인(神人)이 태백산 박달
나무 아래로 내려오니, 나라 사람들이 그를 임금으로 삼았다.
요임금과 같은 시대에 즉위하여 국호를 조선이라 했으니, 이
분이 단군이다. 주나라 무왕이 기자(箕子)를 조선에 봉했는데,

기자가 백성들에게 예의를 가르쳐서 여덟 조목의 법[八條之敎]을 베풀었으니, 어진 사람의 교화다.

연나라 사람 위만(衛滿)이 노관(盧綰)의 난을 피해 망명해 들어와서 기준(箕準)을 꾀어서 쫓아내고 왕검성(王儉城)에 웅거했는데, 그 손자인 우거왕(右渠王)대에 이르러 한나라 무제가 쳐서 멸망시키고, 그 땅을 나누어 낙랑(樂浪)과 임둔(臨屯)과 현도(玄菟)와 진번(眞蕃)의 사군(四郡)을 만들었다. 소제(昭帝)가 평나(平那)와 현도를 합쳐 평주(平州)로 만들고, 임둔과 낙랑을 합쳐 동부의 두 도독부(都督府)로 만들었다.

기준(箕準)이 위만을 피해 바다 남쪽으로 내려와서 금마군(金馬郡)에 정착했으니, 이것이 마한(馬韓)이다. 진(秦)나라에서 도망친 사람들이 난을 피하여 한(韓)나라로 들어오자, 한나라가 동쪽 땅을 나누어 살게 하니 이것이 진한(辰韓)이다. 변한(弁韓)은 한나라의 영토에 나라를 세웠으나 그 시조와 연대를 알 수가 없다. 이것이 삼한(三韓)이다.

[訓讀]
*降 : 내릴 강. 항복할 항. *檀 : 박달나무 단. *條 : 가지 조. 조목 조. *盧 : 밥그릇 노. 성 노. *綰 : 얽을 관. 꿰뚫을 관. *誘 : 꾈 유. *逐 : 쫓을 축. *準 : 법 준. *據 : 웅거할 거. 의탁할 거. *渠 : 도랑 거. *置 : 둘 치. *浪 : 물결 랑. *臨 : 임할 임. *屯 : 진칠 둔. 모일 둔. *菟 : 고을이름 도. 풀이름 토. *蕃 : 우거질 번. *昭 : 밝을 소. *那 : 어찌 나. *府 : 곳집 부. 마을 부. *督 : 살필 독. 거느릴 독. *浮 : 뜰 부. *割 : 나눌 할. *弁 : 고깔 변.

[語釋]
*동방(東方) : 바다 동쪽, 즉 우리나라를 말함. *군장(君長) : 임금. *태백산

(太白山) : 평안북도에 있는 묘향산의 옛 이름. 백두산을 말하기도 함. *단목 (檀木) : 박달나무. *기자(箕子) : 중국 은(殷)나라 주(紂)임금의 친족. 기국 (箕國)에 자작(子爵)으로 봉했다고 해서 기자라 함. *팔조지교(八條之敎) : 여덟 가지 금법(禁法). *위만(衛滿) : 중국 연나라 사람으로, 우리나라에 망 명하여 나중에 위만조선을 세웠음. *노관(盧綰) : 중국 한나라 고조 유방의 한 고향 사람으로, 나중에 반란에 가담한 혐의를 받고 흉노로 가서 왕이 되었 음. *기준(箕準) : 기자조선의 마지막 임금. *왕검성(王儉城) : 평양의 옛 이 름. *우거(右渠) : 위만조선의 마지막 임금. *한무제(漢武帝) : 중국 한나라 4대 임금. *한소제(漢昭帝) : 중국 한나라 5대 임금. *평나(平那) : 현도에 가까운 만주 지방. *평주(平州) : 만주 요녕성과 길림성 일대의 땅. *금마군 (金馬郡) : 지금의 전라북도 익산군. *마한(馬韓) : 삼한(三韓)의 하나. 충청 도와 전라도 일대에 있던 부족국가. *진한(辰韓) : 삼한(三韓)의 하나. 경상 도낙동강 동쪽과 강원도와 경기도 일부에 걸쳐 있던 부족국가. *변한(弁韓) : 삼한(三韓)의 하나. 경상도 낙동강 서쪽에 있던 부족국가. *삼한(三韓) : 마 한 · 진한 · 변한의 3개 부족국가를 말함.

[大意]

이 글에서는 우리나라의 단군조선이 시작되어 수많은 침략 과 변천을 겪어 삼한(三韓)에 이르기까지의 역사에 대해 이야 기했다. 단군조선이 시작된 것과, 중국의 기자가 우리나라에 들어와 기자조선이라는 나라를 세워 여덟 조목의 법[八條之敎] 으로 백성을 다스린 것, 연나라 사람 위만이 우리나라에 망명 해 들어와 기준을 꾀어 쫓아내고 임금 노릇을 하다가 중국 한 무제에게 멸망당한 것, 다음에 한무제가 한사군을 만들어 우리 땅을 지배한 것과 한사군의 변천, 기준이 위만을 피해 남쪽으 로 내려와 세운 마한, 당시에 한강 이남에 형성되어 있었던 부 족국가 진한과 변한, 즉 삼한의 부족사회에 대해 기술했다.

총론(總論) 10

新羅始祖赫居世　都辰韓地　以朴爲姓　高句麗始祖朱蒙
신 라 시 조 혁 거 세　도 진 한 지　이 박 위 성　고 구 려 시 조 주 몽

至卒本　自稱高辛之後　因姓高　百濟始祖溫祚　都河南慰禮城
지 졸 본　자 칭 고 신 지 후　인 성 고　백 제 시 조 온 조　도 하 남 위 례 성

以扶餘爲氏　三國　各保一隅　互相侵伐　其後　唐高宗
이 부 여 위 씨　삼 국　각 보 일 우　호 상 침 벌　기 후　당 고 종

滅百濟高句麗　分其地　置都督府　以劉仁願薛仁貴　留鎭
멸 백 제 고 구 려　분 기 지　치 도 독 부　이 유 인 원 설 인 귀　유 진

撫之　百濟　歷年　六百七十八年　高句麗　七百五年
무 지　백 제　역 년　육 백 칠 십 팔 년　고 구 려　칠 백 오 년

新羅之末　弓裔叛于北京　國號　泰封　甄萱　叛據完山
신 라 지 말　궁 예 반 우 북 경　국 호　태 봉　견 훤　반 거 완 산

自稱後百濟　新羅亡　朴昔金三姓　相傳歷年　九百九十二年
자 칭 후 백 제　신 라 망　박 석 김 삼 성　상 전 역 년　구 백 구 십 이 년

　신라의 시조 혁거세(赫居世)는 진한의 땅에 도읍을 정하여
박(朴)을 성씨(姓氏)로 삼고, 고구려의 시조 주몽(朱蒙)은 졸본
(卒本) 땅에 이르러 스스로 고신(高辛)의 후예라고 일컬어 고
(高) 씨를 성으로 삼았으며, 백제의 시조 온조(溫祚)는 하남(河
南) 위례성(慰禮城)을 도읍으로 정하여 부여(扶餘)를 성씨로
삼았다. 세 나라가 각각 한 모퉁이를 차지하여 서로 침범했다.
　그 뒤에 당나라 고종이 백제와 고구려를 멸망시키고 그 땅을
나누어 도독부(都督府)를 두었고, 유인원과(劉仁願) 설인귀

(薛仁貴)로 하여금 머물면서 진무(鎭撫)하도록 했는데, 백제는 나라의 수명이 678년에 이르렀고, 고구려는 705년이었다.

신라의 말기에 궁예(弓裔)가 북경에서 반란을 일으켜 국호를 태봉(泰封)이라 하고, 견훤(甄萱)이 반란을 일으켜 완산(完山)에 웅거하여 스스로 후백제(後百濟)라 일컬었다. 신라가 망하니, 박(朴)·석(昔)·김(金)의 세 성씨가 서로 번갈아 왕위를 전수하여 나라를 다스림이 992년이다.

[訓讀]
*羅 : 새그물 라. 비단 라. *赫 : 빛날 혁. *麗 : 고울 려. *朱 : 붉을 주. *蒙 : 어릴 몽. *辛 : 매울 신. *祚 : 복 조. *慰 : 위로할 위. *隅 : 모퉁이 우. *互 : 서로 호. *劉 : 죽일 유. 이길 유. *願 : 원할 원. *薛 : 성씨 설. 쑥이름 설. *鎭 : 진압할 진. *撫 : 어루만질 무. *裔 : 후손 예. *叛 : 배반할 반. *據 : 의지할 거. 웅거할 거. *泰 : 클 태. 편안할 태. *甄 : 질그릇 견. *萱 : 원추리 훤.

[語釋]
*신라(新羅) : 박혁거세가 경주를 중심으로 한 진한 땅에 세운 나라. *혁거세(赫居世) : 신라를 세운 시조. *고구려(高句麗) : 주몽이 졸본(卒本) 지방에 세운 나라. *주몽(朱蒙) : 성은 고(高), 고구려의 시조. *고신(高辛) : 고대 중국의 지도자 중 제곡(帝嚳)을 말함. *백제(百濟) : 온조가 하남 위례성에 도읍하여 세운 나라. *온조(溫祚) : 동명성왕의 셋째 아들로, 백제의 시조. *당고종(唐高宗) : 중국 당나라의 셋째 임금. *유인원(劉仁願) : 당나라의 장수. *설인귀(薛仁貴) : 당나라의 장수. *궁예(弓裔) : 후고구려를 세운 사람. *견훤(甄萱) : 후백제를 세운 사람. *박석김삼성(朴昔金三姓) : 박 씨의 시조는 박혁거세, 석씨의 시조는 4대 임금 석탈해, 김씨의 시조는 13대 미추왕으로, 이 3성을 말함.

[大意]

여기에서는 우리나라 삼국시대의 신라와 고구려와 백제, 세 나라의 흥망에 대해서 말했다.

나당연합군(羅唐聯合軍)이 백제와 고구려를 멸망시키고, 당나라가 백제의 땅에 웅진도독부(熊津都督府), 고구려의 땅에 안동도호부(安東都護府)를 두고 통치한 일, 통일신라 말기에 태봉과 후백제가 일어난 일, 그리고 신라가 삼국 중에 마지막으로 망한 일에 대해서 기술했다.

신라의 시조 혁거세가 진한의 땅에 도읍을 정하여 박(朴)을 성씨로 하고, 고구려의 시조 주몽은 졸본땅에 이르러 스스로 고신(高辛)의 후예라고 일컬어 고(高) 씨를 성으로 했으며, 백제의 시조 온조는 하남 위례성을 도읍으로 정하여 부여(扶餘)를 성씨로 삼았다. 이렇게 세 나라가 각각 한 모퉁이를 차지하고 서로 침범했다.

그 뒤에 당나라 고종이 백제와 고구려를 멸망시키고 그 땅을 나누어 도독부(都督府)를 두었고, 유인원과(劉仁願)과 설인귀(薛仁貴)로 하여금 머물면서 다스리도록 했는데, 백제는 나라의 수명이 678년이었고, 고구려는 705년이었다.

신라 말기에 궁예가 북경에서 반란을 일으켜 나라 이름을 태봉이라 했고, 견훤이 반란을 일으켜 완산에 웅거하면서 나라 이름을 후백제라고 했다.

신라는 망하기까지 박·석·김의 세 성씨가 서로 번갈아 왕위를 전수하여 나라를 다스림이 992년이었다.

총론(總論) 11

泰封	諸將	立王建	爲王	國號	高麗	剋殘群凶
태봉	제장	입왕건	위왕	국호	고려	극잔군흉

統合三韓	移都松嶽	至于季世	恭愍無嗣	僞主辛禑
통합삼한	이도송악	지우계세	공민무사	위주신우

昏暴自恣	而恭讓	不君	遂至於亡	歷年	四百七十五年
혼포자자	이공양	불군	수지어망	역년	사백칠십오년

태봉(泰封)의 여러 장수가 왕건(王建)을 세워서 임금으로 삼고, 국호를 고려라고 했다. 모든 흉적(凶賊)을 쳐서 죽이고 삼한을 통일하여 송악(松嶽)으로 도읍을 옮겼다. 말기(末期)에 이르러 공민왕(恭愍王)이 후사(後嗣)가 없고, 가짜 임금 신우(辛禑)가 어둡고 사나우며 스스로 방자하였으며, 공양왕(恭讓王)도 임금 노릇을 못하여 마침내 망하게 되니, 나라의 수명이 475년이다.

[訓讀]
*諸 : 모두 제. *戟 : 창 극. *剗 : 깎을 잔. 평할 잔. *兇 : 흉할 흉. *移 : 옮길 이. *嶽 : 큰산 악. *愍 : 근심할 민. *僞 : 거짓 위. *禑 : 복 우. *恣 : 방자할 자. *瑤 : 아름다운옥 요. *遂 : 이를 수. 마칠 수.

[語釋]
*태봉제장(泰封諸將) : 신숭겸(申崇謙)과 홍유(洪儒) 등의 장수를 말함. *왕건(王建) : 고려(高麗)를 세운 태조. *공민(恭愍) : 고려 제31대 임금. *무사

(無嗣) : 대를 이을 자손이 없음 *자자(自恣) : 자기 마음대로 함. *신우(辛禑) : 신돈(辛旽)의 시녀 반야(般若)의 소생. 공민왕이 신돈의 집에 미행하여 낳은 아들. *위주(偽主) : 가짜 임금이라는 뜻. 우왕이 공민왕의 자손이 아니고 신돈의 자식이라는 설 때문에 가짜 왕이라고 한 것이다. *공양(恭讓) : 고려 최후의 임금 공양왕을 말함.

[大意]

고려의 태조 왕건이 태봉(泰封)의 여러 장수의 추대로 태봉의 임금 궁예를 쫓아내고 고려의 시조가 된 것으로부터 고려 말 공양왕에 이르러 나라가 망할 때까지의 일을 이야기했다.

태봉의 장수들이 왕건을 추대해서 임금으로 삼고 국호를 고려라 했고, 흉적들을 멸하고 삼한을 통일하여 송악으로 서울을 정했다.

고려 말기에 공민왕의 후사가 없었는데, 공민왕의 아들인지 신돈의 아들인지 확실하게 알 수 없는 거짓된 왕 신우가 방자했고, 마지막 임금 공양왕도 제대로 임금 노릇을 하지 못해서 마침내 망하게 되었는데, 고려의 나라 수명이 475년이었다.

고려가 망하고, 고려 왕조의 후손들은 새로 세워진 조선의 조정에 의해 많은 사람이 살육되거나, 초야에 살면서 목숨을 보전해야 했다.

총론(總論) 12

天命　歸于眞主　大明　太祖高皇帝　賜改國號曰朝鮮
천명　귀우진주　대명　태조고황제　사개국호왈조선

定鼎于漢陽　聖子神孫　繼繼繩繩　重熙累洽　式至于
정정우한양　성자신손　계계승승　중희루흡　식지우

今　實萬世無疆之休　於戲　我國　雖僻在海隅　壤地
금　실만세무강지휴　어희　아국　수벽재해우　양지

褊小　禮樂法度　衣冠文物　悉遵華制　人倫　明於上
편소　예악법도　의관문물　실준화제　인륜　명어상

敎化行於下　風俗之美　侔擬中華　華人稱之曰小中華
하교행어하　풍속지미　모의중화　화인칭지왈소중화

茲豈非箕子之遺化耶　嗟爾小子　宜其觀感而興起哉
자기비기자지유화야　차이소자　의기관감이흥기재

천명(天命)이 진정한 군주에게 돌아가니 명나라 태조 고황제(高皇帝)가 나라 이름을 조선으로 고쳐주자, 한양에 도읍을 정하여 거룩한 자손들이 끊임없이 이어져서 거듭 밝은 정치를 하여 지금에 이르니, 실로 만세에 끝없는 아름다움이다.

아! 우리나라가 비록 궁벽하게 바다 모퉁이에 자리를 잡아 땅이 작지만, 예악법도와 의관문물이 모두 중국의 제도를 따라 인륜이 위에서 밝혀지고, 교화가 아래에서 시행되어 풍속의 아름다움이 중국과 비슷하니, 중국의 사람들이 우리를 소중화(小中華)라고 말했다. 이 어찌 기자(箕子)가 남긴 교화 때문이 아니겠는가. 아! 너희 어린이들은 의당 이것을 보고 느껴서 분발하여 일어날 것이다.

[訓讀]
*賜 : 줄 사. *朝 : 아침 조. *鮮 : 나라이름 선. 고울 선. 생선 선 *鼎 : 솥 정. *繼 : 이을 계. *繩 : 줄 승. *熙 : 빛날 희. *累 : 겹칠 누. 여러 누. 얽힐 누. *洽 : 화합할 흡. 젖을 흡. *疆 : 지경 강. 굳셀 강. *僻 : 후미질 벽. 궁벽할 벽. 피할 피. *編 : 옷나풀거릴 편. 좁을 편. *悉 : 모두 실. 다 실. *嗟 : 탄식할 차. *爾 : 너 이. *觀 : 볼 관. *興 : 일 흥.

[語釋]
*천명(天命) : 하늘이 시킨 것. 옛날에는 나라를 세우는 것이 하늘이 시켜서 하는 일이라고 생각하였기 때문에 나온 말. *진주(眞主) : 하늘에서 시켜서 된 한 나라의 임금. 여기에서는 조선의 태조 이성계(李成桂)를 말함. *대명태조고황제(大明太祖高皇帝) : 명나라의 시조 주원장을 가리키는 말. *정정(定鼎) : 새로 나라를 세워 도읍(都邑)을 정(定)함. *한양(漢陽) : 지금 서울의 옛이름. *성자신손(聖子神孫) : 임금의 자손을 높여 이르는 말. *만세무강(萬世無疆) : 오랜 세월에 걸쳐 끝이 없음. *어희(於戱) : 감탄사로, '아아!' 라는 뜻. *양지(壤也) : 나라의 경계 안에 있는 땅. ≒ 강우(疆宇) · 경토(境土) · 양지(壤也). *모의(侔擬) : 비교하여 견줄 만함. 견주어 다를 바가 없음. *소중화(小中華) : 중화는 중국사람들이 자기 나라를 천하의 중앙에서 빛이 나는 나라라고 스스로를 높여서 부르는 말이고, 소중화는 우리나라의 문물제도가 중국과 비슷하다 하여 나온 말임.

[大意]
이 글에서는 명나라의 태조가 우리나라 국호를 조선으로 정해준 것에 대해 고마워한다는 뜻과, 당시의 중국에 대한 숭배사상이 기술되어 있다. 이것은 조선의 태조 이성계가 친명파

(親明派)여서 나라를 세우자 명나라를 종주국(宗主國)으로 받들었던 까닭이다.

조선시대에 들어와서 윤리도덕과 풍속이 모두 중국의 예악법도와 의관문물을 모방하여, 밝아지고 아름다워져서 소중화(小中華)라고 부르게 된 것에 대해 칭송하며, 지난 날 기자(箕子)의 교화를 들어 그것에서 원인을 찾았다. 그리고 자라나는 어린이들로 하여금 당연히 이러한 것을 본받아서 분발하여 일어날 것을 촉구했다.

그러나 기자에 대한 이러한 기록들은 과거의 역사가들이 〈사기(史記)〉의 송미자세가(宋微子世家)의 기록을 근거로 하여 기자조선의 존재를 인정한 것이지, 확실한 역사적 근거가 없어 믿기 어려운 것이다.

영조임금은 이미 어제서문에서 이 같은 논리의 부당함을 지적해서 유감의 뜻을 밝힌 것은 어떻게 변명할 수 없는 것이다.

이 나라가 하늘이 정해준 진정한 군주에게 돌아가니 명나라 태조 고황제(高皇帝)가 나라 이름을 조선으로 정해주어서, 한양을 서울로 정하여 거룩한 자손들이 끊임없이 태어나 밝은 정치를 하여 오늘에 이르니, 실로 만세에 더할 수 없는 아름다움이다.

아! 우리나라가 비록 바다 모퉁이에 자리 잡은 좁은 땅이지만, 문화가 모두 중국의 제도를 따라 인륜과 교화가 위에서 밝혀지고, 아래에서 시행되어 풍속이 중국과 같이 아름다우니, 중국 사람들이 우리를 소중화(小中華)라고 말했다. 이것은 기자(箕子)가 남긴 교화 때문이라고 할 수 있다. 아! 말할 필요도 없이 어린이들은 이것을 보고 느껴서 분발해야 할 것이다.

이렇게 삼강오상의 도리를 강조하여 배우는 사람들에게 스스로 느껴서 분발할 것을 강조했다.

발문(跋文)

孟子曰　讀其書　誦其詩　不知其人　可乎　余幼時
맹자왈　독기서　송기시　부지기인　가호　여유시

見人家子弟初學者　無不以是書爲先　而第不知出於
견인가자제초학자　무불이시서위선　이제부지출어

何人之手矣　今朴上舍廷儀氏　來謂余曰　此吾高祖諱
하인지수의　금박상사정의씨　래위여왈　차오고조휘

世茂之所編也　余不覺驚喜曰　今日　始知其人矣　公
세무지소편야　여불각경희왈　금일　시지기인의　공

爲明廟朝名臣　其學問有淵源　而門路亦甚正　觀於此
위명묘조명신　기학문유연원　이문로역심정　관어차

編則可知矣　其該括約說　無非學問中體　認一大公案
편즉가지의　기해괄약설　무비학문중체　인일대공안

而所序歷代　又史家之總目也　或疑編內所輯理氣性命
이소서역대　우사가지총목야　혹의편내소집이기성명

等說　非童學所能知　此則不知作者本意所在也　朱子
등설　비동학소능지　차즉부지작자본의소재야　주자

嘗論仁說曰　此等名義　古人之敎　自小學之時　已有
상륜인설왈　차등명의　고인지교　자소학지시　이유

白直分明訓說　得知此道理　不可不著實　踐履　所以
백직분명훈설　득지차도리　불가불착실　천리　소이

實造其地位也　若茫然理會不得　則其所以求之者　乃
실조기지위야　약망연이회부득　즉기소이구지자　내

其平生所不識之物　復何所向望慕愛而知所以用其力
기평생소불식지물　부하소향망모애이지소이용기력

耶　今之童學　略識諸般名義界限　終有所歸宿者　必
야　금지동학　약식제반명의계한　종유소귀숙자　필

於此書而得之　其功　豈不大哉　竊聞今上殿下每臨筵
어차서이득지　기공　기부대재　절문금상전하매림연

喜說此書　睿學之明　其必有以識此矣　公字景藩　咸
희설차서　예학지명　기필유이식차의　공자경번　함

陽人　登第　始爲翰林　官止監正　蘇齋盧相公守愼　以嘗
양인　등제　시위한림　관지감정　소재노상공수신　이상

著此書　訓其子弟　載公墓碣云
저차서　훈기자제　재공묘갈운

崇禎紀元之商橫閹茂　陽月　日
숭정기원지상횡엄무　양월　일

恩津　宋時烈　謹跋
은진　송시열　근발

　　맹자는 "그 사람의 글을 읽고, 그 사람의 시를 외우면서도 그 사람을 알지 못하면 되겠는가."라고 말했다. 내가 어릴 때에 남의 집 자제들을 보니, 처음 학문을 배우면서 이 책을 먼저 읽지 않는 이가 없었는데, 다만 누구의 손에서 나온 것인지 알지 못했다.

　　그런데 지금 박상사(朴上舍) 정의(廷儀) 씨가 와서 나에게 "이 책은 저희 고조부가 되는 휘(諱)가 세무(世茂)라는 분이 엮으신 것입니다."고 말했다. 그래서 나는 자신도 모르게 한편으로 놀랍고 기뻐서 "오늘에야 비로소 그 사람을 알게 되었다."고 했다.

공(公)은 명종(明宗) 임금 때의 이름난 신하로, 그의 학문은 연원(淵源)이 있고, 문로(門路) 또한 매우 바르다는 것을 이 책을 보면 알 수 있다. 내용이 해박하면서도 간략하게 설명했으니, 이는 모두가 배우는 가운데 반드시 겪어야할 커다란 공론(公論)으로 인정되며, 차례대로 서술한 역대의 사실 또한 사가(史家)의 총목(總目)이다.

어떤 사람은 이 책에 수록된 이기(理氣)나 성명(性命) 같은 말은 아이들이 이해할 수 있는 내용이 아니라고 의아해하지만, 이는 저자의 본뜻이 어디에 있는지 알지 못하는 것이다. 주자(朱子)가 일찍이 인(仁)에 대하여 논의하여 이렇게 말했다. "이와 같은 종류의 명칭과 의미는 옛사람들이 가르칠 때에 〈소학(小學)〉에서부터 이미 자세하고 분명한 가르침이 있었으니, 배우는 사람이 이 도리를 착실하게 실천하지 않아서는 안 되어서 실제로 그와 같은 경지에 도달했던 것이다. 만약 망연하게 이해하다가 안 되면 그가 구하고자 하던 것이 평생토록 알지 못할 개념이 되고 말 것이니, 다시 무엇을 바라보고 사모하여 힘을 쓸 줄 알겠는가?" 요즘의 어린아이들이 대략이나마 여러 가지 명칭과 의미의 구분을 알아서 결국 귀결(歸結)하는 것을 알게 되는 것은 반드시 이 책에서 얻은 것일 터이니, 그 공로가 어찌 크다 하지 않겠는가!

들으니, 지금 임금께서 경연(經筵)에 나아가실 때마다 이 책에 대해서 말씀하기를 좋아하신다니 임금님의 밝은 지혜가 반드시 이 점을 아시기 때문일 것이다. 공의 자(字)는 경번(景藩)이고 함양 사람으로, 처음 과거에 올라 한림이 되었고, 벼슬이 감정(監正)에 이르렀다. 소제(蘇齋) 노상공(盧相公) 수신(守

愼)은 "공이 일찍이 이 책을 지어서 자제들을 가르쳤다."는 일로 공의 묘갈(墓碣)에 기록했다.

숭정기원(崇貞紀元) 경술년(庚戌年) 양월(陽月) 일(日)에
은진(恩津) 송시열(宋時烈) 삼가 발문을 씀.

[訓讀]

*誦 : 욀 송. *余 : 나 여. *舍 : 집 사. *廷 : 조정 정. *儀 : 거동 의. *編 : 엮을 편. 책 편. *廟 : 사당 묘. *淵 : 못 연. 깊을 연. *該 : 갖출 해. 그 해. *括 : 묶을 괄. 쌀 괄. *認 : 알 인. 허락할 인. *案 : 책상 안. 문서 안. *輯 : 모을 집. *踐 : 밟을 천. *履 : 신 리. 밟을 리. *窃 : 훔칠 절. *殿 : 큰집 전. *筵 : 대자리 연. 좌석 연. *睿 : 밝을 예. *蕃 : 우거질 번. *翰 : 날개 한. 글 한. *齋 : 재계할 재. 집 재. 상복 자. *碣 : 비석 갈. *禎 : 상서 정. *津 : 나루 진. *跋 : 밟을 발. 글이름 발.

[語釋]

*상사(上舍) : 옛 벼슬 이름으로, 생원(生員)이나 진사(進士)를 말함. *세무(世茂) : 명종 때의 학자로, 〈동몽선습〉의 저자. *명신(名臣) : 이름 있는 신하. *연원(淵源) : 근원. *해괄약설(該括約說) : 범위가 넓은 것을 간략하게 설명함. *총목(總目) : 총체적 목록. *성명(性命) : 하늘에서 내린 사람의 타고난 성품. *금상전하(今上殿下) : 현재 나라를 다스리는 임금의 존칭. *연(筵) : 경연(經筵), 즉 임금이 학덕(學德)이 높은 문신들과 강론(講論)하는 자리. *노수신(盧守愼) : 중종 38년에 문과에 급제해서 선조 때에 영의정에 올랐음. *숭정기원(崇禎紀元) : 중국 숭배사상에서 나온 연호를 숭정이라고 함. 따라서 공문서에도 숭정기원이라고 한 것임. *상횡엄무(商橫閹茂) : 상횡은 10간(干)의 경(庚), 엄무는 12지(支)의 술(戌)을 말해서, 경술이 됨. *양월(陽月) : 10월을 다르게 말한 것. *송시열(宋時烈) : 1607~1689. 호는 우암(尤

庵). 유교학자이며 정치가. 노론(老論)의 우두머리.

[大意]

　이 글은 송시열이 지은 〈동몽선습〉의 발문(跋文)이다. 송시열은 인조 때부터 효종과 현종을 거쳐서 숙종에 이르기까지 네 임금을 섬기면서 명망과 학식이 높은 유학자(儒學者)다. 이 발문은 진사 박정의가 그의 고조부인 박세무가 지은 〈동몽선습〉을 가지고 와서 청하기에 써준 것이다.

　처음 학문을 배우면서 이 책을 먼저 읽지 않는 이가 없었다는 것으로 보아 〈동몽선습〉이 처음 공부를 하는 사람들의 필독서(必讀書)였음을 알 수 있다.

　〈동몽선습〉은 그 내용이 범위가 넓음에도 불구하고 간결하고 알기 쉽게 설명해서 학문을 배우는데 지름길이 될 뿐만 아니라, 역사적인 기록도 총체적인 목록이 되어서 좋은 책이라 할 수 있다. 또 이기(理氣)와 성명(性命)에 관한 설명은 어린아이들을 깨우치기에 만족할 만하며, 학문을 크게 이루기에 기대해 볼 만한 것이다.

　현재의 임금께서도 경연에서 이 책을 강론하기를 좋아하는 것으로도 이 책의 가치를 알 수 있다.

　저자의 자(字)는 경번(景藩)이고 함양 사람으로, 처음 과거에 올라 한림이 되었고, 벼슬이 감정(監正)에 이르렀다. 소제(蘇齋) 노수신(盧守愼)은 "공이 일찍이 이 책을 지어서 자제들을 가르쳤다."고 저자의 비석에 기록했다.

필선채응복소(弼善蔡膺福疎)

伏見朝紙　有童蒙先習進講冑筵之溟　此誠聖朝　歷累
복견조지　유동몽선습진강주연지명　차성성조　역누

代書筵講溟之初書　而何幸今日　復下是溟　我聖上
대서연강명지초서　이하행금일　부하시명　아성상

遵先朝喩敎之道　出尋常萬萬　在廷臣僚　莫不欽誦
준선조유교지도　출심상만만　재정신료　막불흠송

況臣忝居宮僚之末　惟我列聖朝傳授之學　將復見於
황신첨거궁료지말　유아열성조전수지학　장부견어

今日　其所歡忭鼓舞　自倍恒人　第念是書　本之以三
금일　기소환변고무　자배항인　제념시서　본지이삼

綱五倫　參之以六經諸史　修濟治平之謨　前古興亡之
강오륜　참지이육경제사　수제치평지모　전고흥망지

蹟　暸然命白於一編之中　故廟臣沈守慶　嘗贊曰　實
적　요연명백어일편지중　고상신심수경　상찬왈　실

兼經史之備　是可謂知此書者也　先正臣宋時烈　曾跋
겸경사지비　시가위지차서자야　선정신송시열　증발

編尾　曰讀其書　不知其人　可乎　蓋是書　明廟祖名
편미　왈독기서　부지기인　가호　개시서　명묘조명

臣朴世茂之所著　而世茂　卽先正臣朴知誡之祖也　嘗與
신박세무지소저　이세무　즉선정신박지계지조야　상여

先正臣金淨金湜　爲道義之交　學問有淵源　而先正臣朴世采
선정신김정김식　위도의지교　학문유연원　이선정신박세채

亦有所尊慕者矣　今當講是書之日　不可不先知是書之歷
역유소존모자의　금당강시서지일　불가불선지시서지력

而且其跋文　曾出於先正臣之手　且鋪張開明　亦將有益
이 차 기 발 문　증 출 어 선 정 신 지 수　차 포 장 개 명　역 장 유 익

於睿學　臣意　以爲今此開講之初　竝刊跋文　兼講之
어 예 학　신 의　이 위 금 차 개 강 지 초　병 간 발 문　겸 강 지

恐不可已也
공 불 가 이 야

　엎드려 조지(朝紙)를 보니 〈동몽선습〉을 주연(晝筵)에 진강
(進講)하라는 명이 있었습니다. 이는 참으로 성조(聖朝)에서
여러 대를 이어 주연에서 맨 처음 강론(講論)하여 밝히던 책으
로, 다행스럽게 이제 다시 이 같은 명을 내리셨습니다. 우리 성
상(聖上)께서 선대의 임금들이 깨우쳐 가르치시는 도리를 좇음
이 이렇게 지극하니 성덕(聖德)을 칭송하지 않는 조정의 신하
들이 없거늘, 어찌 외람되게도 동궁요속(東宮僚屬)의 말석을
차지하고 있는 이 몸입니까. 열성조(列聖朝)에서 이어오던 학
문을 오늘 다시 보게 되니, 다른 사람의 곱절이나 마음이 즐겁
고 고무(鼓舞)됩니다.

　공손히 생각하니, 이 책은 삼강오륜에 바탕을 두어서 육경
(六經)이나 여러 사서(史書)에서 나오는 말들을 참고하고, 그
것에다 더해서 수신(修身)·제가(齊家)·치국(治國)·평천하(平
天下)의 도리와, 지난날의 흥망의 자취를 이 책 안에 분명하게
밝히고 있습니다. 고상신(故廂臣) 심수경(沈守慶)이 일찍이 찬
양(讚揚)하기를 "실로 선정신(先正臣) 송시열(宋時烈)이 이 책
끝에 발문을 썼는데, 이 책은 경사(經史)를 겸하여 갖추었다고
했으니, 그 글을 읽으면서 그 글의 지은이를 몰라서야 되겠는

가."라고 했습니다.

이 책은 명종 임금 때의 명신 박세무가 지은 것이며, 박세무
는 곧 선정신 박지계의 할아버지입니다. 일찍이 선정신 김정과
김식과 함께 도의의 친구였고, 학문에는 연원이 있어 선정신
박세채(朴世采) 또한 존경하고 사모하는 사람이었습니다.

지금 이 책을 강론하는 날을 맞아서 이 책의 내력을 먼저 알
아보아야 하고, 또 그 발문이 일찍이 선정신의 손에서 나와서
널리 퍼져 알려졌으니, 또한 학문에 보탬이 될 것입니다. 신
(臣)의 뜻은 지금 이 강론을 여는 처음에 발문도 아울러 간행된
다니, 겸해서 강론을 마칠 수 있을까 걱정됩니다.

[訓讀]
*弼 : 도울 필. *膺 : 안을 응. 가슴 응. *疏 : 트일 소. 길 소. 글 소. *冑
: 투구 주. *幸 : 다행할 행. *喻 : 깨우칠 유. *僚 : 동료 료. 벼슬아치 료.
*忝 : 욕될 첨. 더럽힐 첨. *忭 : 기뻐할 변. *恒 : 항상 항. *謨 : 꾀 모.
*跡 : 자취 적. *瞭 : 밝을 료. *誡 : 경계할 계. *淨 : 깨끗할 정. 맑을 정.
*湜 : 물맑을 식. *鋪 : 펼 포.

[語釋]
*채응복(蔡膺福) : 영조 임금 때의 문신(文臣)으로, 주연(冑筵)에서 〈동몽선
습〉을 강론하라는 명을 받자, 소(疏)를 올려서 찬의를 표하고, 〈동몽선습〉을
간행할 때에 송시열의 발문까지 동시에 강론하기를 청했음. 당시의 벼슬이
정사품(正四品) 필선(弼善)이었음. *주연(冑筵) : 왕세자가 학문을 강론하는
자리. *흠송(欽誦) : 공경하여 칭송함. *궁료(宮僚) : 동궁(東宮)의 요속. *삼
강(三綱) : 아버지는 자식의 본이 되고[父爲子綱], 임금은 신하의 본이 되고
[君爲臣綱], 남편은 아내의 본이 되는 것[夫爲婦綱]을 말함. *육경(六經) : 유
교의 여섯 가지 경전. 시경(詩經)·서경(書經)·예기(禮記)·주역(周易)·춘

추(春秋) · 악경(樂經) 등을 말함. 진시황이 유교를 탄압하여 유가(儒家)의 서적을 모두 불태우고, 선비들을 잡아서 구덩이를 파서 묻어 죽인 것을 분서갱유(焚書坑儒)라고 하는데, 이때에 악경이 없어져서 오경만 전함. *수제치평(修齊治平) : 수는 몸을 닦는 것, 제는 집을 정제함, 치는 나라를 다스림, 평은 평화스럽게 만드는 것. *고상신(故相臣) : 이미 죽고 없는, 옛날에 정승을 지낸 사람. *심수경(沈守慶) : 조선시대의 문신. *선정신(先正臣) : 선대(先代)의 어진 신하. *박지계(朴知誡) : 조선 시대의 유학자이자 문신. *김정(金淨) : 조선 시대의 유학자이자 문신. *김식(金湜) : 조선 시대의 유학자이자 문신. *박세채(朴世采) : 조선 시대의 유학자이자 문신.

[大意]

영조 임금이 〈동몽선습〉을 다시 펴낼 때 동궁직(東宮職) 필선(弼善)의 벼슬에 있던 채응복이 서연(書筵)에서 〈동몽선습〉을 강론하라는 임금의 명을 받고 올린 글이다.

〈동몽선습〉의 저자 박세무가 학문이 높아 책의 내용이 충실한 것이고, 선대의 임금들이 서연에서 강론하여 밝혔던 것이라 그 명이 너무나 옳은 것임을 말했다. 또 송시열의 발문이 〈동몽선습〉을 이해하기 쉽게 설명하고 밝힌 것은 그만큼 유익한 것이라는 점을 들어 겸해서 강론하기를 청했다.

계몽편(啓蒙篇)

<계몽편>은 조선시대의 어린이 교육용 교과서로, 저자나 연대는 알 수 없고, 장절(章節)이 비교적 짤막하여 처음 배울 때 음을 읽고, 그 뜻을 비교적 이해하기 쉽게 되어 있다.

　　언해본(諺解本)이 있어 여성교재로도 사용되었을 가능성이 높다. 구성은 수(首)와 천(天)과 지(地)와 인(人)과 물(物)편으로 되어 있고, 산법(算法)도 수록되어 윤리덕목 중심의 조선시대 아동 교재가 지녔던 전통성의 한계를 극복하였다.

　　서당이나 향교에서 아이들에게 글을 가르칠 때, 먼저 <천자문(千字文)>이나 <유합(類合)>으로 한자를 익히게 한 다음, 교훈적인 교재로서 이 <계몽편>이나 <동몽선습>을 가르쳤다.

수편(首篇)

上有天　下有地　天地之間　有人焉　有萬物焉　日月
상유천　하유지　천지지간　유인언　유만물언　일월

星辰者　天之所係也　江海山嶽者　地之所載也　父子
성진자　천지소계야　강해산악자　지지소재야　부자

君臣夫婦長幼朋友者　人之大倫也　以東西南北　定天
군신부부장유붕우자　인지대륜야　이동서남북　정천

地之方　以青黃赤白黑　定物之色　以酸鹹辛甘苦　定
지지방　이청황적백흑　정물지색　이산함신감고　정

物之味　以宮商角徵羽　定物之聲　以一二三四五六七
물지미　이궁상각치우　정물지성　이일이삼사오육칠

八九十百千萬億　總物之數
팔구십백천만억　총물지수

위로는 하늘이 있고 아래에는 땅이 있으니, 하늘과 땅 사이에 사람이 있고 만물이 있다. 해와 달과 별은 하늘에 매어 있는 것이고, 강과 바다와 산은 땅이 실려 있는 것이다. 부자·군신·부부·장유·붕우는 사람의 커다란 윤리이다.

동·서·남·북으로 천지의 방위를 정하고, 청색·황색·적색·백색으로 만물의 색을 정하고, 신맛·짠맛·매운맛·단맛·쓴맛으로 만물의 맛을 정하고, 궁·상·각·치·우로 만물의 소리를 정하며, 일·이·삼·사·오·륙·칠·팔·구·십·백·천·만·억으로 모든 물건의 수를 다한다.

[訓讀]
*辰 : 별 진. 날 신. *係 : 걸릴 계. 이을 계. *酸 : 초 산. 실 산. *鹹 :
짤 함. *辛 : 매울 신. *苦 : 쓸 고. *徵 : 부를 징. 음이름 치.

[語釋]
*지(之) : 어조사로, '~의, ~하다'의 뜻. *언(焉) : 어조사로, '~하다'의 뜻.
*만물(萬物) : 이 세상의 온갖 물건. *성진(星辰) : 별. *소계(所係) : 매어
있음. *야(也) : 어조사로, '~이다'의 뜻. *대륜(大倫) : 인간이 지켜야할 커
다란 도리. *궁상각치우(宮商角徵羽) : 동양 음악의 다섯 가지 음계, 즉 오음
(五音)을 말함.

[大意]
　이 글은 계몽편의 첫머리로, 천지와 만물이 형성되어 있는
기본적인 구조와 인간의 도리, 인간 생활 속의 기본적인 것들
에 대해서 말하고 있다.
　위로는 하늘, 밑으로는 땅이 있고, 하늘과 땅 사이에 사람이
있고, 만물이 있다. 해와 달과 별은 하늘에 매어 있고, 강과 바
다와 산은 땅에 실려 있다.
　어버이와 자식, 임금과 신하, 어른과 어린 사람, 남편과 아
내, 친구 사이는 사람이 지켜야할 큰 도리이다.
　동·서·남·북으로 천지의 방위를 정하고, 청·황·적·백·흑으
로 물건의 빛깔을 정하고, 시고·짜고·맵고·달고·짠 것으로 물
건의 맛을 정하고, 궁·상·각·치·우로 물건의 소리를 정하고,
일·이·삼·사·오·육·칠·팔·구·십·백·천·만·억으로 모든 물건의
수를 통틀어 계산한다.

천편(天篇) 1

日出於東方　入於西方　日出則爲晝　日入則爲夜　夜
일출어동방　입어서방　일출즉위주　일입즉위야　야

則月星　著見焉　天有緯星　金木水火土五星　是也
즉월성　저현언　천유위성　금목수화토오성　시야

有經星　角亢氐房心尾箕　斗牛女虛危室壁　奎婁胃昴
유경성　각항저방심미기　두우여허위실벽　규루위묘

畢觜參　井鬼柳星張翼軫二十八宿　是也
필자삼　정귀류성장익진이십팔수　시야

해는 동쪽에서 나와 서쪽으로 들어간다. 해가 나오면 낮이
되고, 해가 들어가면 밤이 되니, 밤에는 달과 별이 보인다.
　하늘에는 위성(緯星)이 있으니, 금성(金星)·목성(木星)·수성
(水星)·화성(火星)·토성(土星)의 다섯 별이 이것이다. 또 경성
(經星)이 있으니, 각수(角宿)·항수(亢宿)·저수(氐宿)·방수(房
宿)·심수(心宿)·미수(尾宿)·기수(箕宿)·두수(斗宿)·우수(牛
宿)·여수(女宿)·허수(虛宿)·위수(危宿)·실수(室宿)·벽수(壁
宿)·규수(奎宿)·누수(婁宿)·위수(胃宿)·묘수(昴宿)·필수(畢
宿)·자수(觜宿)·삼수(參宿)·정수(井宿)·귀수(鬼宿)·유수(柳
宿)·성수(星宿)·장수(張宿)·익수(翼宿)·진수(軫宿)의 이십팔수
(二十八宿)가 이것이다.

[訓讀]
*著 : 분명할 저. 붙을 착. *見 : 드러날 현. *緯 : 씨줄 위. *經 : 날줄 경.

*亢 : 높을 항. 별 이름 항, *氐 : 근본 저. 별이름 저. *房 : 방 방. *尾 : 꼬리 미. *箕 : 키 기. 별이름 기. *虛 : 빌 허. *危 : 위태할 위. *室 : 집 실. *壁 : 벽 벽. *奎 : 별이름 규. *婁 : 별이름 루. *胃 : 밥통 위. 별이름 위. *昴 : 별이름 묘. *畢 : 마칠 필. 별이름 필. *觜 : 별이름 자. *參 : 간여할 참. 별이름 삼. *井 : 우물 정. 별이름 정. *鬼 : 귀신 귀. *柳 : 버들 류. *張 : 베풀 장. *翼 : 날개 익. *軫 : 수레 진. 별이름 진. *宿 : 묵을 숙. 별자리 수.

[語釋]
*위성(緯星) : 금성·목성·수성·화성·토성의 다섯 별을 말함. *금성(金星) : 태양계 유성(遊星) 중의 하나. *목성(木星) : 유성 중의 제일 큰 별. *수성(水星) : 유성 중에서 태양에 제일 가까운 별. *화성(火星) : 태양계 유성(遊星) 중의 하나. *토성(土星) : 태양계 유성(遊星) 중의 하나. *수(宿) : 별자리를 말하며, 28수란 고대 중국에서 하늘을 28개의 별자리로 구분한 것을 말함.

[大意]
　천체의 운행에 대해서 간단히 설명하고 있다. 즉 낮과 밤, 5성(星)과 28개의 별자리에 대해서 말했다.
　해는 동쪽에서 나와 서쪽으로 들어가고, 해가 나오면 낮이 되고, 해가 들어가면 밤이 되며, 밤에는 달과 별이 나타난다.
　하늘에는 위성이 있는데, 금성과 목성과 수성과 화성과 토성의 5성이다. 또 경성이 있는데, 각수·항수·저수·방수·심수·미수·기수·두수·우수·여수·허수·위수·실수·벽수·규수·누수·위수·묘수·필수·자수·삼수·정수·귀수·유수·성수·장수·익수·진수의 28개 별자리이다.

천편(天篇) 2

一晝夜之內　有十二時　十二時　會而爲一日　三十日
일주야지내　유십이시　십이시　회이위일일　삼십일

會而爲一月　十有二月　合而成一歲　月或有小月　小
회이위일월　십유이월　합이성일세　월혹유소월　소

月則二十九日　爲一月　歲或有閏月　有閏則十三月
월즉이십구일　위일월　세혹유윤월　유윤즉십삼월

成一歲　十二時者　卽地之十二支也　所謂十二支者
성일세　십이시자　즉지지십이지야　소위십이지자

子丑寅卯辰巳午未申酉戌亥也　天有十干　所謂十干者
자축인묘진사오미신유술해야　천유십간　소위십간자

甲乙丙丁戊己庚辛壬癸也　天之十干　與地之十二支
갑을병정무기경신임계야　천지십간　여지지십이지

相合而爲六十甲子　所謂六十甲子者　甲子乙丑丙寅丁卯
상합이위육십갑자　소위육십갑자자　갑자을축병인정묘

至壬戌癸亥　是也
지임술계해　시야

하루 낮과 밤사이에 12시간이 있으니, 12시간이 모여서 하루가 되고, 30일이 모여서 한 달이 되고, 12달이 모여서 한 해가 된다. 달에는 혹 작은 달이 있으니, 작은 달은 29일이 한 달이 되고, 해에는 혹 윤달이 있는데, 윤달이 있으면 13달이 한 해가 된다.

12시간은 곧 땅의 십이지(十二支)이니, 이른 바 십이지는 자축인묘진사오미신유술해이다. 하늘에는 십간(十干)이 있으니, 이른 바 십간은 갑을병정무기경신임계이다.

하늘의 십간이 땅의 십이지와 서로 합해서 육십갑자(六十甲子)가 되는데, 이른 바 육십갑자는 갑자을축병인정묘에서부터 임술계해까지가 이것이다.

[訓讀]
*夜 : 밤 야. *晝 : 낮 주. *歲 : 해 세. *閏 : 윤달 윤. *支 : 지지 지. 가를 지. *丑 : 소 축. *寅 : 셋째지지 인. *卯 : 넷째지지 묘. 토끼 묘. *午 : 일곱째지지 오. 낮 오. *未 : 아닐 미. 양 미. *巳 : 여섯째지지 사. 뱀 사. *戌 : 개 술. *申 : 아홉째지지 신. 원숭이 신. 펼 신. *謂 : 이를 위. *酉 : 닭 유. *甲 : 갑옷 갑. 첫째천간 갑. *庚 : 일곱째천간 경. *戊 : 다섯째천간 무. *丙 : 남녘 병. *辛 : 매울 신. *壬 : 아홉째천간 임. 북방 임. *癸 : 열째천간 계.

[語釋]
*십이시(十二時) : 옛날에는 하루를 자축인묘진사오미신유술해의 12시간으로 나누었음. 자시는 오늘날의 밤 11시에서 1시, 축시는 1시에서 3시, 인시는 3시에서 5시, 묘시는 5시에서 7시, 진시는 7시에서 9시, 사시는 9시에서 11시, 오시는 11시에서 오후 1시, 미시는 오후 1시에서 3시, 신시는 3시에서 5시, 유시는 5시에서 7시, 술시는 7시에서 9시, 해시는 9시에서 11시까지를 말함. *윤월(閏月) : 음력과 양력에 관계없이 4년에 한 번씩 드는 윤달을 말함. 양력은 고정적으로 2월이 평년보다 하루가 많아서 29일이 되고, 음력은 어느 한 달이 많아서 1년이 13달이 된다. *육십갑자(六十甲子) : 천간(天干)과 지지(地支)를 차례로 배합하여 만든 60개의 간지(干支)를 말하며, 줄여서 육갑(六甲)이라고 함.

[大意]

하루의 시간, 한 해의 달, 천간과 지지, 육십갑자에 대해서 말했다.

한 낮과 밤사이에는 12시간이 있고, 12시간이 모여서 하루가 되며, 30일이 모여서 한 달이 되고, 12달이 모여 한 해가 된다. 달에는 윤달이 있는데 29일이고, 해에는 윤년이 있는데 13달이 한 해가 된다.

12시는 땅의 12지이니 자축인묘진사오미신유술해이고, 하늘에는 10간이 있는데 갑을병정무기경신임계이다.

하늘의 10간과 땅의 12지가 서로 모여서 60갑자가 되는데, 갑자·을축·병인·정묘에서 임술·계해에 이르는 것이 이것이다.

十有二月者　自正月二月　至十二月也　一歲之中　亦
십유이월자　자정월이월　지십이월야　일세지중　역

有四時　四時者　春夏秋冬　是也　以十二月　分屬於
유사시　사시자　춘하추동　시야　이십이월　분속어

四時　正月二月三月　屬之於春　四月五月六月　屬之
사시　정월이월삼월　속지어춘　사월오월유월　속지

於夏　七月八月九月　屬之於秋　十月十一月十二月
어하　칠월팔월구월　속지어추　시월십일월십이월

屬之於冬　晝長夜短而天地之氣大暑　則爲夏　夜長晝
속지어동　주장야단이천지지기대서　즉위하　야장주

短而天地之氣大寒　則爲冬　春秋則晝夜長短　平均而
단이천지지기대한　즉위동　춘추즉주야장단　평균이

春氣　微溫　秋氣　微凉
춘기　미온　추기　미량

12달은 정월과 이월에서부터 십이월에 이르기까지이다. 1년 중에 또한 사시(四時)가 있는데, 사시란 봄·여름·가을·겨울이 이것이다.

12달을 사시에 나누어 속하게 하면, 정월·이월·삼월은 봄에 속하고, 사월·오월·유월은 여름에 속하고, 유월·칠월·팔월은 가을에 속하고, 시월·십일월·십이월은 겨울에 속한다.

낮이 길고 밤이 짧으면서 천지의 기온이 크게 더우면 여름이고, 밤이 길고 낮이 짧으면서 천지의 기온이 크게 차가우면 겨

울이다. 봄과 가을은 낮과 밤의 길고 짧음이 같고, 봄의 기온은
조금 따듯하고, 가을의 기온은 조금 서늘하다.

[訓讀]
*歲 : 해 세 *屬 : 이을 촉. 무리 속. *短 : 짧을 단. *暑 : 더울 서.
*寒 : 찰 한. *均 : 고를 균. *微 : 작을 미. *凉 : 서늘할 량.

[語釋]
*십유이월자(十有二月者) : 12달을 말함. *자정월이월(自正月二月) :
정월과 이월부터. *지십이월야(至十二月也) : 십이월까지.

[大意]
　1년 사계절의 기간과 기온의 변화를 말했다.
　12달은 정월부터 십이월까지이다. 1년 중에는 사시가 있는
데, 사시는 봄·여름·가을·겨울이다. 12달을 사시로 나누면 정
월·이월·삼월은 봄, 사월·오월·유월은 여름, 칠월·팔월·구월은
가을, 시월·십일월·십이월은 겨울에 속한다.
　낮이 길고 밤이 짧으면서 기온이 매우 더우면 여름, 밤이 길
고 낮이 짧으면서 기온이 매우 차면 겨울이다. 봄과 가을은 낮
과 밤의 길이가 같다. 봄은 따뜻하고, 가을은 서늘하다.

천편(天篇) 4

春三月盡　則爲夏　夏三月盡　則爲秋　秋三月盡　則
춘삼월진　즉위하　하삼월진　즉위추　추삼월진　즉

爲冬　冬三月盡　則復爲春　四時相代而歲功成焉　春
위동　동삼월진　즉부위춘　사시상대이세공성언　춘

則萬物始生　夏則萬物長養　秋則萬物成熟　冬則萬物
즉만물시생　하즉만물장양　추즉만물성숙　동즉만물

閉藏　然則萬物之所以生長收藏　無非四時之功也
폐장　연즉만물지소이생장수장　무비사시지공야

　　봄 3달이 다하면 여름이 되고, 여름 3달이 다하면 가을이 되
며, 가을 3달이 다하면 겨울이 되고, 겨울 3달이 다하면 다시
봄이 되니, 사시가 서로 번갈아 가며 1년의 일이 이루어진다.
　　봄이 되면 모든 만물이 생겨나고, 여름이 되면 모든 만물이
자라나며, 가을이 되면 모든 만물이 성숙하고, 겨울에는 모든
만물이 감추어진다. 따라서 만물이 생겨나고, 자라며, 거두어
지고, 감추어지는 것이 사시의 공이 아닌 것이 없다.

[訓讀]
*復 : 다시 부. 돌아올 복. *熟 : 익을 숙. *閉 : 닫을 폐. *始 : 처음
시. *養 : 기를 양. *藏 : 감출 장.

[語釋]
*춘삼월진(春三月盡) : 봄 3달이 다 가면. *상대(相代) : 서로 교대

함. *세공(歲功) : 한 해의 일. *장양(長養) : 자라남. *폐장(閉藏) :
물건 같은 것을 감추어 둠.

[大意]

사계절의 변화에 대해서 말했다.

봄의 3달이 다하면 여름, 여름 3달이 다하면 가을, 가을 3달
이 다하면 겨울이 되며, 겨울 3달이 다하면 다시 봄이 되어, 사
계절이 서로 번갈아가면서 한 해의 일이 이루어진다.

봄이 되면 기온이 온화해져서 만물이 소생하고, 여름이 되면
더워져서 자라나며, 가을이 되면 서늘해져서 성숙해지고, 겨울
이면 추워지니 저장된다. 그러므로 만물의 한 해 일이 계절의
변화에 따라서 나고 자라며 거두어지고 저장되는 것이니, 이
모든 것이 사계절의 변화로 이루어진다.

사람은 이 같은 사계절의 변화에 힘입어서 살아가고 있는 것
이다.

지편(地篇) 1

地之高處便爲山　地之低處便爲水　水之小者　謂川
지지고처변위산　　지지저처변위수　　수지소자　위천

水之大者　謂江　山之卑者　謂丘　山之峻者　謂岡
수지대자　위강　산지비자　위구　산지준자　위강

天下之山　莫大於五嶽　五嶽者　泰山嵩山衡山恒山華
천하지산　막대어오악　오악자　태산숭산형산항산화

山也　天下之水　莫大於四海　四海者　東海西海南海
산야　천하지수　막대어사해　사해자　동해서해남해

北海也
북해야

　　땅이 높은 곳은 산이 되고, 땅이 낮은 곳은 물이 된다. 물이
작은 것을 냇물이라고 하고, 물이 큰 것을 강이라고 한다.
　　산이 낮은 것을 언덕, 산이 높은 것을 뫼라고 한다. 천하의
산이 오악(五嶽)보다 더 큰 것은 없는데, 오악이란 바로 태산
(泰山)·숭산(嵩山)·형산(衡山)·항산(恒山)·화산(華山)이다.
　　천하의 물이 사해(四海)보다 더 큰 것이 없으니, 사해란 동
해(東海)·서해(西海)·남해(南海)·북해(北海)이다.

[訓讀]
*便 : 편할 편. 문득 변. 곧 변. *低 : 밑 저. *岡 : 산등성이 강. *丘
: 언덕 구. *峻 : 높을 준. *嵩 : 높을 숭. *岳 : 큰산 악. *衡 : 저울
대 형. *恒 : 항상 항.

*변위산(便爲山) : 곧 산이 된다는 뜻. 여기서 변은 쉽게 말해서, 곧
의 뜻. *오악(五嶽) : 중국의 동서남북과 가운데의 명산(名山), 즉 태
산(泰山)·숭산(嵩山)·형산(衡山)·항산(恒山)·화산(華山)을 말함.

[大意]

　땅에서 일어나는 자연의 현상과 산, 즉 오악(五嶽)에 대해서
설명했다. 중국에서는 태산(泰山)·숭산(嵩山)·형산(衡山)·항산
(恒山)·화산(華山)을 중국을 굳건히 지켜주는 명산이라고 해서
오악(五嶽)이라고 했다.

　땅이 높은 곳은 산, 낮은 곳은 물이다. 물이 작은 것을 내,
큰 것을 강이라 하며, 산이 낮은 것을 언덕, 높은 것을 뫼라 한
다. 천하의 산이 오악보다 큰 것은 없는데, 오악은 태산·숭산·
형산·항산·화산이다. 천하의 물이 사해보다 큰 것은 없는데,
사해는 동해·서해·남해·북해이다.

지편(地篇) 2

山海之氣　上與天氣相交　則興雲霧　降雨雪　爲霜露
산 해 지 기　상 여 천 기 상 교　즉 흥 운 무　강 우 설　위 상 로

生風雷　暑氣蒸鬱　則油然而作雲　沛然而下雨　寒氣
생 풍 뢰　서 기 증 울　즉 유 연 이 작 운　패 연 이 하 우　한 기

陰凝　則露結而爲霜　雨凝而成雪　故　春夏　多雨露
음 응　즉 로 결 이 위 상　우 응 이 성 설　고　춘 하　다 우 로

秋冬　多霜雪　變化莫測者　風雷也
추 동　다 상 설　변 화 막 측 자　풍 뢰 야

　　산과 바다의 기운이 오르면 하늘의 기운과 서로 닿아서 구름과 안개가 일고, 비와 눈이 내리며, 서리와 이슬이 되고, 바람과 우레가 생긴다.

　　더운 기운은 증발해서 엉기면 뭉게뭉게 구름을 일으켜서 죽죽 비가 내리고, 찬 기운은 차갑게 엉기어서 이슬이 맺히면 서리가 되고, 비는 엉기어서 눈이 된다. 따라서 봄과 여름에는 비와 이슬이 많고, 가을과 겨울에는 서리와 눈이 많다. 변화를 헤아릴 수 없는 것은 바람과 우레이다.

[訓讀]

*降 : 항복할 항. 내릴 강. *露 : 이슬 로. *雷 : 우레 뢰. *霧 : 안개 무. *霜 : 서리 상. *雪 : 눈 설. *鬱 : 막힐 울. 성할 울. *油 : 기름 유. *蒸 : 찔 증. *沛 : 늪 패. 넉넉할 패. *測 : 잴 측. *凝 : 엉길 응.

*증울(蒸鬱) : 증발하여 올라감. *유연(油然) : 구름이 뭉게뭉게 피어
나는 모양. *패연(沛然) : 비가 몹시 내리는 모양. *음응(陰凝) : 추워
서 엉기다. *막측(莫測) : 헤아릴 수 없음.

[大意]

　이 글에서는 자연의 현상, 즉 구름과 안개가 생기고, 비와
눈, 이슬과 서리가 내리고, 바람이 불고 우레가 치는 까닭에 대
해 말했다.

　산과 바다의 기운이 올라가 하늘의 기운과 만나서 구름과 안
개를 일으켜서 비와 눈을 내리고, 서리와 이슬을 만들며, 바람
과 우레를 일으킨다.

　더운 기운이 증발하여 엉기면 구름과 비를 내리고, 찬 기운
이 엉기면 서리가 되고, 비가 엉기어 눈이 된다. 봄과 여름에는
비와 이슬, 가을과 겨울에는 서리와 눈이 많고, 변화를 헤아릴
수 없는 것은 바람과 우레다.

지편(地篇) 3

古之聖王　劃野分地　建邦設都　四海之內　其國有萬
고 지 성 왕　　획 야 분 지　　건 방 설 도　　사 해 지 내　　기 국 유 만

而一國之中　各置州郡焉　州郡之中　各分鄕井焉　爲
이 일 국 지 중　각 치 주 군 언　주 군 지 중　　각 분 향 정 언　　위

城郭　以禦寇　爲宮室　以處人　爲耒耟　敎民耕稼
성 곽　　이 어 구　　위 궁 실　　이 처 인　　위 뢰 거　　교 민 경 가

爲釜甑　敎民火食　作舟車　以通道路
위 부 증　교 민 화 식　작 주 거　　이 통 도 로

옛날의 성왕(聖王)이 들판을 구획해서 땅을 나누어 나라를 세우고 도읍을 설치하였으니, 사해(四海) 안에 그 나라가 만 개나 있고, 한 나라 안에 각각 주(州)와 군(郡)을 두고, 주와 군 안에는 각각 향(鄕)과 정(井)으로 나누었다.

성곽을 만들어 도적을 막고, 궁실을 만들어 사람들을 거처하게 하고, 쟁기와 보습을 만들어 백성들에게 밭을 갈고 곡식을 심는 것을 가르치고, 가마솥과 시루를 만들어 백성들에게 불로 익혀 먹는 것을 가르치고, 배와 수레를 만들어서 길을 다니게 하였다.

[訓讀]
*劃 : 그을 획. *邦 : 나라 방. *郡 : 고을 군. *州 : 고을 주. *鄕 : 시골 향. *耒 : 쟁기 뢰. *耟 : 보습 거. *稼 : 심을 가. *耕 : 밭갈 경. *郭 : 둘레 곽. *寇 : 도둑 구. *禦 : 막을 어. *釜 : 가마 부.

*甑 : 시루 증. *舟 : 배주.

[語釋]
*향정(鄕井) : 행정 구획과 정전제도(井田制度)를 말함. 여기에서는 주와 군 안에 향과 정을 나누어 두었고, 향 밑에 정이 있는 것으로 보아 한 마을의 집단으로 생각 됨. 정은 1리(里) 사방의 땅을 정(井)자 모양으로 9등분해서 농사지어 먹게 했던 정전제도(丁田制)의 정전으로 생각됨. *성곽(城郭) : 내성(內城)과 외성(外城). *궁실(宮室) : 집. *처인(處人) : 사람을 살게 하다.

[大意]
　이 글에는 옛날의 현명한 임금이 국가를 세워 제도를 만들고, 백성들의 생활을 돌보던 것에 대해 말했다.
　옛날의 현명한 임금이 나라를 세우고 도읍을 정해, 나라의 안에 각각 주와 군을 두고, 주와 군 안에는 각각 향과 정을 두었다. 성곽을 만들어서 도둑을 막고, 집을 만들어서 사람들을 살게 하고, 농기구를 만들어서 백성들에게 농사짓는 것을 가르치고, 가마솥과 시루를 만들어서 불로 익혀 먹게 하고, 배와 수레를 만들어서 길을 오가게 하였다.

지편(地篇) 4

金木水火土　在天　爲五星　在地　爲五行　金　以爲器
금목수화토　재천　위오성　재지　위오행　금　이위기

木　以爲宮　穀生於土　取水火爲飮食　則凡人日用之
목　이위궁　곡생어토　취수화위음식　즉범인일용지

物　無非五行之物也　五行　固有相生之道　金生水
물　무비오행지물야　오행　고유상생지도　금생수

水生木　木生火　火生土　土生金　金復生水　五行之
수생목　목생화　화생토　토생금　금부생수　오행지

相生也無窮　而人用不竭焉　五行　亦有相克之理　土
상생야무궁　이인용불갈언　오행　역유상극지리　토

克水　水克火　火克金　金克木　木克土　土復克水
극수　수극화　화극금　금극목　목극토　토부극수

乃操其相克之權　能用其相生之物者　是人之功也
내조기상극지권　능용기상생지물자　시인지공야

금목수화토(金木水火土)가 하늘에 있으면 오성(五星)이 되고, 땅에 있으면 오행(五行)이 된다. 쇠로 그릇을 만들고, 나무로는 집을 만들고, 곡식은 흙에서 나와 물과 불을 취해서 음식을 만드니, 모든 사람들이 매일 사용하는 물건이 오행에서 나오지 않은 것이 없다.

오행은 본래 서로 상생(相生)하는 이치가 있어서, 쇠는 물을 낳고, 물은 나무를 낳고, 나무는 불을 낳고, 불은 흙을 낳고, 흙은 쇠를 낳고 쇠는 다시 물을 낳으니, 오행이 상생하는 것은 끝이 없어서, 사람들이 사용함에도 끝이 없다.

　오행은 또한 서로 상극(相克)하는 이치가 있으니, 흙은 물을 이기고, 물은 불을 이기고, 불은 쇠를 이기고, 쇠는 나무를 이기고, 나무는 흙을 이기고, 흙은 다시 물을 이기니, 그 서로 상극하는 힘을 잡아서, 서로 상생하는 물건을 이용할 수 있는 것은 사람의 공력이다.

[訓讀]

*器 : 그릇 기. *固 : 굳을 고. *竭 : 다할 갈. *窮 : 다할 궁. *克 : 이길　극 *權 : 권세 권. 저울추 권. *乃 : 이에 내. *能 : 능할 능. *是 : 옳을 시. *操 : 잡을 조.

[語釋]

*상생(相生) : 서로 생기게 함. *불갈(不竭) : 다함이 없음. *상극(相克) : 서로 이겨 죽이는 것.

[大意]

　이 글에서는 금목수화토(金木水火土), 즉 오행에 대해서 말했다. 사람은 이 다섯 가지 물건이 없이는 살아갈 수 없다. 사람과 오행은 이렇게 불가분(不可分)의 관계에 있는 것이다.

　금목수화토(金木水火土)가 하늘에서는 오성, 땅에서는 오행이 되니, 쇠로 그릇을 만들고, 나무로 집을 짓고, 흙에서 생겨난 곡식은 물과 불로 인해서 음식이 되니, 무릇 사람이 쓰는 모든 물건이 오행에서 나온다.

　오행에는 본디 상생의 이치가 있으니, 물은 나무를 만들고, 나무는 불을 만들고, 불은 흙을 만들고, 흙은 쇠를 만들며, 쇠는 다시 물을 생기게 해서, 오행의 상생은 무궁하며, 사람이 이용하는 것에도 끝이 없다.

　오행은 또 상극의 이치가 있는데, 물은 불을 이기고, 불은 쇠를 이기고, 쇠는 나무를 이기고, 나무는 흙을 이기고, 흙은 다시 물을 이기니, 그 상극하는 힘으로 상생하는 물건을 이용하는 것은 사람의 힘이다. 불이 쇠를 이기는 원리를 이용해서 불로 쇠를 녹이고 단련하여 좋은 쇠를 얻는 것이 그것이다.

물편(物篇) 1

天地生物之數　有萬其衆　而若言其動植之物　則草木
천지생물지수　유만기중　이약언기동식지물　즉초목

禽獸蟲魚之屬　最其較著者也　飛者　爲禽　走者　爲
금수충어지속　최기교저자야　비자　위금　주자　위

獸　鱗介者　爲蟲魚　根植者　爲草木　飛禽　卵翼
수　인개자　위충어　근식자　위초목　비금　난익

走獸　胎乳　飛禽　巢居　走獸　穴處　蟲魚之物　化生
주수　태유　비금　소거　주수　혈처　충어지물　화생

者　最多　而亦多生於水濕之地　春生而秋死者　草也
자　최다　이역다생어수습지지　춘생이추사자　초야

秋則葉脫　而春復榮華者　木也　其葉蒼翠　其花五色
추즉엽탈　이춘부영화자　목야　기엽창취　기화오색

其根深者　枝葉　必茂　其有花者　必有其實
기근심자　지엽　필무　기유화자　필유기실

천지가 만물을 낳는 수는 만 가지로 많은데, 동물과 식물로 말하면 초목과 금수와 벌레와 물고기 등이 가장 분명하게 드러난 것들이다.

나는 것은 새가 되고, 달리는 것은 짐승이 되고, 비늘과 껍질이 있는 것은 벌레와 물고기가 되고, 뿌리로 심어진 것은 초목이 된다.

나는 새는 알을 낳아 날개로 품고, 달리는 짐승은 태로 낳아 젖을 먹으며, 나는 새는 둥지에서 살고, 달리는 짐승은 굴에서 살며, 벌레와 물고기들은 변화하여 생기는 것이 가장 많은데, 흔히 물과 습한 땅에서 많이 산다.

봄에 나서 가을에 죽는 것은 풀이고, 가을이면 잎이 졌다가 봄에 다시 꽃이 피는 것은 나무이다. 그 잎은 푸르고 그 꽃은 오색(五色)이며, 뿌리가 깊은 것은 가지와 잎이 반드시 무성하고, 꽃이 있는 것은 반드시 열매를 맺는다.

[訓讀]
*植 : 심을 식. *禽 : 날짐승 금. *獸 : 짐승 수. *蟲 : 벌레 충. *較 : 견줄 교. *若 : 같을 약. *著 : 분명할 저. *衆 : 무리 중. *介 : 끼일 개. *根 : 뿌리 근. *飛 : 날 비. *鱗 : 비늘 린. *卵 : 알 란. *巢 : 보금자리 소. 둥지 소. *翼 : 날개 익. *胎 : 아이밸 태. *濕 : 축축할 습. *葉 : 잎 엽. *榮 : 꽃 영. 영화 영. *脫 : 벗을 탈. *華 : 빛날 화. 꽃 화. *茂 : 우거질 무. *深 : 깊을 심. *蒼 : 푸를 창. *翠 : 푸를 취. 물총새 취.

[語釋]
*유만기중(有萬其衆) : 만 개나 되게 수가 많음. *동식지물(動植之物) : 동물과 식물. *교저(較著) : 뚜렷이 드러남. *인개(鱗介) : 비늘과 껍질. *난익(卵翼) : 알을 낳아 날개로 덮어 부화함. *태유(胎乳) : 새끼를 낳아 젖을 먹임. *소거(巢居) : 둥지에 삶. *엽탈(葉脫) : 잎이 짐. *창취(蒼翠) : 싱싱하고 푸르름.

[大意]
자연계의 동식물에 대해서 간단히 설명했다.

천지간의 수많은 물건 중에 식물은 풀과 나무, 동물은 새와 짐승, 벌레와 물고기가 가장 뚜렷이 나타난다.

나는 것은 새, 뛰는 것은 짐승, 비늘과 껍질이 있는 것은 벌레와 물고기, 뿌리가 있는 것은 풀과 나무다.

　나는 새는 알을 낳아서 품고, 뛰는 짐승은 새끼를 낳아 젖을 먹이며, 나는 새는 둥지에 살고, 뛰는 짐승은 굴에 산다.

　벌레나 물고기는 변화해서 생기는 것이 많고, 또 흔히 물이나 습한 땅에 산다.

　봄에 나서 가을에 죽는 것은 풀, 가을에 잎이 지고 봄에 다시 무성한 것은 나무다. 잎은 푸르고, 꽃은 오색이며, 뿌리가 깊은 것은 가지와 잎이 무성하고, 꽃이 있는 것은 반드시 열매를 맺는다.

물편(物篇) 2

虎豹犀象之屬　在於山　牛馬鷄犬之物　畜於家　牛以
호표서상지속　재어산　우마계견지물　휵어가　우이

耕墾　馬以乘載　犬以守夜　鷄以司晨　犀取其角　象
경간　마이승재　견이수야　계이사신　서취기각　상

取其牙　虎豹　取其皮　山林　多不畜之禽獸　川澤
취기아　호표　취기피　산림　다불축지금수　천택

多無益之蟲魚　故　人以力殺　人以智取　或用其毛羽
다무익지충어　고　인이역살　인이지취　혹용기모우

骨角　或供於祭祀賓客飮食之間　走獸之中　有麒麟焉
골각　혹공어제사빈객음식지간　주수지중　유기린언

飛禽之中　有鳳凰焉　蟲魚之中　有靈龜焉　有飛龍焉
비금지중　유봉황언　충어지중　유영귀언　유비용언

此四物者　乃物之靈異者也　故　或出於聖王之世
차사물자　내물지령이자야　고　혹출어성왕지세

　　호랑이와 표범과 물소와 코끼리 등속은 산에 있고, 소와 말
과 닭과 개 같은 동물은 집에서 기르니, 소로 밭을 갈고, 말은
타거나 짐을 싣고, 개는 밤을 지키고, 닭은 새벽을 맡는다. 물
소에서는 그 뿔을 얻고, 코끼리에서는 그 어금니를 얻고, 호랑
이와 표범에서는 그 가죽을 얻는다.

　　산과 숲에는 기를 수 없는 새와 짐승이 많고, 냇물과 연못에
는 무익한 벌레와 물고기가 많다. 그래서 사람들은 힘으로 이
것들을 죽이고 지혜로 잡아서, 혹은 그것들의 털과 깃과 뼈와

뿔 등을 쓰고, 혹은 제사를 받들고, 손님에게 음식을 접대할 때에 제공하기도 한다.

뛰는 짐승 중에 기린이 있고, 나는 새 중에 봉황이 있으며, 벌레와 물고기 중에 신령스러운 거북이 있고 나는 용이 있다. 이 네 가지 동물은 만물 중에서 신령스럽고 기이한 것이다. 그러므로 혹 성왕(聖王)의 세상에 나타나기도 한다.

[訓讀]
*虎 : 범 호. *豹 : 표범 표. *象 : 코끼리 상. *犀 : 무소 서. *畜 : 가축 축. 쌓을 축. 기를 휵. *墾 : 개간할 간. *司 : 맡을 사. *晨 : 새벽 신. *牙 : 어금니 아. *載 : 실을 재. *供 : 이바지할 공. 받들 공. *祀 : 제사 사. *祭 : 제사 제. *麒 : 기린 기. *麟 : 기린 린. *鳳 : 봉황새 봉. *凰 : 봉황새 황. *龜 : 거북 귀. 본뜰 귀. *龍 : 용 룡.

[語釋]
*휵어가(畜於家) : 집에서 기르다. *경간(耕墾) : 밭을 갈다.

[大意]
산에서 사는 짐승과 집에서 기르는 가축에 대해서 말하고, 그것들이 하는 일과 쓰임새를 얘기했다. 과학이 발달된 오늘날은 모든 것이 기계화되어서 빠르고 능률적이지만, 옛날에는 가축을 부려 땅을 개간해서 농사를 지었고, 교통과 운반 등도 가축이 없이는 불가능했다.

범과 표범과 물소와 코끼리의 종류는 산에 있고, 소와 말과 닭과 개 같은 것은 집에서 길러진다.

소는 밭을 갈고, 말은 사람이 타거나 물건을 싣고, 개는 밤을 지키고, 닭은 새벽을 알리며, 물소는 뿔, 코끼리는 어금니, 범과 표범은 그 가죽을 얻는다.

산과 숲에는 길들여 기를 수 없는 새와 짐승이 많고, 냇물과 못에는 해로운 벌레와 물고기도 많다. 따라서 사람은 힘과 지혜로 이것들을 죽이고 잡아서, 털과 깃과 뼈와 뿔을 쓰고, 제사를 지내거나 손님을 접대하는 음식에 쓴다.

뛰는 짐승 중에는 기린이 있고, 나는 새 중에 봉황이 있고, 벌레와 물고기 중에는 신령한 거북이 있고, 나는 용이 있는데, 이는 신령스럽고도 기이한 것들이다. 그래서 성인(聖人)이 사는 세상에 나타난다고 한다.

믈편(物篇) 3

稻粱黍稷　祭祀之所以供粢盛者也　豆菽麰麥之穀　亦
도 량 서 직　제 사 지 소 이 공 자 성 자 야　두 숙 모 맥 지 곡　역

無非養人命之物　故　百草之中　穀植　最重　犯霜雪
무 비 양 인 명 지 물　고　백 초 지 중　곡 식　최 중　범 상 설

而不凋　閱四時而長春者　松柏也　衆木之中　松柏
이 부 조　열 사 시 이 장 춘 자　송 백 야　중 목 지 중　송 백

最貴　梨栗柿棗之果　味非不佳也　其香芬芳　故　果
최 귀　이 율 시 조 지 과　미 비 불 가 야　기 향 분 방　고　과

以橘柚爲珍　蘿蔔蔓菁諸瓜之菜　種非不多也　其味辛
이 귤 유 위 진　나 복 만 청 제 과 지 채　종 비 불 다 야　기 미 신

烈　故　菜以芥薑爲重
열　고　채 이 개 강 위 중

　벼와 조와 기장과 피는 제사의 제물로 바치는 것이고, 팥과
콩과 밀과 보리 등의 곡식은 또한 사람의 생명을 기르는 물건
이 아닌 것이 없는데, 따라서 많은 풀 가운데 곡식이 가장 중요
하다.

　서리와 눈의 침범에도 마르지 않고, 사철을 지나도 항상 봄
처럼 푸른 것은 소나무와 잣나무이니, 그래서 많은 나무 가운
데 소나무와 잣나무가 가장 귀하다.

　배와 밤과 감과 대추 등의 과실이 맛이 좋지 않은 것은 아니
지만, 그 향기가 짙어서 과실은 귤과 유자를 보배로 여긴다.

　무와 순무 오이 등 여러 가지 채소는 종류가 많지 않은 것은

아니지만, 그 맛이 매우 맵기 때문에 채소에서는 겨자와 생강을 귀중하게 여긴다.

[訓讀]
*粢 : 제사곡식 자. *粱 : 기장 량. *麰 : 갈보리 모. 대맥 모. *稻 : 벼 도. *黍 : 기장 서. 단위 서. *菽 : 콩 숙. *稷 : 기장 직. *犯 : 범할 범. *閱 : 검열할 열. 지낼 열. *凋 : 시들 조. *橘 : 귤나무 귤. *柿 : 감나무 시. *柚 : 유자나무 유. *栗 : 밤나무 률. *梨 : 배나무 리. *棗 : 대추나무 조. *珍 : 보배 진. 귀할 진. *香 : 향기 향. *薑 : 생강 강. *芥 : 겨자 개. *瓜 : 오이 과. *蘿 : 무 라. *蔓 : 순무 만. 덩굴 만. *葍 : 무우 복. *菁 : 부추 정.

[語釋]
*자성(粢盛) : 제사 곡식을 그릇에 담는 것. *부조(不凋) : 시들지 않음. *열사시(閱四時) : 사계절을 경과함. *장춘(長春) : 시들지 않고 항상 싱싱함. *분방(芬芳) : 향기가 매우 짙음. *개강(芥薑) : 겨자와 생강.

[大意]
  곡식과 채소에 대해서 얘기했다.
  곡식은 제사에 올리거나 사람의 생명을 유지하는 것이 아닌 것이 없으므로, 온갖 풀 중에서 가장 중요하다. 사철에 걸쳐 늘 푸른 것은 소나무와 잣나무로, 온갖 나무 중에서 가장 귀하다.
  배와 밤과 감과 대추 따위의 과실은 맛이 좋지만, 그 중에서 귤과 유자가 향이 짙은 까닭에 가장 진기한 과실로 친다.
  무와 순무 등 나물의 종류가 많지만, 그 중에서도 그 맛이 맵고 입맛을 돋우는 까닭에 겨자와 생강을 귀하게 여긴다.

물편(物篇) 4

水陸草木之花　可愛者甚繁　而陶淵明　愛菊　周濂溪
수륙초목지화　가애자심번　이도연명　애국　주염계

愛蓮　富貴繁華之人　多愛牧丹　淵明　隱者　故　人以
애련　부귀번화지인　다애목단　연명　은자　고　인이

菊花　比之於隱者　濂溪　君子　故　人以蓮花　比之於
국화　비지어은자　염계　군자　고　인이연화　비지어

君子　牧丹　花之繁華者　故　人以牧丹　比之於繁華
군자　목단　화지번화자　고　인이목단　비지어번화

富貴之人
부귀지인

　　물이나 뭍에 있는 풀이나 나무의 꽃 중에는 사랑스런 것이
아주 많다. 도연명(陶淵明)은 국화를 사랑했고, 주렴계(周濂
溪)는 연꽃을 사랑했으며, 부귀하고 번화한 사람들은 흔히 모
란을 사랑한다. 도연명은 은자(隱者)였기 때문에 사람들은 국
화를 은자에 비유하고, 주렴계는 군자였기 때문에 사람들은 연
꽃을 군자에 비유하며, 모란은 꽃 중에서 가장 번화하기 때문
에, 사람들은 모란을 부귀하고 화려한 사람에게 비유한다.

[訓讀]
*陶 : 질그릇 도. *繁 : 많을 번. *陸 : 뭍 륙. *濂 : 물이름 렴. *菊
: 국화 국. *蓮 : 연꽃 련 *牧 : 기를 목. 칠 목. *丹 : 붉을 단. *隱
: 숨을 은.

*도연명(陶淵明) : 중국 동진(東晋)시대 사람으로, 자연시인(自然詩
人)이다. 한때 벼슬을 했으나 곧 벼슬자리를 버리고 고향으로 돌아가
면서 지은 시가 귀거래사(歸去來辭)로 그의 고결한 인품을 말해주었
고, 고향에 돌아가 은둔생활로 일생을 마쳤다. *주렴계(周濂溪) : 중
국 북송(北宋)시대 사람으로 본명은 주돈이(周敦頤). 염계에 살았기
때문에 주렴계로 불렸다. *목단(牧丹) : 우리나라에서는 모란이라고
함. *은자(隱者) : 초야에 묻혀 사는 사람.

[大意]
　사람들이 좋아하는 꽃에 대해서 얘기했다.
　물과 뭍에 있는 풀과 나무의 꽃으로서 사랑스러운 것이 많으
나, 도연명은 국화를, 주렴계는 연꽃을 사랑했으며, 부귀하고
화려한 사람들은 흔히 모란을 사랑한다.
　도연명이 은자인 까닭에 사람들이 국화를 은자에 비유하고,
주렴계가 군자인 까닭에 사람들이 연꽃을 군자에 비유하며, 모
란은 꽃 중에서 화려하기 때문에 사람들이 화려하고 부귀한 사
람에 비유한다.

물편(物篇) 5

物之不齊	乃物之情	故	以尋丈尺寸	度物之長短
물 지 부 제	내 물 지 정	고	이 심 장 척 촌	탁 물 지 장 단

以斤兩錙銖	稱物之輕重	以斗斛升石	量物之多寡
이 근 량 치 수	칭 물 지 경 중	이 두 곡 승 석	양 물 지 다 과

算計萬物之數	莫便於九九	所謂九九者	九九八十一
산 계 만 물 지 수	막 편 어 구 구	소 위 구 구 자	구 구 팔 십 일

之數也
지 수 야

   물건이 똑같지 않은 것은 바로 물건의 정리(情理)이다. 그래서 심(尋)·장(丈)·척(尺)·촌(寸)으로 사물의 길고 짧음을 재고, 근(斤)·양(兩)·치(錙)·수(銖)로 사물의 가볍고 무거움을 재고, 두(斗)·곡(斛)·승(升)·석(石)으로 사물의 많고 적음을 헤아린다. 만물의 수를 계산함은 구구단보다 편한 것이 없다. 이른 바 구구단이란 구구 팔십일($9 \times 9 = 81$)의 수이다.

[訓讀]
*齊 : 가지런할 제. *尋 : 찾을 심. 여덟자 심. *錙 : 저울눈 치. *斛
: 휘 곡(10말). *稱 : 일컬을 칭. 저울 칭. *銖 : 무게 단위 수. *升
: 되 승. *量 : 헤아릴 량. *寡 : 적을 과.

[語釋]
*尋(심) : 8자 길이의 자를 말함. *丈(장) : 10자 길이의 자. *錙(치)

: 무게를 재는 저울의 단위. *수(銖) : 1냥(兩)의 24분의 1의 무게. *곡(斛) : 곡식을 되는 단위.

[大意]

물건을 재는 단위에 대해서 말했다. 길이를 재는 단위, 무게를 다는 단위, 부피를 되는 단위와 편리하게 계산하는 구구단을 얘기했다.

물건이 가지런하지 않음은 물건의 자연적인 정리이다.

따라서 심과 장과 척과 촌으로 물건의 길이를 재고, 근과 량과 치와 수로 물건의 무게를 달고, 두와 곡과 승과 석으로 물건의 부피를 헤아린다.

만물의 수를 계산하는데 구구단보다 편리한 것은 없고, 구구란 구구는 팔십일의 수를 말한다.

인편(人篇) 1

萬物之中　惟人　最靈　有父子之親　有君臣之義　有
만물지중　유인　최령　유부자지친　유군신지의　유

夫婦之別　有長幼之序　有朋友之信
부부지별　유장유지서　유붕우지신

　만물 가운데 오직 사람이 가장 영특하다. 부모와 자식 사이에는 친애함이 있고, 임금과 신하 사이에는 의리가 있으며, 부부 사이에는 분별이 있고, 어른과 어린 사람 사이에는 차례가 있으며, 친구 사이에는 믿음이 있다.

[訓讀]
*惟 : = 唯. 오직 유. 생각할 유. *幼 : 어릴 유.

[語釋]
*유인(惟人) : 세상에서 오직 사람뿐이라는 말. *최령(最靈) : 가장 영특하다는 말.

[大意]
　사람 사이의 관계와, 사람 사이에 지켜야 할 윤리에 대해 설명했다.
　세상의 모든 것 중에서는 사람이 가장 영특하다. 그것은 어버이와 자식 사이에는 친애함이, 임금과 신하 사이에는 의리가, 남편과 아내 사이에는 분별이, 어른과 어린이 사이에는 차

례가, 친구 사이에는 믿음이 있기 때문이다. 이것이 없다면 금
수(禽獸)와 다를 것이 없을 것이다.

인편(人篇) 2

生我者爲父母　我之所生　爲子女　父之父爲祖　子之
생아자위부모　아지소생　위자녀　부지부위조　자지

子爲孫　與我同父母者爲兄弟　父母之兄弟爲叔　兄弟
자위손　여아동부모자위형제　부모지형제위숙　형제

之子女爲姪　子之妻爲婦　女之夫爲壻　有夫婦然後
지자녀위질　자지처위부　여지부위서　유부부연후

有父子　夫婦者　人道之始也　故　古之聖人　制爲婚
유부자　부부자　인도지시야　고　고지성인　제위혼

姻之禮　以重其事　人非父母　無從而生　且人生三歲
인지례　이중기사　인비부모　무종이생　차인생삼세

然後　始免於父母之懷　故　欲盡其孝　則服勤至死
연후　시면어부모지회　고　욕진기효　즉복근지사

父母沒　則致喪三年　以報其生成之恩
부모몰　즉치상삼년　이보기생성지은

　나를 낳은 사람은 부모가 되고, 내가 낳은 사람은 자녀가 되고, 아버지의 아버지는 할아버지가 되고, 아들의 아들이 손자가 된다. 나와 더불어 부모를 함께하는 사람은 형제가 되고, 부모의 형제는 아저씨가 되고, 형제의 자녀는 조카가 되고, 아들의 아내는 며느리가 되고, 딸의 남편은 사위가 된다.

　부부가 있고 나서 부자가 있으니, 부부는 사람의 도리의 시작이다. 그러므로 옛날의 성인이 혼인의 예법을 만들어 그 일을 소중하게 한 것이다.

사람은 부모가 아니면 어디서든 태어날 수 없고, 또 사람은 낳은 지 세 살이 된 후에야 비로소 부모의 품을 벗어나게 된다. 그러므로 그 효도를 다하려면 뜻을 따라 부지런하게 애써서 죽을 정도가 되게 섬겨야 하고, 부모가 돌아가시면 3년 동안을 거상(居喪)을 지극히 해서 낳고 길러준 은혜에 보답해야 된다.

[訓讀]
*叔 : 아재비 숙. *姪 : 조카 질. *姻 : 혼인 인. *婚 : 혼인할 혼. *勤 : 부지런할 근. *沒 : 죽을 몰. 가라앉을 몰. *報 : 갚을 보. *喪 : 죽을 상. *欲 : 하고자 할 욕. *致 : 보낼 치. 다할 치.

[語釋]
*복근지사(服勤至死) : 죽기에 이르도록 섬긴다는 말이니, 섬기기를 부지런히 한다는 말. *치상삼년(致喪三年) : 치상은 거상(居喪)의 예절을 다한다는 것으로, 사람이 태어나면 3년이 되어야 부모의 품에서 면하게 된다는 뜻에서 3년 동안을 거상한다는 말.

[大意]
가장 가까운 친족 관계에 대해서 얘기했다.
나를 낳은 사람은 부모, 내가 낳은 것은 자녀, 아버지의 아버지는 할아버지, 자식의 자식은 손자, 나와 부모를 같이하는 사람은 형제, 부모의 형제는 아저씨, 형제의 자녀는 조카, 아들의 아내는 며느리, 딸의 남편이 되는 사람은 사위이다.
부부가 있은 뒤에야 부자가 있고, 부부는 사람이 사는 도리의 시작이다. 그러므로 옛 성인이 혼인의 예법을 만들어서 그 일을 소중하게 했다.
사람은 부모가 아니면 태어날 수 없고, 태어나서 세 살이 되면 부모의 품을 면한다.

　부모에게서 받은 은혜에 보답하기 위해서 효도를 다하고자 한다면, 죽을 정도에 이르도록 지극하게 섬겨야 하며, 부모가 돌아가시면 3년 동안을 정성껏 거상을 해서 그 낳고 길러주신 은혜에 보답해야 한다.

인편(人篇) 3

耕於野者　食君之土　立於朝者　食君之祿　人固非父
경어야자　식군지토　입어조자　식군지록　인고비부

母則不生　亦非君則不食　故　臣之事君　如子之事父
모즉불생　역비군즉불식　고　신지사군　여자지사부

唯義所在　則舍命效忠　人於等輩　尚不可相踰　況年
유의소재　즉사명효충　인어등배　상불가상유　황년

高於我　官貴於我　道尊於我者乎　故　在鄕黨則敬其
고어아　관귀어아　도존어아자호　고　재향당즉경기

齒　在朝廷則敬其爵　尊其道而敬其德　是禮也　曾子
치　재조정즉경기작　존기도이경기덕　시례야　증자

曰　君子　以文會友　以友輔仁　蓋人不能無過　而朋
왈　군자　이문회우　이우보인　개인불능무과　이붕

友有責善之道　故　人之所以成就其德性者　固莫大於
우유책선지도　고　인지소이성취기덕성자　고막대어

師友之功　雖然　友有益友　亦有損友　取友　不可不端也
사우지공　수연　우유익우　역유손우　취우　불가불단야

들에서 밭을 가는 사람은 임금의 흙을 먹고, 조정에 서 있는
사람은 임금의 녹을 먹는다. 사람은 진실로 부모가 아니면 태
어나지 못하고, 또 임금이 아니면 먹지 못한다. 따라서 신하는
자식이 어버이를 섬기는 것처럼 임금을 섬겨, 의리가 있는 곳
이면 목숨을 바쳐 충성해야 한다.
　사람은 같은 또래끼리도 오히려 서로 넘어서는 안 되는 선이

있는데, 하물며 나이가 나보다 많고, 벼슬이 나보다 귀하고, 도(道)가 나보다 높은 사람에게 있어서이랴! 그러므로 향당(鄕黨)에 있어서는 그 나이를 공경하고, 조정에 있어서는 그 벼슬을 공경하며, 그 도를 높이고 그 덕을 공경하는 것이 예(禮)이다.

증자가 말하기를 "군자는 글로써 벗을 모으고, 벗으로써 인(仁)을 돕는다."고 했다. 무릇 사람이 허물이 없을 수 없지만, 친구 사이에는 선을 책(責)하는 도리가 있다.

그러므로 사람이 덕성(德性)을 성취함에 실로 스승과 벗의 공보다 더 큰 것이 없다. 비록 그렇다 하더라도 벗에는 유익한 벗이 있고, 또 해로운 벗도 있으니, 벗을 사귀기에 단정한 사람을 가리지 않을 수 없다.

[訓讀]
*祿 : 녹봉 록. *舍 : 집 사. *效 : 본받을 효. 힘쓸 효. *等 : 가지런할 등. 무리 등. *輩 : 무리 배. *踰 : 넘을 유. *齒 : 이 치. *輔 : 덧방나무 보. 도울 보. *責 : 꾸짖을 책. *端 : 바를 단. *雖 : 비록 수.

[語釋]
*입어조(立於朝) : 조는 조정(朝廷)을 말하는 것이니, 조정에 서는 것을 말함. *녹(祿) : 옛날에 벼슬아치가 받던 봉급을 말함. *사명(舍命) : 목숨을 버림. *효충(效忠) : 충성을 다하도록 애를 씀. *등배(等輩) : 같은 또래의 사람. *상유(相踰) : 서로 정도에 넘침. 서로 예의에 벗어남. *향당(鄕黨) : 사는 마을. 시골 동네. *회우(會友) : 친구를 모은다는 것이니, 친구와 만남을 말함. *보인(輔仁) : 어진 덕을 보충함. *덕성(德性) : 어진 성품. *막대(莫大) : 더 큰 것이 없음. *

익우(益友) : 이로운 벗. *손우(損友) : 해로운 벗.

[大意]

부모와 임금의 은혜를 입었으니 목숨을 다해서 그 은혜에 보답해야 한다는 것과, 어른을 공경해야한다는 것, 또 친구는 바른 사람을 가려서 사귀어야 한다는 것에 대해서 말했다.

들에서 밭을 가는 사람은 임금의 흙을 먹고, 조정에 서는 사람은 임금의 녹을 먹으니, 사람은 진실로 부모가 아니면 태어나지 못하고, 또 임금이 아니면 먹지 못한다.

신하가 임금을 섬기는 것은 마치 자식이 어버이를 섬기는 것과 같이 해서, 오직 올바른 일이면 목숨을 바쳐서 충성을 다해야 한다.

같은 또래에서도 서로 예의에 벗어나면 안 되는데, 하물며 나이가 자신보다 많고, 벼슬도 높으며, 배움이 높은 사람한테는 말할 필요가 없다. 따라서 살고 있는 마을에서는 어른을 공경하고, 조정서는 벼슬을 공경하며, 그 배움을 높이고, 그 덕을 공경하는 것이 도리다.

증자가 말하기를, 군자는 글로써 벗을 모으고, 벗으로써 자신의 덕을 보충한다고 했다. 대체적으로 사람에게 허물이 없을 수는 없으나 친구 사이에는 이런 것을 꾸짖어서 좋게 이끌어야 하는 도리가 있다. 사람의 덕성을 성취함에 있어서 스승과 친구의 힘보다도 큰 것은 없다.

비록 그렇다고 하더라도 벗에는 이로운 벗이 있고, 또한 해로운 벗이 있으니, 벗을 사귐에 있어서 올바른 사람을 가려서 사귀지 않을 수 없는 것이다.

벗을 사귐에 있어서는 예나 지금이나 차이가 없다. 착한 벗을 사귀면 나도 바른 사람이 되어 서로 이끌어서 국가 사회에 기여하게 되지만, 나쁜 벗을 사귀게 되면 나 또한 나쁜 사람이 되어 자신을 망치고 사회에 해를 끼치는 무서운 결과를 가져오는 것이다.

인편(人篇) 4

同受父母之餘氣　以爲人者　兄弟也　且人之方幼也
동 수 부 모 지 여 기　이 위 인 자　형 제 야　차 인 지 방 유 야

食則連牀　寢則同衾　共被父母之恩者　亦莫如我兄弟
식 즉 연 상　침 즉 동 금　공 피 부 모 지 은 자　역 막 여 아 형 제

也　故　愛其父母者　亦必愛其兄弟　宗族　雖有親疎
야　고　애 기 부 모 자　역 필 애 기 형 제　종 족　수 유 친 소

遠近之分　然　推究其本　則同是祖先之骨肉　苟於宗
원 근 지 분　연　추 구 기 본　즉 동 시 조 선 지 골 육　구 어 종

族　不相友愛　則是忘其本也　人而忘本　家道漸替
족　불 상 우 애　즉 시 망 기 본 야　인 이 망 본　가 도 점 체

父慈而子孝　兄愛而弟敬　夫和而妻順　事君忠而接人
부 자 이 자 효　형 애 이 제 경　부 화 이 처 순　사 군 충 이 접 인

恭　與朋友信而撫宗族厚　可謂成德君子也
공　여 붕 우 신 이 무 종 족 후　가 위 성 덕 군 자 야

함께 부모의 남은 기운을 받아서 사람이 된 것이 형제다. 또 사람이 아직 어릴 적 밥을 먹을 때에 자리를 나란히 하고, 잠을 잘 때 이불을 같이 덮으면서 함께 부모의 은혜를 입은 것 또한 나의 형제만한 이가 없다. 그러므로 그 부모를 사랑하는 사람은 또한 반드시 그 형제를 사랑한다.

종족(宗族)은 비록 친하고 소원(疎遠)하며, 멀고 가까운 구분이 있지만, 그러나 그 근본을 캐보면 똑같은 조상의 골육이다. 만일 종족에 대해서 서로 우애하지 않는다면 이것은 그 근

본을 잊는 것이다. 사람으로서 근본을 잊으면 가도(家道)는 점점 침체된다.

아버지는 사랑하고 아들은 효도하며, 형은 우애하고 아우는 공경하며, 남편은 온화하고 아내는 유순하며, 임금을 섬기기를 충성으로 하고, 사람을 대하기를 공손하게 하며, 친구와 사귀기를 믿음이 있게 하고, 종족을 위로하고 돕는다면, 덕을 이룬 군자라고 말할 수 있다.

[訓讀]

*餘 : 남을 여. *衾 : 이불 금. *牀 : 평상 상. *枕 : 베개 침. *被 : 이불 피. *疎 : = 疏, 트일 소. *宗 : 마루 종. *推 : 옮을 추. 받들 추. *苟 : 진실로 구. *漸 : 점점 점. *族 : 겨레 족. *替 : 대신할 체. 쇠퇴할 체. *恭 : 공손할 공. *接 : 접할 접. *撫 : 어루만질 무. *厚 : 두터울 후.

[語釋]

*방유야(方幼也) : 바야흐로 어릴 때. *연상(連牀) : 평상을 나란히 하는 것으로, 즉 자리를 같이 한다는 말. *막여(莫如) : ~만큼 같음이 없음. *종족(宗族) : 일가. 같은 조상의 자손들. *가도(家道) : 집안의 형편이나 규율. *점체(漸替) : 점점 쇠하여감.

[大意]

형제와 일가친족의 친애(親愛)에 대해서 얘기했다.

다 같이 부모의 기운을 받은 것이 형제이다. 어려서 밥을 먹을 때 자리를 같이 하고, 잠잘 때 같은 이불을 덮으며 함께 부모의 은혜를 입는 것도 또한 형제 같은 사람이 없다. 그래서 부모를 사랑하는 사람은 반드시 형제를 사랑한다.

종족 간에 비록 친하고 멀고 가까운 등분이 있지만, 그 근본을 거슬러 보면 다 같은 조상의 골육이다. 종족에 대하여 서로 우애하지 않는다면, 그 근본을 잊는 것이다. 사람이 근본을 잊으면 가도가 점점 침체한다.

부모는 자식을 사랑하고 자식은 부모에게 효도하며, 형과 아우는 우애하고 공경하며, 남편과 아내는 화평하고 유순하며, 임금은 충성으로 섬기고, 공손하게 사람을 대하며, 벗을 믿음으로 사귀고, 어려운 일가친척을 위로하고 도우면 덕을 얻은 군자이다.

인편(人篇) 5

凡人稟性　初無不善　愛親敬兄忠君弟長之道　皆己具
범인품성　초무불선　애친경형충군제장지도　개이구

於吾心之中　固不可求之於外面　而惟在我力行而不
어오심지중　고불가구지어외면　이유재아역행이불

已也　人非學問　固難知其何者爲孝　何者爲忠　何者
이야　인비학문　고란지기하자위효　하자위충　하자

爲弟　何者爲信　故　必須讀書窮理　求觀於古人　體
위제　하자위신　고　필수독서궁리　구관어고인　체

驗於吾心　得其一善　勉行之　則孝弟忠信之節　自無
험어오심　득기일선　면행지　즉효제충신지절　자무

不合於天敍之則矣
불합어천서지칙의

　　모든 사람의 타고난 성품이 처음에는 착하지 않음이 없는데,
어버이를 사랑하고 형을 공경하며, 임금에게 충성하고 어른에
게 공손한 도리가 이미 내 마음 가운데 갖추어져 있으니, 진실
로 밖에서 구할 수 있는 것이 아니라 오직 내가 힘써 행하여
그치지 않음에 달려 있다.

　　사람은 배우지 않으면 진실로 그 어떤 것이 효도가 되고, 어
떤 것이 충성이 되며, 어떤 것이 공손함이 되고, 어떤 것이 신
의가 되는지 알기 어렵다. 그러므로 반드시 글을 읽어서 이치
를 깊이 연구하고, 옛 사람의 행실을 관찰하여 내 마음에 체험
해서 그 한 가지 선(善)이라도 얻어서 힘써 행한다면, 효·제·

충·신의 절도(節度)가 자연히 하늘이 정한 법칙에 맞지 않음이 없을 것이다.

[訓讀]
*稟 : 줄 품. 받을 품. *具 : 갖출 구. *須 : 모름지기 수. *驗 : 증험할 험. *敍 : 펼 서. 차례 서.

[語釋]
*품성(稟性) : 타고난 성품. *역행(力行) : 힘써서 행함. *불이(不已) : 마지않다. *난지(難知) : 알기 어려움. *하자(何者) : 어느 것. *궁리(窮理) : 이치를 깊게 연구함. *무불(無不) : 아닌 것이 없음.

[大意]
  사람의 타고난 착한 성품과, 그것에 따르려면 학문을 익혀야 한다는 것에 대해서 말했다.

  사람의 타고난 성품은 본디 착하다. 어버이를 사랑하고 형을 공경하며, 임금에게 충성하고, 어른에게 공손한 도리가 모두 자신의 마음속에 있으니, 밖에서 구하려 하지 말고 자신이 힘써 행해야 한다.

  배우지 않으면 어떤 것이 효도가 되고, 어떤 것이 충성이 되며, 어떤 것이 공손함이 되고, 어떤 것이 신의가 되는지 알기 어렵다.

  따라서 반드시 글을 읽어서 이치를 궁리하고, 옛 사람의 행실을 본받아서 그 중 한 가지 선이라도 얻어 힘써 행한다면, 효·제·충·신의 절도(節度)가 자연히 하늘의 순리대로 될 것이다.

인편(人篇) 6

收斂身心	莫切於九容	所謂九容者	足容重	手容恭
수렴신심	막절어구용	소위구용자	족용중	수용공

目容端	口容止	聲容靜	頭容直	氣容肅	立容德
목용단	구용지	성용정	두용직	기용숙	입용덕

色容莊	進學益智	莫切於九思	所謂九思者	視思明
색용장	진학익지	막절어구사	소위구사자	시사명

聽思聰	色思溫	貌思恭	言思忠	事思敬	疑思問
청사총	색사온	모사공	언사충	사사경	의사문

忿思難	見得思義
분사난	견득사의

몸과 마음을 수렴하는 데는 구용(九容)보다 더 절실한 것이 없다. 곧 구용이란, 발 모양은 무겁고, 손 모양은 공손하며, 눈 모양은 단정하고, 입 모양은 다물며, 소리의 모양은 고요하고, 머리 모양은 곧으며, 숨 쉬는 모양은 엄숙하고, 서 있는 모양은 덕스러우며, 안색의 모양은 씩씩한 것이다.

학문에 나아가고 지혜를 계발하는 데는 구사(九思)보다 더 절실한 것은 없다. 곧 구사는 보는 것은 밝게 볼 것을 생각하고, 듣는 것은 바르게 들을 것을 생각하며, 안색은 온화하게 할 것을 생각하며, 용모는 공손하게 할 것을 생각하며, 말은 성실하게 할 것을 생각하고, 일은 공경하게 할 것을 생각하며, 의심나는 것은 물을 것을 생각하며, 화가 날 때에는 어려움을 생각하며, 얻을 것을 보면 의(義)를 생각하는 것이다.

[訓讀]
*收 : 거둘 수. *斂 : 거둘 렴. *容 : 얼굴 용. 모습 용. *止 : 멈출 지. *靜 : 고요할 정. *肅 : 엄숙할 숙. *聰 : 귀밝을 총. *貌 : 얼굴 모. *忿 : 성낼 분.

[語釋]
*수렴신심(收斂身心) : 흐트러진 몸과 마음을 바로 다잡는 것. *구용 (九容) : 아홉 가지 몸가짐. *막절(莫切) : ~보다 더 절실한 것은 없 음. *익지(益智) : 지혜를 계발하여 얻음. *구사(九思) : 생각해야 할 아홉 가지.

[大意]
　구용(九容)과 구사(九思)에 대해서 설명하고 있다.
　몸과 마음을 다잡는 데는 구용보다 절실한 것은 없다. 구용 은 발동작은 무겁게, 손가짐은 공손하게, 눈은 단정하게 바라 보고, 입은 다물고, 목소리는 차분하고 조용히, 머리는 곧고 바 르게, 숨은 고요하게, 서 있는 모습은 덕스럽게, 얼굴빛은 장중 한 것을 말한다.
　학문에 나아가고, 지혜를 계발하는 데는 구사보다 더 절실한 것이 없다. 구사는 보는 것은 밝게, 듣는 것은 정확하게, 얼굴 빛은 온화하게, 용모는 공손하게, 말은 성실하게, 일은 공경하 게, 의심나는 것은 묻기를 생각하고, 화가 나면 후에 어려움이 닥칠 것을 생각하고, 이득을 보면 의리에 맞는가를 생각하는 것이다.

동몽수지 (童蒙須知)

<동몽수지(童蒙須知)>는 남송(南宋)의 성리학자 주자가 어린이가 학문을 배우기 전에 갖추어야 할 기본적인 자세를 기록한 수신서(修身書)이다. 우리나라에는 고려 말엽에 들어온 것으로 추정되며, 조선시대에 아동 교육용으로 널리 쓰였다.

　　<동몽수지>의 내용은 의복관구(衣服冠屨)·언어보추(言語步趨)·쇄소연결(灑掃涓潔)·독서문자(讀書文字)·잡세사의(雜細事宜)로 되어 있다. 즉 의복과 갓과 신을 갖추고, 바른 말과 걸음걸이를 익히며, 주변을 정리하고 청소하며, 책을 읽고 글자를 쓰며, 일상생활의 사소한 일까지 조목조목 열거하여 마땅히 알아야 할 것을 강조하였다. 이외에도 몸을 닦고(修身), 마음을 다스리고(治心), 부모를 섬기고(事親), 사물을 접하여(接物), 이치를 파헤쳐 배운다(窮理)는 등 성현(聖賢)의 가르침을 소홀히 해서는 안 된다는 것을 밝히고 있다.

동몽수지(童蒙須知)

晦庵先生曰　夫童蒙之學　始於衣服冠屨　次及言語步
희암선생왈　부동몽지학　시어의복관구　차급언어보

趨　次及洒掃涓潔　次及讀書寫文字　及有雜細事宜
추　차급쇄소연결　차급독서사문자　급유잡세사의

皆所當知　今逐目條列　名曰童蒙須知　若其修身治心
개소당지　금축목조열　명왈동몽수지　약기수신치심

事親接物　與夫窮理盡性之要　自有聖賢典訓　昭然可
사친접물　여부궁리진성지요　자유성현전훈　소연가

考　當次第曉達　茲不復詳著云
고　당차제효달　자불수상저운

　회암(晦菴) 선생이 말하기를, 무릇 어린이는 배우기를 옷을 입고 관을 쓰고 신발을 신는 것에서 시작하고, 다음에는 말하고 걷는 것에 이르며, 다음에는 물 뿌리고 쓸어서 깨끗하게 하는 것에 이르고, 다음에는 글을 읽으며 쓰고 자질구레한 일들에 이르게 되니, 이것은 마땅히 알아야 하며, 이제 조목(條目)을 차례대로 열거하여 〈동몽수지(童蒙須知)〉라고 이름을 짓는다 했다.

　자신의 몸을 닦고, 마음을 가다듬으며, 부모를 섬기고, 사물에 접하며, 바른 도리를 연구하고, 천성(天性)을 다하는 것은 성현(聖賢)의 경전(經典)에서 뚜렷이 상고하여 차츰 깨우칠 수 있는 것이니, 여기에서 상세하게 밝혀 말하지 않는다.

[訓讀]
*晦 : 그믐 회 *菴 : 암자 암. *冠 : 갓 관. *屨 : 신발 구. *趨 :
달릴 추. *灑 : 씻을 쇄. 물뿌릴 쇄. *掃 : 쓸 소. *涓 : 시냇물 연.
물방울 연. *潔 : 깨끗할 결. *寫 : 베낄 사. *雜 : 섞일 잡. *逐 :
뒤쫓을 축. *須 : 모름지기 수. *昭 : 밝힐 소. 밝을 소. *曉 : 밝을
효. 깨달을 효. *玆 : 이 자.

[語釋]
*회암선생(晦菴先生) : 남송시대의 유학자. *보추(步趨) : 걸음걸이.
*쇄소(灑掃) : 청소하는 것. *잡세(雜細) : 자질구레한 것. *사의(事
宜) : 일삼아 마땅히 하는 일. *접물(接物) : 사물에 접함. *궁리(窮
理) : 바른 도리를 파헤쳐 배움. *진성(盡性) : 천성을 다함. *전훈(典
訓) : 경전의 가르침. *효달(曉達) : 깨닫는 것. *상저(詳著) : 자세하
게 드러남.

[大意]
  〈동몽수지〉를 지어낸 뜻에 대해 말했다. 중국 남송시대의 유
학자 회암 선생의 말씀에 따라 어린이들이 배워야 할 일들을
차례대로 밝혔다.
  옷을 입고 관을 쓰고 신발을 신는 것에서부터 말하고 걷는
것, 청소하는 것, 글을 읽으며 쓰고, 마땅히 해야 할 자질구레
한 일들을 설명했다.

1. 의복관구(衣服冠屨) - 옷과 갓과 신

大抵爲人　先要身體端整　自冠巾衣服鞋袜　皆須收拾
대저위인　선요신체단정　자관건의복혜말　개수수습

愛護　常令潔淨整齊　我先人　常訓子弟云　男子　有
애호　상령결정정제　아선인　상훈자제운　남자　유

三緊　謂頭緊腰緊脚緊　頭謂頭巾　未冠者總髻　腰謂
삼긴　위두긴요긴각긴　두위두건　미관자총계　요위

以條或帶束腰　脚謂鞋韈　此三者要緊束　不可寬慢
이도혹대속요　각위혜말　차삼자요긴속　불가관만

寬慢則身體放肆　不端嚴　爲人所輕賤矣　凡着衣服
관만즉신체방사　부단엄　위인소경천의　범착의복

必先提整衿領　結兩衽紐帶　不可令有闕落　飮食照管
필선제정금령　결양임뉴대　불가령유궐락　음식조관

勿令汚壞　行路　看顧勿令泥漬　凡脫衣服　必齊整摺
물령오괴　행로　간고물령니지　범탈의복　필제정접

疊箱篋中　勿散亂頓放　則不爲塵埃雜穢所汚　仍易於
첩상협중　물산란돈방　즉부위진애잡예소오　잉이어

尋取　不致散失　着衣旣久　則不免垢膩　須要勤勤洗
심취　불치산실　착의기구　즉불면구니　수요근근세

澣　破綻　則補綴之　儘補綴無害　只用完潔　凡盥面
한　파탄　즉보철지　진보철무해　지용완결　범관면

必以巾帨　遮護衣領　捲束兩袖　勿令有所濕　凡就勞
필이건세　차호의령　권속양수　물령유소습　범취노

役　必去上襲衣服　只着短便　愛護勿使損汚　凡日中
역　필거상습의복　지착단편　애호물사손오　범일중

所着衣服　夜臥必更　則不藏蚤蝨　不卽敝壞　苟能如
소 착 의 복　야 와 필 경　즉 부 장 소 슬　부 즉 폐 괴　구 능 여

此　則不但威儀可法　又可不費衣服　晏子　一狐裘三
차　즉 부 단 위 의 가 법　우 가 불 비 의 복　안 자　일 호 구 삼

十季　雖意在以儉化俗　亦其愛惜有道也　此最飾身之要
십 년　수 의 재 이 검 화 속　역 기 애 석 유 도 야　차 최 식 신 지 요

母忽
무 홀

　　대체로 사람됨에는 먼저 몸을 단정히 하고 정제해야 하니, 관과 두건과 옷과 신과 버선부터 모두 반드시 매만지고 아껴서 항상 깨끗하고 정리가 되어야 한다.

　　우리 선인(先人)께서 늘 자제들에게 훈계하여 말하기를 "남자는 세 가지를 단단히 매어야 한다."고 했다. 머리를 매고, 허리를 매며, 다리를 매는 것을 말한 것이니, 머리는 두건을 쓰는 것으로, 관례를 지내지 않은 사람은 댕기를 땋는 것이고, 허리는 실띠나 띠로 허리를 묶는 것이고, 다리는 신과 버선을 신는 것이다. 이 세 가지는 반드시 단단히 매어야 하며 느슨하게 하면 안 된다. 느슨하면 몸이 풀어져서 몸가짐이 단정하거나 엄숙하지 못하여, 남들이 업신여기고 천(賤)히 여긴다.

　　무릇 옷은 반드시 옷깃을 먼저 당기어 단정하게 하고, 양쪽 섶을 여미고 띠를 매어서 빠뜨리지 않아야 하며, 음식을 먹을 때는 이를 깨끗이 하여 더럽히지 않고, 길을 걸어갈 때는 앞뒤를 살펴서 진흙이 튀거나 진창에 빠지지 않아야 한다. 무릇 옷은 벗어서 반드시 반듯하게 여러 겹으로 접어서 상자 안에 흩

어지지 않게 쌓아야, 먼지 같은 것에 더럽혀지지 않고 찾기 쉬우며 없어지지 않는다. 옷을 입어서 오래되면 때가 묻어 더러우니, 반드시 자주 빨아야 한다. 해지면 기워 입되 누더기라도 해롭지 않으니 단지 깨끗이 빨아서 입어야 한다.

무릇 세수는 수건으로 옷깃을 가리고 양 소매를 걷어서 젖지 않도록 한다. 무릇 일하러 나가면 반드시 껴입는 겉옷은 벗고, 활동하기 좋은 짧은 옷을 입으며, 이를 아껴서 더러워지거나 해지지 않게 한다. 무릇 낮에 입었던 옷은 밤에 잠자리에서 갈아입으면, 벼룩이나 이가 꾀지 않고 빨리 해지지도 않는다. 정말 이처럼 한다면 그 몸가짐이 본받을 만하며, 옷도 낭비되지 않는다.

안자(晏子)는 여우가죽옷 한 벌로 30년을 입었다. 그 뜻은 비록 검소한 생활로 세상의 풍속을 고치려고 한 것이지만, 옷을 사랑하고 아끼는 데에도 방법과 도리가 있다. 이것은 몸을 가장 잘 꾸미는 요긴한 방법이니 가볍게 여기지 않아야 한다.

[訓讀]
*鞋 : 신 혜. *襪 : 버선 말. *拾 : 주울 습. *緊 : 얽을 긴. *腰 : 허리 요. *脚 : 다리 각. *總 : 거느릴 총. *髻 : 상투 계. *條 : 끈 도. *帶 : 띠 대. *寬 : 너그러울 관. *慢 : 게으를 만. *肆 : 방자할 사. *襟 : 옷깃 금. *領 : 옷깃 령. *衽 : 옷섶 임. *紐 : 끈 유. 맬 유. *闕 : 빠질 궐. 대궐 궐. *汚 : 더러울 오. *泥 : 진흙 니. *漬 : 담글 지. 적실 지. *摺 : 접을 접. *疊 : 겹칠 첩. *篋 : 상자 협. *頓 : 넘어질 돈. 조아릴 돈. *塵 : 티끌 진. *埃 : 티끌 애. 먼지 애. *垢 : 때 구. *膩 : 때 니. 기름 니. *澣 : 빨래할 한. *綻 : 옷터질 탄. *補 : 기울 보. *綴 : 꿰맬 철. *儘 : 다할 진. *帨 : 수건 세. *捲 : 말 권. 걷을 권. *袖 : 소매 수. *濕 : 축축할 습. *襲 :

엄습할 습. 껴입을 습. *只 : 다만 지. 뿐 지. *臥 : 누울 와. *蚤
: 벼룩 조. *虱 : 이 슬. *但 : 다만 단. *狐 : 여우 호. *裘 : 가죽옷
구. *儉 : 검소할 검. *惜 : 아낄 석. 가여울 석. *飾 : 꾸밀 식. *忽
: 갑자기 홀. 소홀할 홀.

[語釋]
*단정(端整) : 바르고 가지런함. *미관(未冠) : 관례를 하지 않은 것.
*긴속(緊束) : 단단히 묶음. *관만(寬慢) : 느슨함. *방사(放肆) : 풀
어진 상태. *경천(輕賤) : 가볍고 천함. *제정(提整) : 끌어당겨서 가
지런하게 함. *금령(襟領) : 옷깃. *뉴대(紐帶) : 띠를 맴. *불가령(不
可令) : ～하도록 해서는 안 됨. *궐락(闕落) : 빠짐. *조관(照管) :
살펴서 관리함. *물령(勿令) : ～하도록 하지마라. *간고(看顧) : 이
리저리 살펴보는 것. *니지(泥漬) : 진흙이 튀거나 진창에 젖음. *제
정(齊整) : 가지런히 함. *접첩(摺疊) : 접어서 포갬. *돈방(頓放) :
아무렇게나 버려둠. *심취(尋取) : 여기서는 찾아 입는다는 말. *구
니(垢膩) : 때가 묻음. *파탄(破綻) : 여기에서는 옷이 터지고 해지는
것을 말함. *보철(補綴) : 옷 같은 것을 깁는 것. *관면(盥面) : 세수
함. *건세(巾帨) : 수건. *권속(捲束) : 걷어 올려서 묶음. *일중(日
中) : 낮. *필경(必更) : 여기서는 옷을 꼭 갈아입는다는 말. *위의(威
儀) : 위엄이 있는 몸가짐과 행동. *불비(不費) : 낭비하지 않음. *안
자(晏子) : 춘추시대 제나라의 재상. *호구(狐裘) : 여우 가죽으로 만
든 옷. *화속(化俗) : 풍속을 교화시킴.

[大意]
　관을 쓰고, 옷을 입고, 버선을 신고, 신을 신는 것, 옷의 보
관, 세수할 때와 일할 때에 주의할 것에 대하여 말했으며, 이것
들을 모두 절도 있게 하여 항상 몸가짐을 바르고 단정하게 할

것을 강조했다.

옷은 반드시 옷깃을 당기어 단정하게 하고, 양쪽 옷섶을 여미고 띠를 매어야 하며, 음식을 먹으면 이를 깨끗이 해야 하고, 길을 갈 때는 앞뒤를 잘 살펴서 진흙이 튀거나 진창에 빠지지 않도록 한다.

옷은 벗으면 반듯하게 접어서 상자 안에 가지런히 넣어야, 더럽혀지지 않고 찾기 쉬우며 없어지지 않는다. 옷을 입어서 오래되면 더러워지니, 반드시 자주 빨아야 한다. 해지면 기워 입고, 누더기라도 깨끗이 빨아서 입으면 해롭지 않다.

세수는 수건으로 옷깃을 가려서 하고, 양 소매를 걷어 올려서 젖지 않도록 한다.

일할 때는 껴입는 겉옷은 벗어 놓고 활동하기 좋은 짧은 옷을 입으며, 이를 아껴서 더러워지거나 해지지 않게 한다. 낮에 입었던 옷은 잠자리에서는 갈아입도록 해서, 벼룩이나 이가 꾀지 않고 빨리 해지지도 않도록 한다. 이렇게 하면 그 몸가짐이 본받을 만할 것이며, 옷도 낭비되지 않는다.

안자(晏子)는 여우가죽옷 한 벌로 30년을 입었는데, 그 뜻이 검소한 생활로 세상의 좋지 않은 풍속을 고치려고 한 것이지만, 옷을 사랑하고 아끼는데도 그 방법과 도리가 있는 것이다.

이것은 몸가짐을 바르고 단정하게 하는 요긴한 방법이니 가볍게 여기지 않아야 한다.

2. 언어보추(言語步趨) - 말과 걸음걸이

凡爲人子弟者　須是常低聲下氣　語言詳緩　不可高聲
범위인자제자　수시상저성하기　어언상완　불가고성

喧鬧　浮言戲笑　父兄長上　有所敎督　但當低首聽受
훤뇨　부언희소　부형장상　유소교독　단당저수청수

不可妄有議論　長上檢責　或有過誤　不可便自分解
불가망유의론　장상검책　혹유과오　불가변자분해

姑且隱嘿　久却徐徐細意條陳云此事　恐是如此　向者
고차은묵　구각서서세의조진운차사　공시여차　향자

當是偶爾遺忘　或曰　當是偶爾思省未至　若爾則無傷
당시우이유망　혹왈　당시우이사성미지　약이즉무상

忤　事理自分明　至于朋友分上　亦當如此　凡聞人所
오　사리자분명　지어붕우분상　역당여차　범문인소

爲不善　下至婢僕違過　宜自包藏　不應便爾聲言　當
위불선　하지비복위과　의자포장　불응변이성언　당

相告語　使其知改　凡行步趨蹌　須是端正　不可走疾
상고어　사기지개　범행보추창　수시단정　불가주질

跳躑　若父母長上　有所喚召　却當疾走而前　不可舒緩
도척　약부형장상　유소환소　각당질주이전　불가서완

　무릇 사람의 자제가 되는 이는 반드시 목소리를 낮추고 숨을 차분하게 해서 말을 자세하고 천천히 할 것이며, 큰소리로 떠들거나 허튼 소리로 키득거리면 안 된다.

부형이나 윗사람이 가르치고 타이르는 말에는 다만 머리 숙여 받아들이기만 하고, 함부로 논하면 안 된다. 윗사람의 단속이나 질책에 어떤 잘못이 있어도 그 자리에서 해명하면 안 된다. 참고 묵묵히 있다가 한참 시간이 지난 뒤에 서서히 입을 열어 조목조목 자세하게 말씀드리되, 그 일은 아마 이렇게 된 것 같은데 조금 전에는 우연히 잊었다고 하거나, 또는 우연히 생각이 미치지 못했던 것 같다고 해야 한다.

이처럼 하면 윗사람의 마음을 상하게 하거나 거스르지 않고 이치가 저절로 분명해질 것이다. 친구에 대해서도 마땅히 이처럼 해야 한다.

무릇 남의 좋지 않은 것을 들으면, 아래로는 비복의 잘못에 이르기까지 마음속에 숨겨 두어 소리 내서 남에게 말하지 말고, 마땅히 상대에게 충고하여 그 잘못을 깨달아서 고치게 해야 한다.

무릇 걸음걸이와 추창(趨蹌)은 반드시 바르게 해야 하고, 빨리 달려가거나 껑충거리거나 머뭇거리면 안 된다. 만약에 부형이나 윗사람이 부르면 응당 빨리 걸어서 앞으로 가야 하고, 동작을 굼뜨게 해서는 안 된다.

[訓讀]
*緩 : 느릴 완. *喧 : 지껄일 훤. *鬨 : 싸움소리 홍. *浮 : 뜰 부.
*妄 : 망령될 망. 허망할 망. *檢 : 단속할 검. 고칠 검. *誤 : 그릇될 오. *黙 : 묵묵할 묵. *却 : 물리칠 각. *偶 : 뜻하지않을 우. 짝 우.
*爾 : 너 이. 그 이. *遺 : 끼칠 유. *忤 : 거스를 오. *婢 : 계집종 비. *僕 : 종 복. *包 : 쌀 포. *蹌 : 비틀거릴 창. *跳 : 뛸 도. *躑 : 머뭇거릴 척. *喚 : 부를 환.

*저성(低聲) : 소리를 낮춤. *하기(下氣) : 숨을 낮춤. *상완(詳緩) :
자세하고 느림. *훤홍(喧閧) : 시끄럽게 떠듦. *부언(浮言) : 허튼 소
리. *희소(戲笑) : 장난치며 웃음. *청수(廳受) : 듣고 받아들임. *분
해(分解) : 분별해서 해명함. *고차(姑且) : 잠시. *은묵(隱黙) : 숨기
고 묵묵히 있음. *조진(條陣) : 조목조목 진술함. *향자(向者) : 지난
번. *우이(偶爾) : 우연히. *유망(遺忘) : 잊음. *상오(傷忤) : 마음이
상함. *비복(婢僕) : 계집종과 사내종. *포장(包藏) : 감추어 둠. *변
이(便爾) : 곧. 문득. *성언(聲言) : 소리 내어 말함. *추창(趨蹌) :
허리를 굽혀 빠르게 감. *주질(走迭) : 빨리 달려감. *도척(跳躑) :
껑충거리고 머뭇거림. *환소(喚召) : 부름.

[大意]

　여기에서는 말하기와 걸음걸이에 대해서 얘기했다.

　어른 앞에서는 반드시 목소리를 낮추고 숨을 차분하게 해서
말을 자세하고 천천히 해야 하고, 큰소리로 떠들거나 허튼 소
리를 하면 안 된다.

　어른이 가르치고 타이르면 공손하게 머리 숙여 듣기만 하고,
함부로 말하면 안 된다. 혹 어른의 말에 어떤 잘못이 있어도 그
자리에서 시비를 얘기하면 안 된다. 참고 묵묵히 있다가 어른
의 마음이 풀린 뒤에 조용히 조목조목 자세하게 말씀드려서 어
른의 기분을 상하게 하거나 뜻을 거스르지 않아야 한다.

　친구에 대해서도 마땅히 이처럼 해야 한다. 남의 허물을 들
으면, 마음속에 숨겨 두었다가 적당한 때에 간절하게 타일러서
상대방이 잘못을 깨달아 고치게 해야 한다.

　걸음걸이는 반드시 단정하게 하고, 빨리 달려가거나 껑충거
리거나 머뭇거리면 절도에 맞지 않는다. 어른이 부르면 당연히

빨리 앞으로 달려가서 어른의 뜻을 받들어야 된다. 이것은 어른의 명령을 존중하는 것이다.

3. 쇄소연결(灑掃涓潔) - 청소

凡爲人子弟者　當灑掃居處之地　拂拭几案　當令淨潔
범 위 인 자 제 자　당 쇄 소 거 처 지 지　불 식 궤 안　당 령 정 결

文字筆硯　凡百器用　皆當嚴肅整齊　頓放有常處　取
문 자 필 연　범 백 기 용　개 당 엄 숙 정 제　돈 방 유 상 처　취

用旣畢　復實元所　凡父兄長上坐起處　文字紙箚之屬
용 즉 필　부 치 원 소　범 부 형 장 상 좌 기 처　문 자 지 차 지 속

或有散亂　當加意整齊　不可輒自取用　凡借人文字
혹 유 산 란　당 가 의 정 제　불 가 첩 자 취 용　범 차 인 문 자

皆實簿抄錄主名　及時取還　窓壁几案文字間　不可書
개 치 부 초 록 주 명　급 시 취 환　창 벽 궤 안 문 자 간　불 가 서

字　前輩云壞筆汚墨　癏子弟職　書几書硯　自黔其面
자　전 배 운 괴 필 오 묵　관 제 자 직　서 궤 서 연　자 경 기 면

此爲最不雅潔　切宜深戒
차 위 최 불 아 결　절 의 심 계

　　무릇 사람의 자제되는 이는 그 거처하는 곳을 청소하고, 책상 위의 먼지를 털어내고 닦아 깨끗하게 하며, 책과 붓과 벼루 등 모든 기구를 엄숙히 정돈하여 일정한 곳에 두고, 꺼내 쓰고 나면 다시 제자리에 두어야 한다.

　　무릇 부형이나 윗사람이 일을 하는 곳에 혹시 책이나 글을 쓴 종이 같은 것이 버려져 있으면 마땅히 마음을 써서 정리하고, 자신이 가져다가 사용하면 안 된다.

　　무릇 남의 책을 빌리면 모두 장부에 주인의 이름을 기록해서

때가 되면 돌려주어야 한다.

　창과 벽, 책상이나 책에 글씨를 써서는 안 된다. 선배가 말하기를, 붓을 망가뜨리고 먹을 더럽히는 것은 제자(弟子)의 직책을 병들게 하는 것이고, 책상이나 벼루에 글자를 쓰는 것은 스스로 그 얼굴에 글자를 새기는 것이라고 했으니, 이것은 아주 아름답지 못한 일이다. 당연히 깊이 주의해야 한다.

[訓讀]
*拂 : 털 불. *拭 : 닦을 식. *几 : 책상 궤. 안석 궤. *硯 : 벼루 연. *寘 : 둘 치. *箚 : 기록할 차. *輒 : 문득 첩. *借 : 빌릴 차. *置 : 둘 치. *簿 : 장부 부. *抄 : 베낄 초. 노략질할 초. *瘝 : 병들 관. *黥 : 묵형할 경.

[語釋]
*불식(拂拭) : 털고 닦음. *문자(文字) : 여기서는 책을 말함. *범백(凡百) : 모든 것. *상처(常處) : 일정한 곳. *원소(元所) : 원래의 장소. *좌기(坐起) : 일함. 일을 보는 것을 말함. *지차(紙箚) : 글을 쓴 종이. *가의(加意) : 뜻을 둠. 마음을 씀. *치부(置簿) : 장부에 기록함. *급시(及時) : 때에 미치는 것이니, 즉 때가 됨. *취환(取還) : 꺼내서 돌려보냄. *자경(自黥) : 경은 옛날 중국에서 살 속에 먹물로 글자를 새기는 형벌이었으니, 여기에서는 스스로 얼굴에 글자를 새기는 것을 말함. 그만큼 부끄러운 일이라는 말.

[大意]
　청소하는 것과 정리하고 정돈하는 것에 대해서 얘기 했다.
　나이가 어린 사람은 그 거처하는 곳을 청소하고, 책상 위를 털고 닦아 깨끗하게 하며, 책과 붓과 벼루 등 모든 기구를 정리

하고 정돈하여 일정한 곳에 두며, 꺼내 쓰고 나면 다시 제자리
에 둔다.

　어른이 일하는 곳이 어질러져 있으면 마땅히 정리하고, 어른
의 물건을 자신이 가져다가 사용하면 안 된다.

　남의 책을 빌리면 소중하게 보관해서 보고, 보고 나면 약속
한 날짜에 돌려준다.

　창과 벽, 책상이나 책에 낙서를 하면 안 된다. 붓을 망가뜨리
고 먹을 더럽히는 것은 마음을 병들게 하는 것이고, 스스로 그
얼굴에 글자를 새기는 것이라고 했으니, 이것은 아주 나쁜 습
관이므로 깊이 주의해야 한다.

4. 독서문자(讀書文字) - 독서와 글자 쓰기

凡讀書　須整頓几案　令潔淨端正　將書冊整齊頓放
범독서　수정돈궤안　영결정단정　장서책정제돈방

正身體對書冊　詳緩看字　子細分明讀之　須要讀得字
정신체대서책　상완간자　자세분명독지　수요독득자

字響亮　不可誤一字　不可少一字　不可多一字　不可
자향량　불가오일자　불가소일자　불가다일자　불가

倒一字　不可牽强暗記　只是要多誦遍數　自然上口
도일자　불가견강암기　지시요다송편수　자연상구

久遠不忘　古人云讀書千遍　其義自見　謂讀得熟　則
구원불망　고인운독서천편　기의자현　위독득숙　즉

不待解說　自曉其義也　余嘗謂讀書有三到　謂心到眼
부대해설　자효기의야　여상위독서유삼도　위심도안

到口到　心不在此　則眼不看子細　心眼旣不專一　却
도구도　심부재차　즉안불간자세　심안기부전일　각

只漫浪誦讀　決不能記　記是不能久也　三到之中　心
지만랑송독　결불능기　기시불능구야　삼도지중　심

到最急　心旣到矣　眼口豈不到乎　凡書冊　須要愛護
도최급　심기도의　안구기부도호　범서책　수요애호

不可損汚縐摺　濟陽江祿　讀書未竟　雖有急速　必待
불가손오추접　제양강록　독서미경　수유급속　필대

掩束整齊然後起　此最爲可法　凡寫文字　須高執墨錠
권속정제연후기　차최위가법　범사문자　수고집묵정

端正研磨　勿使墨汁汚手　高執筆雙鉤　端楷寫字　不
단정연마　물사묵즙오수　고집필쌍구　단해사자　부

得令手揩着毫　凡寫字　不問寫得巧拙如何　且要一畢
득 령 수 지 착 호　범 사 자　불 문 사 득 교 졸 여 하　차 요 일 필

一畫　嚴正分明　不可潦草　凡寫文字　須要子細看本
일 획　엄 정 분 명　불 가 료 초　범 사 문 자　수 요 자 세 간 본

不可差誤
불 가 차 오

　무릇 글을 읽을 때는 반드시 책상을 정돈해서 정결하고 단정하게 하며, 책은 가지런하게 정돈하고, 몸가짐을 바르게 해서 책을 대하며, 천천히 글자를 보면서 자세하고 분명하게 읽는다. 반드시 글씨 하나하나를 또박또박 읽어서 한 글자도 틀림없이, 빼먹지 말고, 더하지 말고, 뒤집지도 말며, 억지로 끌어다가 외우지도 않는다. 그렇게 여러 번을 외우면 자연히 입에 올라서 오래도록 잊지 않게 된다.

　옛사람이 말하기를, 글은 천 번을 읽으면 그 뜻이 저절로 나타난다고 했다. 읽어서 마음에 젖어들면, 해설을 기대하지 않아도 그 뜻이 저절로 깨닫게 되는 것이다.

　내가 일찍이 독서에 삼도가 있다고 했는데, 심도(心到)와 안도(眼到)와 구도(口到)를 말한다. 마음이 다른 곳 있으면 눈이 자세히 보지 못하고, 마음과 눈이 한 곳에 전념하지 않으면 그저 건성으로 읽으니 결코 기억할 수 없고, 기억한다고 해도 오래가지 못한다. 삼도 중에 심도가 가장 중요하다. 마음이 이미 이르면 눈과 입이 어찌 이르지 않겠는가.

　책은 반드시 아껴야 하고, 찢고 더럽히고 구기고 접으면 안된다. 제양(濟陽)의 강록(江綠)은 글 읽기를 마치지 못했을 때

에 비록 급한 일이 있다고 해도 반드시 책을 덮어 정리하고 나서 일어났다고 하니, 이것은 정말 본받을 만한 것이다.

무릇 글씨를 쓸 때는 반드시 먹을 높이 잡고 바르게 갈아서 먹물이 손을 더럽히지 않도록 하고, 쌍구법으로 붓을 높게 잡고 반듯하게 글씨를 써서 손가락이 붓털에 닿지 않도록 한다.

무릇 글씨를 쓸 때는 글씨가 잘 되고 못되고는 물을 것도 없고, 반드시 한 붓과 한 획이 모두 엄정하고 분명해야 하며 흘려서 쓰면 안 된다.

글씨를 쓸 때는 반드시 글씨본을 자세히 보아서 틀림이 없도록 한다.

[訓讀]
*仔 : 자세할 자. *響 : 울림 향. 소리 향. *亮 : 밝을 량. *倒 : 넘어질 도. *牽 : 끌 견. *遍 : 두루 편. *見 : 볼 견. 나타날 현. *漫 : 흩어질 만. *浪 : 물결 랑. *縐 : 주름 질 추. *錠 : 덩어리 정. *研 : 갈 연. *磨 : 갈 마. *鉤 : 갈고랑이 구. *楷 : 본보기 해. *指 : 손가락 지. *著 : 분명할 저. 나타날 저. *毫 : 털 호. *巧 : 교묘할 교. 아름다울 교. *拙 : 치졸할 졸. 서투를 졸. *潦 : 큰비 료. 장마 료.

[語釋]
*향량(響亮) : 또박또박하고 분명함. *견강(牽强) : 억지로 끌어대서 맞춤. *상구(上口) : 입에 젖음. *삼도(三到) : 세 가지가 집중됨. *심도(心到) : 마음이 한 곳으로 집중됨. *안도(眼到) : 눈이 한 곳으로 집중됨. *구도(口到) : 입이 한 곳으로 집중되는 것이니, 즉 책의 한 군데만을 집중해서 읽는다는 말. *만랑(漫浪) : 떠돌아다닌다는 뜻으로, 여기서는 책을 여기저기를 건성으로 읽는다는 말. *최급(最急) :

가장 중요함. *손오(損汚) : 훼손하거나 더럽힘. *추접(縐摺) : 구기거나 접음. *제양(濟陽) : 중국의 옛 지방 이름. *강록(江綠) : 중국 남북조시대의 양나라 사람. *묵정(墨錠) : 먹 덩어리. *연마(研磨) : 먹을 가는 것. *오수(汚手) : 손을 더럽힘. *쌍구(雙鉤) : 글씨를 쓰는 방법 중의 하나. *단해(端楷) : 바르고 단정함. *착호(着毫) : 털에 붙음. *교졸(巧拙) : 정교하고 졸렬함. 잘하고 못함. *료초(潦草) : 조잡함. 여기서는 글씨를 흘려서 쓰는 것을 말함. *간본(看本) : 글씨 본을 보는 것을 말함.

[大意]

여기에서는 글을 읽는 방법과 글씨를 쓰는 방법에 대해서 얘기했다.

독서할 때는 반드시 책상을 정돈하고 책을 똑바로 놓은 다음 몸을 바르게 하여 책을 대하며, 상세하고 천천히 글자를 보며 분명하게 읽되 한 글자라도 잘못 읽거나 적게 읽거나 많이 읽거나 거꾸로 읽거나 해서는 안 되며, 억지로 외워서도 안 되고 다만 여러 번 읽어 자연히 입에 오르면 오래 되어도 잊어버리지 않는다고 하였다. 또한 독서에는 마음을 글에 집중시키는 심도(心到)와, 눈을 집중시키는 안도(眼到)와 입을 집중시키는 구도(口到)의 삼도(三到)가 있는데, 이 중 심도가 가장 중요하므로, 마음을 모아 집중할 것을 강조했다.

책을 반드시 소중히 다루어 더럽히거나 구겨서는 안 되며, 독서를 마치지 않았을 때는 비록 급한 일이 있어도 책을 덮어 정리한 후에 일어나야 된다고 하였다. 글자를 쓸 때는 먹을 높이 잡고 단정하게 갈아 먹물이 손에 묻지 않도록 하고, 붓을 높이 잡아 글자를 단정하게 본뜨며, 손가락이 붓털에 닿지 않도록 해야 하고, 한자 한자 분명하고 자세히 써야 한다고 하였다.

5. 잡세사의(雜細事宜) - 해야할 작은 일들

凡子弟　須要早起晏眠　凡喧鬧鬪爭之處　不可近　無
범자제　수요조기안면　범훤홍투쟁지처　불가근　무

益之事　不可爲　凡飮食　有則食之　無則不可思索　但
익지사　불가위　범음식　유즉식지　무즉불가사색　단

粥飯充饑　不可闕　凡向火　勿迫近火傍　不惟擧止不
죽반충기　불가궐　범향화　물박근화방　불유거지불

佳　且防焚爇衣服　凡相揖　必折腰　凡對父母長上朋
가　차방분열의복　범상읍　필절요　범대부모장상붕

友　必稱名　凡稱呼長上　不可以字　必云某丈　如弟
우　필칭명　범칭호장상　불가이자　필운모장　여제

行者　則云某姓某丈　凡出外及歸　必於長上前作揖
행자　즉운모성모장　범출외급귀　필어장상전작읍

雖暫出亦然　凡飮食長上之前　必輕嚼緩嚥　不可聞
수잠출역연　범음식장상지전　필경작완연　불가문

飮食之聲　凡飮食之節　勿爭較多少美惡　凡侍長者之
음식지성　범음식지절　물쟁교다소미악　범시장자지

側　必正言拱手　有所問　則必誠實對　言不可妄　凡
측　필정립공수　유소문　즉필성실대　언불가망　범

開門揭簾　須徐徐輕手　不可令震驚響　凡衆坐必斂身
개문게렴　수서서경수　불가령진경향　범중좌필렴신

勿廣占坐席　凡侍長上出　行必居路之右　住必居左
물광점좌석　범시장상출　행필거로지우　주필거좌

凡飮酒　不可令至醉　凡如厠　必去外衣　下必浣手
범음주　불가령지취　범여치　필거상의　하필완수

凡夜行　必以燈燭　無燭則止　凡待婢僕　必端嚴　勿得
범야행　필이등촉　무촉즉지　범대비복　필단엄　물득

與之嬉笑　執器皿　必端嚴　惟恐有失　凡危險　不可
여지희소　집기명　필단엄　유공유실　범위험　불가

近　凡道路　遇長者　必正立拱手　疾趨而揖　凡夜臥
근　범도로　우장자　필정립공수　질추이읍　범야와

必用枕　勿以寢衣覆首　凡飮食　擧匙必置箸　擧箸必
필용침　물이침의부수　범음식　거시필치저　거저필

置匙　食已則置匙箸於案　雜細事宜　品目甚多　姑擧
치시　식이즉치시저어안　잡세사의　품목심다　고거

其略　然大槪具矣　凡此五篇　若能遵守不違　自不失
기략　연대개구의　범차오편　약능준수불위　자불실

爲謹愿之士　必又能讀經賢之書　恢大此心　進德修業
위근원지사　필우능독성현지서　회대차심　진덕수업

入於大賢君子之域　無不可者　汝曹宜勉之
입어대현군자지역　무불가자　여조의면지

무릇 자제는 일찍 일어나고 늦게 자야 한다.

떠들며 싸우는 곳에 가까이 하지 말고, 무익한 일은 하지 않아야 한다.

무릇 음식은 있으면 먹고, 없으면 생각하지 않는다. 그저 죽이든 밥이든 굶주림을 채우면 되는 것이고, 그러나 굶지는 않아야 한다.

무릇 불을 가까이 할 때는 너무 곁에 가지 않는다. 행동이 아름답지 못할 뿐만 아니고, 또 옷이 타는 것도 대비해야 한다.

무릇 서로 읍(揖)을 할 때는 반드시 허리를 굽힌다. 부모나 윗사람이나 벗을 대할 때는 반드시 이름을 말한다. 윗사람을 부를 때는 그 자(字)를 부르면 안 되고, 반드시 아무 어른이라고 한다. 다른 성씨의 윗사람에 대해서는 아무 성, 아무 어른이라고 한다.

무릇 외출을 하거나 돌아오면 반드시 윗사람 앞에 나아가 읍(揖)을 한다. 비록 잠깐이라도 또한 마찬가지다.

무릇 윗사람 앞에서 음식을 먹을 때는 반드시 가볍게 먹고 천천히 삼켜서 먹는 소리를 내지 않는다.

무릇 음식을 먹는 예절은 많고 적은 것과, 좋고 나쁜 것을 비교하며 다투지 않는다.

무릇 윗사람을 가까이서 모실 때는 반드시 바른 자세로 서서 손길을 마주잡아야 하고, 물으면 성실하게 대답하고 말을 함부로 하지 않는다.

무릇 문을 열거나 발을 걷어 올릴 때는 반드시 손을 천천히 가볍게 움직이고, 진동 소리에 사람을 놀라게 하면 안 된다.

무릇 여러 사람이 앉을 때는 반드시 몸을 사려서 자리를 넓게 차지하지 않는다.

무릇 윗사람을 모시고 외출하면, 길을 갈 때 반드시 길 오른쪽에 있어야 하고, 멈추면 길 왼쪽에 있도록 한다.

무릇 술을 마시면 취하지 않도록 한다.

무릇 변소에 갈 때는 반드시 웃옷을 벗고, 나오면 반드시 손을 씻는다.

무릇 밤에 길을 갈 때는 반드시 등불을 밝히고, 등불이 없으면 그만둔다.

무릇 하인을 대할 때는 반드시 단정하고 엄숙하게 하여 그들과 농담하지 말고, 그릇을 잡으면 반드시 단정하고 엄숙하게 하여 오직 떨어뜨리지 않게 한다.

무릇 위험한 곳은 가까이 가지 않는다.

길에서 윗사람을 만나게 되면 반드시 바른 자세로 서서 공수(供手)를 하고, 종종걸음으로 그 앞으로 가서 읍(揖)을 한다.

무릇 밤에 잠을 잘 때는 반드시 베개를 베고, 잠옷을 입고, 머리를 덮지 않는다.

무릇 음식을 먹을 때는, 숟가락을 들면 반드시 젓가락을 놓고, 젓가락을 들면 숟가락을 놓으며, 다 먹으면 숟가락과 젓가락을 상위에 놓는다.

해야 할 작은 일들의 품목은 아주 많지만, 지금 그 대략만 들었다. 그러나 대강은 갖추었다.

이 다섯 편을 능히 지켜서 어기지 않으면 근신(勤慎)하는 선비가 되는 데 실수가 없을 것이고, 또 능히 성현의 글을 읽어서 마음을 넓혀 덕(德)을 쌓고 학문을 닦는다면 대현군자의 지경에 들어가는 데 어려울 것이 없을 것이니, 너희들은 마땅히 힘써야 한다.

[訓讀]
*眠 : 잠잘 면. *鬪 : 싸움 투. *索 : 찾을 색. *迫 : 닥칠 박. 다그칠 박. *傍 : 곁 방. *嚼 : 씹을 작. *嚥 : 삼킬 연. *較 : 견줄 교. *拱 : 두손맞잡을 공. *揭 : 들 게. 걸 게. *簾 : 발 렴. *震 : 벼락 진. 진동할 진. *醉 : 취할 취. *厠 : 뒷간 치. *燈 : 등잔 등. *燭 : 등불 촉. *嬉 : 즐길 희. *皿 : 그릇 명. *匙 : 숟가락 시. *箸 : 젓가락 저. *違 : 어길 위. *愿 : 삼갈 원. *恢 : 넓을 회. *汝 : 너 여.

[語釋]
*사색(思索) : 생각함. *충기(充飢) : 굶주린 배를 채움. *분열(焚熱)

: 태움. *절요(折腰) : 허리를 굽힘. *칭명(稱名) : 자신의 이름을 말함. 여기에서는 자기 이름을 말함. *경작(輕嚼) : 가볍게 씹음. *완연(緩嚥) : 천천히 삼킴. *미악(美惡) : 좋고 나쁨. 여기에서는 맛이 좋고 나쁜 것을 말함. *광점(廣占) : 넓게 차지함. *지취(至醉) : 취하기에 이름. 매우 취함. *희소(嬉笑) : 장난을 치며 웃음. *식이(食已) : 여기에서 이(已)는 그만둔다는 것이니, 먹는 것을 그만두는 것, 즉 먹는 것을 마치는 것. *근원(謹愿) : 청렴하고 공손함. *대현(大賢) : 덕이 높은 현자(賢者).

[大意]

여기에서는 일상생활에서 해야 할 잡다한 일들을 바르게 하는 도리에 대해서 얘기했다. 비록 옛날과 오늘날의 사회제도와 생활양식에 차이가 크지만, 그 근본적인 취지는 같다고 할 수 있으니, 마땅히 실천하도록 힘써야 하겠다.

모든 아이들은 일찍 일어나고 늦게 자며, 떠들며 싸우는 곳에 가지 말고, 해로운 일은 하지 않아야 한다.

음식은 있으면 먹고, 굶주림을 채울 정도면 되고, 굶지는 않아야 한다.

불 옆에는 너무 가까이 가지 않는다. 행동이 보기에 좋지 않고, 옷이 타는 것에 주의해야 한다.

서로 읍(揖)을 할 때는 반드시 허리를 굽히고, 부모나 윗사람이나 벗을 대할 때 반드시 자신의 이름을 말한다. 윗사람을 부를 때는 그 이름을 부르면 안 되고, 반드시 아무 어른이라고 한다. 다른 성씨의 윗사람에 대해서는 아무 성, 아무 어른이라고 한다.

외출을 하거나 돌아오면 반드시 윗사람 앞에 나아가 읍(揖)을 한다. 잠깐 동안이라도 마찬가지다.

윗사람 앞에서 음식을 먹을 때는 반드시 가볍게 먹고 천천히 삼켜서 소리를 내지 않도록 한다. 음식은 그 양이 많거나 적은 것, 맛이 있거나 없는 것을 비교하지 않도록 한다.

윗사람을 가까이서 모실 때는 반드시 바른 자세로 서서 손길을 마주잡고, 무엇을 물으면 성실하게 대답하고 함부로 이것저것 말하지 않는다. 문을 열거나 발을 걷어 올릴 때는 반드시 손을 천천히 가볍게 움직여서, 진동 소리에 놀라게 하면 안 된다.

여러 사람이 모여 앉을 때는 반드시 몸을 사려서 자리를 넓게 차지하지 않는다.

윗사람을 모시고 외출해서 길을 갈 때는 반드시 길 오른쪽에 있어야 하고, 멈추면 길 왼쪽에 있도록 한다.

술을 마시면 취하도록 마시지 않는다.

변소에 갈 때는 반드시 웃옷을 벗고, 나오면 손을 반드시 씻는다.

밤에 길을 갈 때는 반드시 등불을 밝히고, 등불이 없으면 가지 않는다.

하인을 대할 때는 몸가짐을 정숙하게 해서 그들과 농담하지 말고, 그릇을 잡으면 단정하고 엄숙하게 해서 떨어뜨리지 않게 한다.

위험한 곳에는 가까이 가지 않는다.

길에서 윗사람을 만나면 바른 자세로 서서 공수(供手)하여 인사드리고, 빠른 걸음으로 앞에 가서 읍(揖)한다.

밤에 잠을 잘 때는 반드시 베개를 베고, 잠옷을 입고, 머리까지 이불을 덮어쓰지 않는다.

음식을 먹을 때는 숟가락을 들면 반드시 젓가락을 놓고, 젓가락을 들면 숟가락을 놓으며, 다 먹고 나면 숟가락과 젓가락을 상위에 놓는다.

이렇게 몸가짐과, 사람과 물건을 대할 때의 일상적인 바른 도리를 실천하도록 제시했다.

　사회제도와 생활양식이 많은 변천을 가져와서 과거와는 너무나 다른 오늘날이지만, 사람이 바르게 가져야 할 도리와 몸가짐은 예나 지금이나 많은 공통점이 있다. 이 점을 간과하지 말고 실천에 힘써야 한다.

격몽요결(擊蒙要訣)

<격몽요결(擊蒙要訣)>은 율곡 이이(栗谷, 李珥 1536 ~ 1584) 선생이 42세 때인 선조 10년(1577) 관직을 떠나 해주에 있을 때 지은 책으로, 처음 글을 배우는 아동의 입문교재로 쓰기 위해 지은 것이다.

이이는 조선 중기의 학자이자 정치가로, 23세 때 별시에서 장원을 한 후 벼슬길에 올라 47세 때 이조판서에 임명되었다. 이이의 성리학 사상은 근대에 이르기까지 커다란 영향을 미쳤다.

<격몽요결>은 율곡이 직접 쓴 친필 원본으로 한지에 행서체로 단아하게 썼으며, 내용은 제1장 입지(立志)에서부터 처세(處世)까지 10항목으로 나누어 구성하여 서술하였다.

<격몽요결>은 조선 중기 이후 일반에게 널리 보급되어 <동몽선습>과 함께 초학자의 입문서로 근세에까지 많이 읽혀져 왔다.

격몽요결서(擊蒙要訣序)

人生斯世　非學問　無以爲人　所謂學問者　亦非異常
인생사세　비학문　무이위인　소위학문자　역비이상

別件物事也　只是爲父當慈　爲子當孝　爲臣當忠　爲
별건물사야　지시위부당자　위자당효　위신당충　위

夫婦當別　爲兄弟當友　爲小子當敬長　爲朋友當有信
부부당별　위형제당우　위소자당경장　위붕우당유신

皆於日用動靜之間　隨事各得其當而已　非馳心玄妙
개어일용동정지간　수사각득기당이이　비치심현묘

希覬奇效者也　但不學之人　心之茅塞　識見茫昧　故
희기기효자야　단불학지인　심지모색　식견망매　고

必須讀書窮理　以明當行之路　然後　造詣得正而踐履
필수독서궁리　이명당행지로　연후　조예득정이천리

得中矣　今人　不知學問　在於日用而妄意高遠難行
득중의　금인　부지학문　재어일용이망의고원난행

故　推與別人　自安暴棄　豈不可哀也哉　余　定居海
고　추여별인　자안포기　기불가애야재　여　정거해

山之陽　有一二學徒　相從問學　余慙無以爲師　而
산지양　유일이학도　상종문학　여참무이위사　이

且恐初學　不知向方　且無堅固之志　而泛泛請益　則
차공초학　부지향방　차무견고지지　이범범청익　즉

彼此無補　反貽人譏　故　略書一冊子　粗書立心飭躬
피차무보　반이인기　고　약서일책자　조서입심칙궁

奉親接物之方　名曰　擊蒙要訣　欲使學徒　觀此　洗
봉친접물지방　명왈　격몽요결　욕사학도　관차　세

心立脚 　當日下功 　而余亦久患因循 　欲以自警省焉丁
심입각 　당일하공 　이여역구환인순 　욕이자경성언정

丑季冬 　德水李珥 　書
축계동 　덕수이이 　서

사람이 이 세상을 살아가는 데에 있어서 학문이 아니면 사람다운 사람이 될 수가 없다. 소위 학문이라는 것은 또한 특별히 이상하거나 별다른 물건이 아니다.

다만 이것은 아버지로서 마땅히 자식을 사랑하고, 자식으로서 마땅히 부모에게 효도하고, 신하로서는 마땅히 임금에게 충성하고, 부부는 마땅히 분별이 있어야 하고, 형제는 마땅히 우애가 있어야 하고, 젊은이는 마땅히 어른을 공경해야 하고, 친구는 마땅히 믿음이 있어야 한다는 것이다.

이것은 모두 날마다 하는 기거동작(起居動作)에서 일에 따라 각기 그 마땅함을 얻을 따름이니, 마음이 신묘(神妙)한 데로 끌려서 신통한 효과를 분수에 맞지 않게 바라지 말아야 할 것이다.

한갓 배우지 않은 사람은 마음이 사욕(私慾)에 막히고 학식과 견문이 분명하지 않다. 그러므로 반드시 책을 읽고 이치를 궁구해서 이로써 마땅히 행해야 할 길을 밝혀야 한다. 그러한 후에야 학문의 바름을 얻어 깊은 경지에 다다르고 실천하는 것이 중용(中庸)을 얻는 것이다.

그러나 요즘 사람들은 학문이 일상생활에 사용됨에 있음을 알지 못하고, 높고 멀어서 행하기 어려운 것이라 생각한다.

그러므로 학문하는 것을 딴 사람에게 미루고 스스로 포기하며 태연하니, 어찌 애석하다 아니 하겠는가. 내가 해주(海州) 산남(山南)에서 거처를 정하고 있었을 때, 한두 사람의 학도(學徒)가 늘 따라와 학문에 관하여 물었으나, 나는 그들의 스승이 될 수 없음을 부끄럽게 여기고, 또 처음 학문하는 사람이라 향방을 알지 못하고, 또 굳은 뜻이 없어서 데면데면하여, 한층 자세히 가르쳐 주기를 청하면 피차에 도움이 되지 않아서 도리어 남의 비방을 살 것도 두려웠다. 그래서 간략하게 한 권의 책을 써서 뜻을 세우고, 몸을 삼가고, 부모를 봉양하고, 사물을 대하는 방법을 대강 서술하여 책이름을 격몽요결이라 하고, 학생들로 하여금 이것을 보고 마음을 씻고 자리를 잡아서, 그날부터 공부를 하도록 하며, 나 또한 오랜 구습을 버리지 못함을 걱정하여 이것으로써 스스로 경계하고 반성하고자 한다.

정축년 섣달 덕수 이이가 쓴다.

[訓讀]
*慈 : 사랑할 자. *馳 : 달릴 치. *覬 : 바랄 기. *茅 : 띠 모. *塞 : 막힐 색. *茫 : 아득할 망. *昧 : 새벽 매. *踐 : 밟을 천. *妄 : 허망할 망. *推 : 옮을 추. *慙 : 부끄러울 참. *泛 : 뜰 범. *貽 : 끼칠 이. *譏 : 나무랄 기. *略 : 다스릴 략. *飭 : 삼갈 칙. *躬 : 몸 궁. *珥 : 귀고리 이.

[語釋]
*격몽(擊蒙) : 몽매한 아동의 지혜를 계몽함. *요결(要訣) : 긴요한 뜻. *이상별건물사(異常別件物事) : 이상하여 특별한 조건의 물건과 일. *동정(動靜) : 기거동작(起居動作). *현묘(玄妙) : 심오한 이치. *기효(奇效) : 신기한 효험. *심지(心地) : 마음. 마음의 본바탕. *모색(茅塞) : 마음이 사욕에 막힘. *망매(茫昧) : 분명하지 아니함. 어둠.

*조예득정(造詣得正) : 학문이나 기술의 바름을 얻어 깊은 경지에 다다름. *천리득중(踐履得中) : 행함이 중용을 얻음. *망의(妄意) : 허망한 뜻. *자안포기(自安暴棄) : 스스로 편안해서 자포자기함. *범범(泛泛) : 물위에 뜬 모양. *청익(請益) : 한층 상세히 가르쳐 주기를 청함. *반이인기(反貽人譏) : 도리어 남에게 비난을 끼침. *조서(粗敍) : 대강 서술함. *궁(躬) : 몸 궁, 몸소 행하다. *칙궁(飭躬) : 조신함. 삼감. *세심(洗心) : 마음을 깨끗하게 함. *입각(立脚) : 근거로 삼아 그 처지에 섬. *인순(因循) : 무기력하여 고식적임. 구습에 따라 행함. *자경(自警) : 스스로 경계하여 조심함.

[大意]
　사람이 살아가는 데 학문이 필요한 이유를 서술하고, 이 책을 쓰게 된 배경에 대해 설명했다.
　사람이 세상을 살아가는 데 있어서 학문을 배워야 올바른 사람이 될 수 있다. 그런데 여기에 말하는 학문이란 절대로 별다르거나 이상한 것이 아니다.
　학문이란 무엇인가? 이것은 아버지가 그 아들을 사랑하고, 자식은 부모에게 효도하며, 신하는 임금에게 충성하고, 부부 사이에 분별이 있으며, 형제 사이에 우애가 있고, 젊은 사람은 어른에게 공손해야 하며, 친구 사이에는 믿음이 있어야 한다는 것 등을 말한다. 이런 일들을 날마다 실천하면서 바른 도리를 얻어야 할 것이고, 쓸데없이 마음을 엉뚱한 곳에 두고 신통한 효과가 나타나기를 바라면 안 된다.
　학문을 하지 않은 사람은 마음이 막히고 소견이 어둡기 마련이다. 따라서 사람은 반드시 글을 읽고 이치를 연구해서 자기 자신이 마땅히 해야 할 것을 밝혀야 한다. 그러면 이루어지는 것이 정당해지고 행동도 바르게 된다. 그러나 요즘 사람들은 이렇게 사람들이 날마다 실천하는 데에 학문이 있음을 알지 못하고, 보통 사람으로서는 행하지 못하는 일이라고 생각한다. 그래서 학문을 자기는 하지 못한다고 남에게 맡겨 버리고 자신은 스스로 그것을 만족하게 여기니 어찌 슬픈 일이 아니겠는가?

한두 사람의 학생들이 찾아와서 내게 가르침을 청했지만, 나는 그들의 스승이 되지 못함을 부끄럽게 여겼고, 또 처음 배우는 사람들이 갈피를 잡지 못하고 그저 아무렇게나 이것저것 묻다 보면 피차 별로 도움도 되지 못하고, 도리어 남들의 조롱만 받지 않을까 생각되었다.

이에 간략하나마 책을 한 권 써서, 스스로 마음을 다잡아 실천하며, 부모를 섬기고, 남을 대하는 방법 등을 적어서 〈격몽요결〉이라고 했다. 배우는 사람들이 이것을 보며 마음을 닦고 뜻을 세워 꾸준히 공부하도록 하며, 나 역시 오랫동안 망설이던 관습을 스스로 살펴서 반성하고자 한다.

1. 입지장(立志章)

初學　先修立志　必以聖人　自期　不可有一毫自小退
초학　선수입지　필이성인　자기　불가유일호자소퇴

託之念　蓋衆人與聖人　其本性則一也　雖氣質　不能
탁지념　개중인여성인　기본성즉일야　수기질　불능

無淸濁粹駁之異　而苟能眞知實踐　去其舊染而復其
무청탁수박지이　이구능진지실천　거기구염이복기

性初　則不增毫末而萬善　具足矣　衆人　豈可不以聖
성초　즉부증호말이만선　구족의　중인　기가불이성

人　自期乎　故　孟子　道性善　而必稱堯舜　以實之曰
인　자기호　고　맹자　도성선　이필칭요순　이실지왈

人皆可以爲堯舜　豈欺我哉　當常自奮發曰　人性　本善
인개가이위요순　기기아재　당상자분발왈　인성　본선

無古今智愚之殊　聖人　何故　獨爲聖人　我則何故
무고금지우지수　성인　하고　독위성인　아즉하고

獨爲衆人也　良有志不立　知不明　行不篤耳　志之立
독위중인야　양유지불입　지불명　행불독이　지지입

知之明　行之篤　皆在我耳　豈可他求哉　顔淵　曰
지지명　행지독　개재아이　기가타구재　안연　왈

舜　何人也　予　何人也　有爲者　亦若是　我亦當以顔
순　하인야　여　하인야　유위자　역약시　아역당이안

之希舜　爲法　人之容貌　不可變醜爲硏　膂力　不可
지희순　위법　인지용모　불가변추위연　여력　불가

變弱爲强　身體　不可變短爲長　此則已定之分　不可
변약위강　신체　불가변단위장　차즉이정지분　불가

改也　惟有心志則可以變愚爲智　變不肖爲賢　此則心
개야　유유심지즉가이변우위지　변불초위현　차즉심

之虛靈　不拘於稟受故也　莫美於智　莫貴於賢　何苦
지허령　불구어품수고야　막미어지　막귀어현　하고

而不爲賢智　以虧損天所賦之本性乎　人存此志　堅固
이불위현지　이휴손천소부지본성호　인존차지　견고

不退　則庶幾乎道矣　凡人　自謂立志而不卽用功　遲
불퇴　즉서기호도의　범인　자위입지이부즉용공　지

回等待者　名爲立志　而實無向學之誠故也　苟使吾志
회등대자　명위입지　이실무향학지성고야　구사오지

誠在於學　則爲仁由己　欲之則至　何求於人　何待於
성재어학　즉위인유기　욕지즉지　하구어인　하대어

後哉　所貴乎立志者　卽下工夫　猶恐不及　念念不退
후재　소귀호입지자　즉하공부　유공불급　염념불퇴

故也　如或志不誠篤　因循度日　則窮年沒世　豈有所成
고야　여혹지불성독　인순도일　즉궁년몰세　기유소성

就哉
취재

처음에 배우는 데는 우선 뜻을 세워야 하니, 반드시 성인(聖人)으로써 스스로를 기약하고, 조금이라도 자신을 작게 여기거나 중도에서 물러설 생각 같은 것은 갖지 말아야 한다.

대개 평범한 사람이나 성인은 모두 그 본성은 같은 것이니, 비록 기질이 맑고 흐리고 순수하고 혼탁한 차이는 있을지라도, 진실로 참되게 알고 실천할 수 있어서 그 낡은 습염(習染)을 버리고 타고난 본성으로 돌아간다면, 조금이나마 보태지 않아도 모든 착함을 갖추어 넉넉할 것이니, 평범한 사람이라도 어찌 성인이 되기를 스스로 기약하지 않겠는가? 그래서 맹자는 인성(人性)은 착한 것이라 말하며 언제나 요(堯)임금과 순(舜)임금을 일컬음으로써 그것을 실증하여 말했고, 사람은 다 요순처럼 될 수 있다고 했으니, 어찌 우리를 속이는 말이겠는가?

항상 스스로 분발하여 마땅히 말하기를, "사람의 본성은 본디 착해서 옛날이나 지금이나 지혜롭거나 어리석음의 차이가 없는 것이니, 성인은 무슨 까닭으로 홀로 성인이 되고, 나는 무슨 까닭으로 홀로 평범한 사람이 되었는가? 진실로 뜻을 세우지 못하며 아는 것이 분명치 못하며 행실이 독실하지 못한 데 있는 것뿐인데, 뜻을 세우는 것과 아는 것을 분명히 하는 것과 행실이 독실한 것은 모두 자신에게 달려있다. 어찌 남에게서 구하겠는가?"했다.

안연(顔淵)이 말하기를, 순(舜)임금은 어떤 사람이며, 나는 어떤 사람인가? 노력하는 사람은 또한 그와 같을 것이라고 했으니, 스스로가 마땅히 안연이 순임금처럼 되기를 바라는 것을 본보기를 삼을 것이다.

사람의 용모는 미운 것을 고쳐서 예쁘게 할 수 없고, 체력이 약한 것을 강하게 고칠 수 없으며, 신체는 짧은 것을 고쳐서 길게 할 수 없는 것이니, 이것은 곧 이미 정해진 분수(分數)라 고칠 수 없고, 오직 마음만은 어리석음을 고쳐서 슬기롭게 하며 불초(不肖)한 것을 고쳐서 어질게 할 수 있는 것이니, 이것은 곧 마음의 허령(虛靈)이 타고난 분수에 구애되지 않기 때문이다.

지혜보다 아름다운 것은 없으며 어진 것보다 귀한 것이 없는데, 무엇이 괴로워서 어질고 지혜롭게 되려 하지 않고 하늘에서 부여받은 본성을 해치려 하는가? 사람들이 이러한 뜻을 가지고서 굳게 물러서지 않는다면 도(道)에 거의 가까워질 것이다.

대체로 스스로 뜻을 세웠다고 말하면서도 즉시 공부를 하려고도 하지 않고, 머뭇거리면서 뒷날을 기다리고 있는 사람은, 명분은 뜻을 세웠다고는 하나 실제로는 향학(向學)의 정성이 없기 때문이니, 진실로 자신의 뜻으로 하여금 학문에 정성을 둔다면 어질게 되는 것은 자기 자신으로 말미암은 것이다. 하고자 하면 이룰 것이니, 어찌 남에게서 구하며 후일에 기대하겠는가.

뜻을 세우는 것이 귀하다는 것은 곧 공부를 하되 오히려 제대로 되지 않을까 염려해서 시시각각으로 때가 자꾸 가는데 퇴보(退步)하지 않아야 하기 때문이다. 만약에 혹시라도 뜻이 성실하지 못하여 우물쭈물 날을 보낸다면 나이가 다 되어 죽은들 어찌 성취할 바가 있겠는가?

[訓讀]
*毫 : 가는 털 호. *駁 : 얼룩말 박. 어긋날 박. *殊 : 죽일 수. 끊어질 수. *篤 : 도타울 독. *膂 : 등골뼈 려. *肖 : 닮을 초. *稟 : 줄 품. *虧 : 이지러질 휴. *猶 : 오히려 유. *循 : 좇을 순.

[語釋]
*구염(舊染) : 옛날의 나쁜 풍습. *복기성초(復其性初) : 그 타고난 성질로 되돌아감. *부증호말(不增毫末) : 조금도 보태지 않음. *구족(具足) : 빠짐없이 구비함. *기가불이성인(豈可不以聖人) : 어찌 성인이라 아니 할 수 있으랴. *기기아재(豈欺我哉) : 어찌 우리를 속이는 것이겠는가. *자분(自奮) : 스스로 마음과 힘을 돋우어 일으킴. *인

성본선(人性本善) : 사람의 성품은 타고난 바탕이 착하다는 것. *지우지수(智愚之殊) : 슬기로움과 어리석음의 차이. *량(良) : 진실로. *희순(希舜) : 순임금처럼 되기를 바람. *위법(爲法) : 본받고자 함. *여력(膂力) : 체력(體力). 완력(腕力). *이정지분(已定之分) : 이미 정해진 분수. *불가개(不可改) : 고칠 수 없다. *不肖(불초) : 아버지를 닮지 않아 미련함. 전하여 미련함. 자기를 낮추는 말. *허령(虛靈) : 허령불매의 약어. 마음은 공허하여 형체가 없으나 그 기능은 맑고 환하여 거울이 물건을 비추는 것과 같다는 말. *품수(稟受) : 품성(稟性). *휴손(虧損) : 이지러져 덜림. *천소부지본성(天所賦之本性) : 하늘이 부여한 본디의 성품. 천부의 본성. *견고불퇴(堅固不退) : 굳게 꾸준하여 물러서지 않음. *서기(庶幾) : 가까움. 거의 되려 함. *용공(用功) : 힘씀. 공부를 뜻하는 말. *궁년몰세(窮年沒世) : 나이가 다하여 죽음. *지회(遲回) : 늦은 걸음으로 거넒. 우물쭈물함. *등대(等待) : 미리 기다리고 있음. *도일(度日) : 날을 보냄. *지회등대자(遲回等待者) : 머뭇거리고 뒷날을 기다리는 사람. 우물쭈물하고 뒷날을 기다리는 사람. *기유소성취재(豈有所成就哉) : 어찌 성취하는 바가 있겠는가. *명위입지(名爲立志) : 명색은 뜻을 세웠다고 하지만. *위인유기(爲仁由己) : 어질게 되는 것은 자기에게 달림. *욕지즉지(欲之則至) : 그것을 하고자 하면 달성한다는 말. *하대어후재(何待於後哉) : 어찌 뒷날을 기다릴 것인가. *소귀호입지자(所貴乎立志者) : 뜻을 세우는 것이 귀한 것이라는 말. *유공불급(猶恐不及) : 오히려 따라가지 못할까 걱정함. *염념(念念) : 항상 생각함. 시시각각으로 날자가 자꾸 가는 모양. *성독(誠篤) : 성실함과 독실함. *인순(因循) : 무기력하여 고식적임.

[大意]
　이 장에서는 먼저 뜻을 세우고 과감하게 학문을 배우기에 매

진하라는 것에 대해 충고하고 있다.

입지(立志)란 올바른 도리를 행하기 위해서, 굳센 마음을 정하는 것을 의미한다. 그렇기 때문에 학문하는 사람은 이것을 제일 먼저 가져야 할 태도라고 설명한 것이다. 본디 사람은 누구나 성인이 될 수가 있다. 성인이나 보통 사람이나 그 타고난 본성(本性)은 마찬가지인 것이다.

맹자는 사람은 누구나 요순(堯舜)이 될 수가 있다고 말했다. 또 안연(顔淵)도 누구든지 노력하면 순(舜)처럼 될 수가 있다고 했다.

이런 말을 다시 인용하면서 다시 이렇게 말했다. 사람의 용모나 힘이나 몸뚱이는 변화시킬 수가 없다. 사람의 용모는 추한 얼굴을 곱게도 바꿀 수가 없고, 고운 얼굴을 추하게 만들 수도 없다. 사람의 힘도 약한 자를 강하게 바꿀 수도 없고, 강한 자를 약하게 고칠 수도 없다. 또 이와 마찬가지로 사람의 신체도 키가 작은 자를 크게 바꿀 수도 없고, 키가 큰 자를 작게도 고칠 수가 없다. 그러나 여기에 단 한 가지 바꿀 수 있는 것이 있다. 그것은 오직 심지(心志)이다. 사람의 마음과 뜻은 바꿀 수가 있다는 말이다. 사람의 마음은 어리석은 자를 지혜 있는 사람으로 만들 수 있고, 또 못난 사람을 어질게 만들 수도 있다. 왜냐하면 그것은 사람의 마음이 비어 있고, 신령스러운 것은 타고날 때의 심지에 구애받지 않기 때문이다.

그리고 이렇게 결론을 지었다.

이렇게 변경할 수 있는 심지를 가지고서도 어찌해서 어질고 지혜 있는 사람이 되려고 노력하지 않는가? 이렇게 자신의 심지를 어질고 지혜 있는 곳으로 이끌어 나가도록 뜻을 세우는 것이 바로 입지라고 했다. 그러나 이렇게 뜻만 세워 입지했다고 말만하고 학문과 행실에 힘쓰지 않으면 아무 소용이 없다.

입지가 중요하다는 것은 이 입지를 바탕으로 해서 계속하여 학문에 힘쓰고 행실에 노력하여 남에게 뒤지지 않을까 걱정해야만 비로소 목적한 바를 성취할 수 있다는 것이다.

2. 혁구습장(革舊習章)

人雖有志於學　而不能勇往直前　以有所成就者　舊習
인 수 유 지 어 학　이 불 능 용 왕 직 전　이 유 소 성 취 자　구 습

有以沮敗之也　舊習之目　條列如左　若非勵志痛絶
유 이 저 패 지 야　구 습 지 목　조 열 여 좌　약 비 여 지 통 절

則終無爲學之地矣　其一　惰其心志　放其儀形　只思
즉 종 무 위 학 지 지 의　기 일　타 기 심 지　방 기 의 형　지 사

暇逸　深厭拘束　其二　常思動作　不能守靜　紛紜出入
가 일　심 염 구 속　기 이　상 사 동 작　불 능 수 정　분 운 출 입

打話度日　其三　喜同惡異　汨於流俗　稍欲脩飭　恐
타 화 도 일　기 삼　희 동 오 이　골 어 유 속　초 욕 수 칙　공

乖於衆　其四　好以文辭　取譽於時　剽竊經傳　以飾浮
괴 어 중　기 사　호 이 문 사　취 예 어 시　표 절 경 전　이 식 부

藻　其五　工於筆札　業於琴酒　優游卒歲　自謂淸致
조　기 오　공 어 필 찰　업 어 금 주　우 유 졸 세　자 위 청 치

其六　好聚閒人　圍棋局戲　飽食終日　只資爭競　其七
기 육　호 취 한 인　위 기 국 희　포 식 종 일　지 자 쟁 경　기 칠

歆羨富貴　厭薄貧賤　惡衣惡食　深以爲恥　其八　嗜
흠 선 부 귀　염 박 빈 천　악 의 악 식　심 이 위 치　기 팔　기

慾無節　不能斷制　貨利聲色　其味如蔗　習之害心者
욕 무 절　불 능 단 제　화 리 성 색　기 미 여 자　습 지 해 심 자

大槪如斯　其餘　難以悉擧　此習　使人志不堅固　行
대 개 여 사　기 여　난 이 실 거　차 습　사 인 지 불 견 고　행

不篤實　今日所爲　明日難改　朝悔其行　暮已復然　必
부 독 실　금 일 소 위　명 일 난 개　조 회 기 행　모 이 부 연　필

須大奮勇猛之志　如將一刀　快斷根株　淨洗心地　無
수 대 분 용 맹 지 지　　여 장 일 도　　쾌 단 근 주　　정 세 심 지　　무

毫髮餘脈　而時時　每加猛省之功　使此心　無一點舊
호 발 여 맥　　이 시 시　　매 가 맹 성 지 공　　사 차 심　　무 일 점 구

染之汚然後　可以論進學之工夫矣
염 지 오 연 후　　가 이 논 진 학 지 공 부 의

　사람이 비록 학문에 뜻을 가지고는 있으나 용감하게 곧바로
나아가서 이로써 성취하는 바가 없는 것은 낡은 습관이 가로막
고 있기 때문이다. 낡은 습관의 조목을 열거하면 다음과 같다.
만약 뜻을 다잡아서 이것들을 과감히 끊어버리지 못한다면 끝
내는 학업을 이룰 처지가 없을 것이다.
　그 하나는 그 마음과 뜻을 게을리 하고 몸가짐을 함부로 해
서, 그저 한가하고 편안하기만을 생각하고 몹시 속박을 싫어하
는 것이다. 그 둘은 항상 돌아다니는 것만 생각하여 안정하지
않고, 분주히 드나들면서 떠들며 헛되이 날을 보내는 것이다.
그 셋은 같은 것을 좋아하고 다른 것을 싫어하여 예전부터 내
려오는 누속(陋俗)에 골몰(汩沒)하고, 조금 고치려고 하다가
남들에게 따돌림을 받을까 두려워하는 것이다. 그 넷은 글이나
말로 시속(時俗)에 칭찬 받기를 좋아해서, 경전을 표절하여 알
맹이 없는 글을 짓는 것이다. 그 다섯은 편지 쓰기에 공을 들이
고, 거문고를 타고 술 마시는 것을 일삼아 하면서 하는 일 없이
세월을 보내며, 스스로를 깨끗한 운치가 있다고 여기는 것이
다. 그 여섯은 한가한 사람을 모아서 바둑이나 장기 두기를 좋
아하고 온종일 배불리 먹기만 하면서 그저 다투는 것을 일삼을

뿐이다. 그 일곱은 부귀한 것을 부러워하고 빈천한 것을 싫어 하여 나쁜 옷을 입고 나쁜 음식을 먹는 것을 몹시 부끄럽게 여 기는 것이다. 그 여덟은 즐기고 싶은 욕망을 절제할 수 없어서 끊어 억제하지 못하고, 재물의 이익과 노래와 여색의 맛이 달 콤하니 이것을 익혀 마음을 해치는 사람이 대개 이러한 것이 고, 나머지는 여기에 다 들기 어렵다. 이러한 습관이 사람으로 하여금 뜻을 견고하게 하지 못하고 행실이 독실(篤實)하지 못 하여 오늘 한 것을 다음 날 고치기 어렵게 하고, 아침에 그 행 실을 뉘우쳤다가 저녁이면 벌써 다시 그대로 하니, 반드시 모 름지기 용맹스런 뜻을 크게 살려서 한 칼로 통쾌하게 뿌리를 끊어 버리듯이 하여 마음의 본바탕을 깨끗이 닦아서 털끝 만 한 남은 줄기도 없게 하고, 때때로 크게 반성하는 노력을 다하 여 항상 이 마음으로 하여금 한 점의 낡은 습관의 더러움도 없 게 한 연후에 이로써 학문에 나아가는 공부를 논할 수 있을 것 이다.

[訓讀]
*沮 : 막을 저. *惰 : 게으를 타. *暇 : 겨를 가. *逸 : 달아날 일. 없어질 일. *紜 : 어지러울 운. *汩 : 빠질 골. *乖 : 어그러질 괴. *譽 : 기릴 예. *剽 : 빠를 표. *藻 : 바닷말 조. *札 : 패 찰. *聚 : 모일 취. *閒 : 틈새 한. 사이 간. *圍 : 둘레 위. *棋 : 바둑 기. *局 : 판 국. *飽 : 물릴 포. 배부를 포. *歆 : 받을 흠. *羨 : 부러워 할 선. *嗜 : 즐길 기. *蔗 : 사탕수수 자. *槪 : 평미레 개. 누를 개. *悉 : 모두 실. 다 실. *汚 : 더러울 오.

[語釋]
*용왕직전(勇往直前) : 용왕매진(勇往邁進)하여 곧바로 앞으로 나아

감. *저패(沮敗) : 저지당하여 패함. *조렬(條列) : 조목을 열거함.
*여지(勵志) : 뜻을 격려함. *통절(痛絕) : 아주 끊어 버림. *방기의
형(放其儀形) : 그 몸가짐을 자유롭게 함. *가일(暇逸) : 한가히 놂.
*분운(紛紜) : 많고 어지러운 모양. 여러 사람의 의견이 일치하지 않
아서 부산한 모양. *타화(打話) : 이야기를 함. 타는 동작을 나타내는
관사. *희동오이(喜同惡異) : 같은 것은 좋아하고 다른 것은 싫어함.
*골어유속(汨於流俗) : 옛날부터 전해 오는 풍습에 빠져서. 골은 골
몰함, 유는 빠짐. *공괴어중(恐乖於衆) : 대중에게서 멀리 떨어질까
두려워 함. *문사(文辭) : 글과 말. *표절(剽竊) : 남의 시나 문장
등을 훔쳐 제가 지은 것처럼 발표함. *경전(經傳) : 경서와 그것을 주
해한 책. 經은 성인이 지은 책으로, 곧 사서오경(四書五經)을 말하며,
사서는 대학과 중용과 맹자와 논어이고, 오경(五經)은 시경과 서경과
주역과 예기와 춘추를 말함. *부조(浮藻) : 미사여구(美辭麗句)를 말
함. *필찰(筆札) : 붓과 종이, 곧 편지. *업어금주(業於琴酒) : 거문고
타기와 술 마시기를 일삼음. *우유졸세(優游卒歲) : 한가로이 세월을
보냄. *청치(淸致) : 깨끗한 운치. *위기국희(圍碁局戱) : 바둑이나
장기를 둠. *흠선(歆羨) : 부러워 함. *염박(厭薄) : 미워하여 냉대함.
*기욕(嗜慾) : 기호(嗜好)하고자 하는 욕심. *단제(斷制) : 끊고 누름.
*화리(貨利) : 재화와 이익. *성색(聲色) : 음악과 여색. *조회기행
모이부연(朝悔其行 暮已復然) : 아침에 그 행동을 뉘우쳤지만 저녁이
되면 다시 그렇게 하게 된다는 것. *근주(根株) : 뿌리. *정세심지(淨
洗心地) : 마음을 깨끗이 씻음. 心地는 마음이나 마음의 본바탕. *호
발여맥(毫髮餘脈) : 터럭과 남은 줄기 *구염지악(舊染之惡) : 예전의
나쁜 풍습의 더러움.

[大意]
　혁구습장(革舊習章)에서는 학문을 닦는 데에 방해되는 요인

은 예전의 잘못된 습관들 때문이니 그것들을 과감히 고쳐서 정진해야 한다는 것을 역설했다.

사람이 비록 학문에 뜻을 두었다고 해도 과감하게 곧바로 나아가 성취하지 못하는 것은 낡은 습관 때문이다. 여기에 낡은 습관에 해당하는 항목을 열거하나, 만약에 뜻을 더욱 굳게 해서 못된 습관을 고치지 않으면 끝내 공부할 바탕을 마련하지 못한다.

첫째는 자신의 마음을 다잡지 않고 몸가짐을 함부로 해서, 그저 안일하기만을 생각하며 멋대로 하고 싶은 것이다. 둘째는 정숙하지 못하고, 싸돌아다니기를 즐기면서 말만으로 세월을 보내는 것이다. 셋째는 조금은 행실을 다잡으려고 하지만 세속에 빠져서, 같은 것만 좋아하고 다른 것을 싫어하여 남들이 멀리할까 두려워하는 것이다. 넷째는 글짓기로 세상에 이름나기를 좋아해서, 경전의 내용을 베껴서 쓸데없이 화려하기만 한 글을 짓는 것이요. 다섯째는 편지 쓰는 것에 힘을 쏟고, 거문고를 타고 술 마시며 즐겨 놀면서 세월을 보내는 것을 스스로 깨끗한 풍류라고 여기는 것이다. 여섯째는 한가한 사람들끼리 모여서 바둑과 장기나 두고, 배불리 먹고 하루를 보내며 남과 다투는 데만 힘을 보태는 것이요. 일곱째는 부자를 부러워하고, 가난하고 천한 것을 싫어하여 남루한 옷과 거친 음식을 몹시 부끄럽게 여기는 것이다. 여덟째는 즐기고 좋아하는 욕망을 절제하지 못하고, 재리와 음악과 여색에 빠져 그 맛을 달게 여기는 것이다.

이런 것들이 모두 자기 마음을 해치는 습관들이다. 이 밖에도 좋지 못한 습관이 물론 많지만 이것을 낱낱이 들어 기록할 수는 없다. 이 습관들은 모두 사람으로 하여금 뜻을 견고하게 하지 못하고, 행실을 착실하게 하지 못하게 하는 요소들이다.

그래서 오늘 잘못한 것을 내일에도 고칠 줄 모르고, 아침에 후회하면서도 저녁에는 또다시 되풀이하게 된다. 그런 즉 이런 것은 과감하게 뜻을 세워 칼로 베듯이 하여 반드시 그 뿌리를 잘라서 마음속에 조금도 그 남은 줄기가 없도록 해야 한다. 그리고 자주 맹렬하게 반성해서 마음에 한 점이라도 나쁜 습관에 더럽혀짐이 없어야 비로소 학문에 나아갈 수 있다.

3. 지신장(持身章)

學者　必誠心向道　不以世俗雜事　亂其志然後　爲
학자　필성심향도　불이세속잡사　란기지연후　위

學　有基址故夫子曰　主忠信　朱子　釋之曰　人不忠
학　유기지고부자왈　주충신　주자　석지왈　인불충

信　事皆無實　爲惡則易　爲善則難　故必以是爲主焉
신　사개무실　위악즉이　위선즉난　고필이시위주언

必以忠信爲主 而勇下工夫然後　能有所成就　黃勉齋
필이충신위주　이용하공부연후　능유소성취　황면재

所謂眞實心地刻苦工夫　兩言　盡之矣　常須夙興夜寐
소위진실심지각고공부　량언　진지의　상수숙흥야매

衣冠必正　容色必肅　拱手危坐　行步安詳　言語愼重
의관필정　용색필숙　공수위좌　행보안상　언어신중

一動一靜　不可輕忽　苟且放過　收斂身心　莫切於九
일동일정　불가경홀　구차방과　수렴신심　막절어구

容　進學益智　莫切於九思　所謂九容者　足容重[不輕
용　진학익지　막절어구사　소위구용자　족용중　불경

擧也　若趨于尊　長之前則　不可拘此]　手容恭[手無
거야　약추우존　장지전즉　불가구차　수용공　수무

慢弛　無事　則當端拱不妄動]　目容端[定其眼睫　視
만이　무사　즉당단공불망동　목용단　정기안첩　시

瞻當正　不可流眄邪睨]　口容止[非言語飮食之時　則口
첨당정　불가류면사예　구용지　비언어음식지시　즉구

常不動]　聲容靜[當整攝形氣　不可出噦咳等雜聲]
상부동　성용정　당정섭형기　불가출홰해등잡성

頭容直[當正頭直身　不可傾回偏倚]　氣容肅[當調和
두용직　당정두직신　불가경회편의　　기용숙　당조화

鼻息　不可使有聲氣]　立容德[中立不倚　儼然有德之
비식　불가사유성기　　입용덕　중립불의　엄연유덕지

氣像]　色容莊[顏色整齊　無怠慢之氣]　所謂九思者
기상　색용장　안색정제　무태만지기　　소위구사자

視思明[視無所蔽　則明無不見]　聽思聰[聽無所壅
시사명　시무소폐　칙명무불견　　청사총　청무소옹

則聰無不聞]　色思溫[容色和舒　無忿厲之氣]　貌思
칙총무불문　색사온　용색화서　무분려지기　　모사

恭[一身儀形　無不端莊]　言思忠[一言之發　無不忠
공　일신의형　무불단장　　언사충　일언지발　무불충

信]　事思敬[一事之作　無不敬愼]　疑思問[有疑于心
신　사사경　일사지작　무불경신　　의사문　유의우심

必就先覺審問　不知不措]　忿思難[有忿必懲　以理自
필취선각심문　부지불조　　분사난　유분필징　이리자

勝]　見得思義[臨財必明義利之辨　合義然後　取之]
승　견득사의　림재필명의리지변　합의연후　취지

常以九容九思　存於心　而檢其身　不可頃刻放捨　且
상이구용구사　존어심　이검기신　불가경각방사　차

書諸座隅時時寓目　非禮勿視　非禮勿聽　非禮勿言
서제좌우시시우목　비례물시　비례물청　비례물언

非禮勿動　四者　修身之要也　禮與非禮　初學難辨
비례물동　사자　수신지요야　예여비례　초학난변

必須窮理　而明之但於已知處　力行之　則思過半矣
필수궁리　이명지단어이지처　역행지　즉사과반의

爲學 　在於日用行事之間 　若於平居 　居處恭 　執事敬
위 학 　재 어 일 용 행 사 지 간 　약 어 평 거 　거 처 공 　집 사 경

與人忠 　則是名爲學讀書者 　欲明此理而已 　衣服 　不
여 인 충 　즉 시 명 위 학 독 서 자 　욕 명 차 리 이 이 　의 복 　불

可華侈 　禦寒而已 　飮食 　不可甘美 　救飢而已 　居處不
가 화 치 　어 한 이 이 　음 식 　불 가 감 미 　구 기 이 이 　거 처 불

可安泰 　不病而已 　惟是學問之功 　心術之正 　威儀之
가 안 태 　불 병 이 이 　유 시 학 문 지 공 　심 술 지 정 　위 의 지

則 　則日勉勉 　而不可自足也 　克己工夫 　最切於日用
즉 　즉 일 면 면 　이 불 가 자 족 야 　극 기 공 부 　최 절 어 일 용

所謂己者 　吾心所好 　不合天理之謂也 　必須檢察吾心
소 위 기 자 　오 심 소 호 　불 합 천 리 지 위 야 　필 수 검 찰 오 심

好色乎 　好利乎 　好名譽乎 　好仕宦乎 　好安逸乎 　好
호 색 호 　호 리 호 　호 명 예 호 　호 사 환 호 　호 안 일 호 　호

宴樂乎 　好珍玩乎 　凡百所好 　若不合理 　則一切痛斷
연 락 호 　호 진 완 호 　범 백 소 호 　약 불 합 리 　즉 일 절 통 단

不留苗脈 　然後吾心所好 　始在於義理 　而無已可克矣
불 류 묘 맥 　연 후 오 심 소 호 　시 재 어 의 리 　이 무 기 가 극 의

多言多慮 　最害心術 　無事 　則當靜坐存心 　接人 　則當
다 언 다 려 　최 해 심 술 　무 사 　즉 당 정 좌 존 심 　접 인 　즉 당

擇言簡重 　時然後言 　則言不得不簡 　言簡者 　近道
택 언 간 중 　시 연 후 언 　즉 언 불 득 불 간 　언 간 자 　근 도

非先王之法服 　不敢服 　非先王之法言 　不敢道 　非先
비 선 왕 지 법 복 　불 감 복 　비 선 왕 지 법 언 　불 감 도 　비 선

王之德行 　不敢行 　此當終身服膺者也 　爲學者 　一味
왕 지 덕 행 　불 감 행 　차 당 종 신 복 응 자 야 　위 학 자 　일 미

向道 不可爲外物所勝　外物之不正者　當一切不留於
향도　불가위외물소승　　외물지불정자　　당일절불류어

心　鄕人會處　若設博奕樗蒲等戲　則當不寓目　遂
심　향인회처　약설박혁저포등희　　즉당불우목　준

巡引退　若遇娼妓作歌舞　則必須避去　如値鄕中大會
순인퇴　약우창기작가무　　즉필수피거　여치향중대회

或尊長强留不能避退　則雖在座而整容淸心　不可使
혹존장강류불능피퇴　　즉수재좌이정용청심　　불가사

奸聲亂色　有干於我　當宴飮酒　不可沈醉　浹洽而止
간성란색　유간어아　당연음주　불가침취　협흡이지

可也　凡飮食　當適中　不可快意　有傷乎氣　言笑當
가야　범음식　당적중　불가쾌의　유상호기　언소당

簡重　不可喧譁　以過其節　動止　當安詳　不可粗率
간중　불가훤화　이과기절　동지　당안상　불가조솔

以失其儀　有事　則以理應事　讀書　則以誠窮理　除
이실기의　유사　즉이리응사　독서　즉이성궁리　제

二者外　靜坐收斂此心　使寂寂無紛起之念　惺惺無昏
이자외　정좌수렴차심　사적적무분기지념　성성무혼

昧之失　可也　所謂敬以直內者　如此　當正身心　表
매지실　가야　소위경이직내자　여차　당정신심　표

裏如一　處幽如顯　處獨如衆　使此心如靑天白日　人
리여일　처유여현　처독여중　사차심여청천백일　인

得而見之　常以行一不義　殺一不辜　而得天下　不爲
득이견지　상이행일불의　살일불고　이득천하　불위

底意思　存諸胸中　居敬以立根本　窮理　以明乎善
저의사　존제흉중　거경이립기본　궁리　이명호선

力行　以踐其實　三者　終身事業也　思無邪　毋不敬
력행　이천기실　삼자　종신사업야　사무사　무불경

只此二句　一生　受用不盡　當揭諸壁上　須臾不可忘
지차이구　일생　수용불진　당게제벽상　수유불가망

也　每日　頻自點檢　心不存乎　學不進乎　行不力乎
야　매일　빈자점검　심불존호　학불진호　행불력호

有則改之　無則加勉　孜孜無怠　斃而後已
유즉개지　무즉가면　자자무태　폐이후이

　　배우는 사람은 반드시 진실한 마음으로 도를 향하여 세속의
잡된 일로 자신의 뜻을 어지럽히지 않은 뒤에 학문을 해야 기
초가 있게 된다. 그러므로 부자(夫子)가 말하기를, 충(忠)과 신
(信)을 중심으로 삼아야 한다고 했는데, 주자(朱子)는 이를 해
석하여 말하기를, 사람에게 충과 신이 없으면 하는 일이 모두
진실함이 없어서 잘못을 저지르기는 쉽고 선(善)을 실천하기는
어렵다. 그러므로 반드시 이를 중심으로 삼아야 하는 것이라고
했으니, 반드시 충과 신을 중심으로 삼고 용감하게 공부에 시
작한 후에 성취하는 바가 있을 것이다. 면재(勉齋) 황간(黃幹)
이 말하는, 마음을 진실하게 하고 각고의 노력으로 공부하라는
두 마디 말이, 그 뜻을 다하였다고 할 것이다.
　　모름지기 항상 일찍 일어나고 밤늦게 자며, 의관은 반드시
바르게 하고 얼굴빛은 반드시 엄숙하게 하며, 두 손을 모으고
무릎 꿇고 앉으며, 걸음걸이를 편안하고 조심스럽게 하고, 말
을 신중하게 하여 일동일정(一動一靜)을 가볍고 소홀히 해서
구차하게 지나쳐 버리면 안 된다.

몸과 마음을 거두어들이는 방법은 구용(九容)보다 더 친절한 것이 없고, 배움을 진보시키고 지혜를 더하는 방법은 구사(九思)보다 더 친절한 것이 없다. 구용이라 말하는 것은, 발의 움직임을 무겁게 하고, (가볍게 거동하지 않는 것이니, 어른 앞에서 종종걸음으로 걸을 적에는 이 조목에 구애받지 않아도 된다.) 손 모양을 공손히 하고, (손을 함부로 늘어뜨리지 않는 것이니, 일이 없을 때는 단정히 손을 모으고 함부로 움직이지 않는다.) 눈 모양을 단정히 하고, (눈동자를 안정시켜 시선을 바르게 하는 것이니, 흘겨보거나 훔쳐보면 안 된다.) 입은 꼭 다물고, (입은 말을 하거나 음식을 먹을 때가 아니면 항상 움직이지 않는 것이다.) 목소리는 조용히 하고, (마땅히 형기(形氣)를 가다듬어 구역질을 하거나 트림을 하는 따위의 잡소리를 내서는 안 된다.) 머리는 곧게 세우고, (머리를 바르게 세우고 몸을 곧게 해야 하고, 기울여 돌리거나 한쪽으로 치우치게 하면 안 된다.) 숨쉬기는 조용하게 하고, (호흡을 고르게 하여 소리가 나게 해서는 안 된다.) 서 있는 모양은 덕스럽게 하고, (똑바로 서고 치우치지 않아서 엄숙하고 덕스러운 기상을 지녀야 한다.) 얼굴 모양을 장엄하게 하는 것이다. (얼굴빛을 단정히 하여 태만한 기색이 없어야 한다.)

이른 바 구사라는 것은, 볼 때는 분명하게 볼 것을 생각하고, (사물을 볼 때 시선을 가리는 것이 없으면 분명하여 보지 못하는 것이 없다.) 들을 때는 분명히 들을 것을 생각하고, (들을 때 막히는 것이 없으면 분명하여 듣지 못하는 것이 없다.) 얼굴빛은 온화하게 할 것을 생각하고, (얼굴빛을 온화하고 부드럽게 하여 화를 내거나 사나운 기색이 없어야 한다.) 용모는 공손하게 할 것을 생각하고, (태도가 단정하고 씩씩하지 않음이 없게 한다.) 말은 진실하게 할 것을 생각하고, (한 마디 말이라도 진실하지 않음이 없게 한다.) 일은 신중하게 할 것을 생각하고, (한 가지 일이라도 신중하고 조심하지 않음이 없게 한다.) 의심이 나면 질문할 것을 생각하고, (마음속에 의심이 있으면 반드시 잘 아는 사람에게 자세히 물어서 모르는 것을 그대로 내버려두지 않는다.) 분할 때는 환난을 생각하고, (분이 나면 반드시 징계하여 이치로써 스스로 이겨내야 한다.) 얻을 것을 보면 의리를 생각하는 것이다. (재물을 마주했을 때는 반드시 의(義)와 리(利)를 분명히 구분하여, 의에 부합된 뒤에야 취한다.)

항상 구용과 구사를 마음속에 잡아 두어서 자신의 몸을 단속하고 잠깐 동안이라도 놓지 말고, 또 이것을 앉는 자리의 귀퉁이에 써서 붙여 놓고 때때로 눈으로 새겨보아야 할 것이다.

예가 아니면 보지 말고, 예가 아니면 듣지 말며, 예가 아니면 말하지 말고, 예가 아니면 움직이지 말라는 네 가지 조목은 몸을 수양하는 요점이다. 예와 예가 아닌 것을 처음 배우는 이가 분별하기 어려우니, 반드시 이치를 궁구하여 밝혀서 이미 아는 부분을 힘써 실천한다면 생각함이 반을 넘을 것이다. (깨달은 바가 이미 많을 것이다.)

학문을 하는 것은 일상적으로 행하는 일 속에 있으니, 만약 평소에 생활할 때에 거처함을 공손히 하고, 일을 집행하기를 공경히 하고, 남과 함께 할 때 진실하면, 이것을 이름 하여 학문이라 하는 것이니, 책을 읽는 것은 이 이치를 밝히고자 하는 것일 뿐이다.

의복은 화려하거나 사치스러움을 추구해서는 안 되고 추위를 막을 정도면 그만이요, 음식은 달고 맛을 추구해서는 아니되고 굶주림을 면할 정도면 그만이요, 거처는 편안함을 추구해서는 아니 되고 병들지 않을 정도면 그만이다. 오직 학문하는 힘과 마음을 수양하는 올바른 방법과 몸가짐을 단속하는 법칙은 날마다 부지런히 힘써야 하며 스스로 만족해서는 안 된다.

자신의 사욕을 이기는 극기 공부가 일상생활 속에서 가장 절실한 것이다. 이른바 기(己)라는 것은 내 마음이 좋아하는 바가 천리(天理)에 부합하지 않는 것을 말한다. 반드시 내 마음이 여색을 좋아하는가, 이익을 좋아하는가, 명예를 좋아하는가, 벼슬하기를 좋아하는가, 편안하게 지내기를 좋아하는가, 잔치하고 즐기기를 좋아하는가, 진귀한 보배를 좋아하는가를 검찰하여, 여러 가지 좋아하는 바가 만일 이치에 부합하지 않으면, 일체를 통렬히 끊어버려서 싹이나 맥을 남겨 두지 않은 뒤에야 내 마음이 좋아하는 것이 비로소 뜻과 부합되어서 이길 만한 사욕이 없어질 것이다.

말이 많고 생각이 많은 것은 마음을 수양하는 데 가장 해롭다. 일이 없으면 마땅히 고요히 앉아서 마음을 보존하고, 사람을 만날 때는 마땅히 말을 가려서 간략히 하고 신중히 하여, 때에 맞은 뒤에 말하면 말이 간략하지 않을 수 없을 것이니 말이 간략한 사람이 도에 가깝다.

선왕의 법도에 맞는 옷이 아니면 감히 입지 아니하며, 선왕의 법도에 맞는 말이 아니면 감히 말하지 아니하며, 선왕의 덕행이 아니면 감히 행하지 않을 것이니, 이것은 마땅히 몸을 마칠 때까지 가슴속에 넣어 두어야 한다.

배움을 추구하는 이는 한결같이 도를 향하여 외물(外物)에 지지 않아야 할 것이니, 외물 중에서 바르지 못한 것은 마땅히 일체 마음에 두지 않아야 한다. 고을 사람들이 모인 곳에서 만일 장기나 바둑, 저포 같은 놀이를 벌리면 새겨보지 말고 뒷걸음질을 쳐서 물러나야 마땅하고, 만일 기생들이 노래하고 춤추는 것과 만나면 반드시 피해 가야 할 것이요, 만일 고을의 사람이 많이 모이는 상황을 만나 혹 존장이 억지로 만류하여 피해서 물러갈 수 없으면, 비록 그 자리에 있을지라도 용모를 단정히 하고 마음을 맑게 하여 간사한 소리와 음란한 색이 나를 침범하지 않게 할 것이며, 잔치를 만나 술을 마실 때에는 빠지도록 취해서는 안 되고, 술기운에 너무 젖으면 그만 마시는 것이 옳다. 모든 음식은 마땅히 알맞게 먹어야 할 것이니, 뜻대로 실컷 먹어서 기를 손상시키지 말 것이며, 말과 웃음은 마땅히 간략하고 신중히 해서 시끄럽게 떠들면서 절도를 넘어서지 말 것이며, 행동거지는 마땅히 편안하고 조심스럽게 해서 거칠고 경솔하게 하여 몸가짐을 잃어서는 안 된다.

일이 있으면 사리대로 일을 처리하고, 책을 읽을 때는 진실한 마음가짐으로 이치를 궁구해야 한다. 이 두 가지를 제외하고는 조용히 앉아 마음을 거두어 들여서, 고요하고 고요하여 어지럽게 일어나는 잡념이 없게 하며, 정신을 집중해서 어두워지는 실수가 없게 하는 것이 옳으니, 이른 바 경으로써 마음속을 곧게 한다는 것이 이와 같이 하는 것이다.

마땅히 몸과 마음을 바르게 하여 겉과 속이 한결같게 하여야 할 것이니, 깊숙한 곳에 있더라도 드러난 곳에 있는 것처럼 하고, 혼자 있더라도 여럿이 있는 것처럼 하여, 마음으로 하여금 푸른 하늘의 밝은 해를 사람들이 모두 볼 수 있는 것처럼 하여야 한다.

한 가지라도 의롭지 못한 일을 행하고, 단 한 사람이라도 죄 없는 사람을 죽여서 천하를 얻을 수 있다 하더라도, 그러지 않겠다는 뜻을 항상 가슴속에 두어야 한다.

경을 실천함으로써 근본을 확립하고, 이치를 궁구함으로써 선을 밝히고, 힘써 행함으로써 그 진실을 실천하여야 하니, 이 세 가지는 죽을 때까지 해야 할 일이다.

생각에는 부정함이 없다는 것과, 공경하지 않으면 안 된다는 오직 이 두 구절만은 일생토록 받아써도 다하지 않을 일이니, 마땅히 이것을 벽 위에 써 붙여서 잠깐 동안이라도 잊어서는 안 된다.

　매일 자주 스스로 점검하되, 마음을 보존하지 않은 적이 있었던가, 학문은 진전되지 않음이 있었던가, 행실을 힘쓰지 않음이 있었던가, 반성하여 있으면 그것을 고치고 없으면 더 부지런히 힘써서 게을리 하지 말며 죽은 뒤에야 그만둘 것이다.

[訓讀]
*勉 : 힘쓸 면. *齋 : 재계할 재. *夙 : 일찍 숙. *寐 : 잠잘 매. *肅 : 엄숙할 숙. *捨 : 버릴 사. *隅 : 모퉁이 우. *寓 : 머무를 우. *侈 : 사치할 치. *禦 : 막을 어. *玩 : 희롱할 완. *切 : 온통 체. *膺 : 가슴 응. *奕 : 클 혁. *樗 : 가죽나무 저. *逡 : 뒷걸음질칠 준. *浹 : 두루미칠 협. *洽 : 윤택하게할 흡. 적실 흡. *喧 : 의젓할 훤. *譁 : 시끄러울 화. *除 : 섬돌 제. *昧 : 새벽 매. *顯 : 나타날 현. *辜 : 허물 고. *孜 : 힘쓸 자. *斃 : 넘어질 폐.

[語釋]
*향도(向道) : 사람이 마땅히 행하여야 할 길로 향함. *세속잡사(世俗雜事) : 세상의 속된 여러 가지 일. *기지(基址) : 터전. *부자(夫子) : 스승의 존칭으로, 여기서는 공자의 존칭. *주(主) : 주로 함. *필이시위주언(必以是爲主焉) : 반드시 이것으로써 으뜸을 삼는다. *하(下) : 착수함. 손을 댐. *능유소성취(能有所成就) : 능히 성취할 바가 있음. *황면제(黃勉齊) : 송나라 학자. 주자(朱子)의 제자. *상수(常須) : 항상 모름지기 ～를 해야 함. 즉 ～는 夙興夜寐와 같은 것들임. *숙흥야매(夙興夜寐) : 새벽에 일어나고 밤에는 늦게 잔다는 뜻으로, 부지런히 일을 하거나 학문을 닦음을 이름. *용색(容色) : 용모

와 안색. *필숙(必肅) : 반드시 엄숙히 함. *위좌(危坐) : 똑바로 앉음. 단정히 앉음. 跪坐(궤자). 正座(정좌). *행보(行步) : 걸음걸이. 보행. *안상(安詳) : 성질이 안존하고 자세함. *일동일정(一動一靜) : 때로는 움직이고 때로는 정지함. 활동하기도 하고 정지하기도 함. *경홀(輕忽) : 경박하고 소홀함. 소홀히 함. 등한히 함. *구차(苟且) : 등한히 함. 가난함. *방과(放過) : 지나쳐 버림. *수렴신심(收斂身心) : 몸과 마음가짐. *막절어구용(莫切於九容) : 아홉 가지 태도보다 더 중요한 것은 없다. *진학익지(進學益智) : 학문을 깊게 하고 지혜를 더하는 것. *족용중(足容重) : 발의 용모는 무겁게 움직여야 함. *수용공(手容恭) : 손의 용모는 공손해야 함. *목용단(目容端) : 눈의 용모는 단정해야 함. *구용지(口容止) : 입의 용모는 신중하게 가짐. *성용정(聲容靜) : 소리는 조용하게 해야 함. *두용직(頭容直) : 머리 모양은 바르게 가져야 함. *기용숙(氣容肅) : 숨소리는 정숙하게 해야 함. *색용장(色容莊) : 얼굴의 용모는 장엄하게 가져야 함. *시사명(視思明) : 보는 것은 밝게 볼 것을 생각함. *청사총(聽思聰) : 들을 때에는 똑똑히 들을 것을 생각함. *색사온(色思溫) : 얼굴빛은 온화하게 갖기를 생각함. *모사공(貌思恭) : 용모는 공손하기를 생각함. *언사충(言思忠) : 말은 성실함을 생각해야 함. *사사경(事思敬) : 일을 하는 데는 공경함을 생각해야 함. *의사난(疑思難) : 의심나는 것은 물을 것을 생각함. *분사난(忿思難) : 분할 적에는 곤란할 때를 생각함. *견득사의(見得思義) : 이득을 보거든 의로운 것인가 아닌가를 생각해야 함. *경각(頃刻) : 잠시. 잠깐 동안. *방사(放捨) : 놓아 버림. *좌우(座隅) : 앉는 자리의 한구석. *우목(寓目) : 눈여겨 봄. *비례물시(非禮勿視) : 예의에 어긋나는 것은 보지 마라. *비례물동(非禮勿動) : 예의에 어긋나는 행동은 하지 마라. *초학난변(初學難辨) : 처음 공부하는 사람은 예의에 맞는 것인지 예의에 어긋나는 것인지 분별하기 어려움. *필수궁리이명지(必須窮理而明之) : 반드시

사물의 이치를 궁리하여 밝힘. *단어이지처(但於已知處) : 다만 이미
아는 데까지. *평거(平居) : 평상시. 또 평생. *거처(居處) : 집에 있
음. 있는 곳. *집사(執事) : 사무를 봄. 또는 그런 사람. 귀인을 모시
고 그 집안 살림을 맡는 사람. *화치(華侈) : 화려하고 사치스러움.
*어한(禦寒) : 추위를 막음. *安泰(안태) : 편안하고 태평함. *심술
(心術) : 마음씨. *위의(威儀) : 예의에 맞아 위엄 있는 거동. 예의세
칙. 의식. *극기(克己) : 자기의 사욕을 이성으로 눌러 이김. *검찰
(檢察) : 여기서는 점검하여 살피는 것. *사환(仕宦) : 벼슬을 함. *안
일(安逸) : 몸이 편하고 한가함. *연락(宴樂) : 잔치를 베풀고 즐김.
*진완(珍玩) : 진귀한 완구. *통단(痛斷) : 단호히 끊어 버림. *묘맥
(苗脈) : 묘예(苗裔), 즉 땅속의 광맥(鑛脈). *간중(簡重) : 간단하고
신중함. *부득불간(不得不簡) : 간단하지 않을 수 없다. *법복(法服)
: 제정된 정식의 의복. *복응(服膺) : 가슴에 꼬옥 껴안는다는 말로,
잘 지켜서 잠시도 잊지 않는다는 뜻. *일미(一味) : 한결같이. *향도
(向道) : 공부하는 길로 향함. *외물(外物) : 바깥 사물. *불류어심(不
留於心) : 마음에 남겨두지 아니함. *향인회처(鄕人會處) : 동네 사람
이 모인 곳. *박혁(博奕) : 쌍륙과 바둑. 전하여 도박의 뜻으로 쓰임.
*저포(樗蒲) : 쌍륙이나 노름, 도박을 이르는 말로, 옛날에 가죽나무
의 열매로 주사위를 만들었다는 데서 나온 말. *등희(等戲) : ~등의
노름. *인퇴(引退) : 물러남. *준순(逡巡) : 뒷걸음질침. 후퇴함. *창
기(娼妓) : 손님을 잠자리에 모시는 것을 업으로 삼아 노는 계집. 갈
보. 기생. *피거(避去) : 피하여 감. *치(値) : 만남. 당함. *존장(尊
長) : 웃어른. *강류(强留) : 억지로 만류함. 굳이 만류함. *정용청심
(整容淸心) : 용모를 단정히 하고 마음을 맑게 가짐. *간성난색(奸聲
亂色) : 간사한 음성과 음란한 기색. *간(干) : 여기에서는 범한다는
뜻. *침취(沈醉) : 빠지도록 취함. 몹시 취함. *적중(敵中) : 알맞음.
*협흡(浹洽) : 두루 미침. 여기서는 술의 취기가 얼큰함을 이름. *훤

화(喧譁) : 떠들썩하게 시끄러움. *안상(安詳) : 안정되고 세심함. *
조솔(粗率) : 거칠고 경솔함. 정세하지 못함. *응사(應事) : 일을 감당
함. *수렴(收斂) : 여기서는 몸을 단속함. 근신함. 정신을 차림. *분
기(紛起) : 복잡하게 일어남. *성성(惺惺) : 스스로 경계하여 깨닫는
모양. *혼매(昏昧) : 어리석음. *직내(直內) : 마음속을 바르게 함. *
처유여현(處幽如顯) : 깊숙한 곳에 있더라도 드러난 곳에 있는 것같이
함. *처독여중(處獨如衆) : 혼자 있더라도 여럿이 있는 것같이 함. *
청천백일(青天白日) : 말끔히 갠 날. 심사가 명백하여 조금도 은폐하
거나 의혹 받는 것이 없음. 혐의 또는 원죄가 풀림. *저의(底意) : 마
음속.

[大意]

여기에서는 글자 그대로 자신의 몸을 가지는 데 필요한 중요
한 덕목을 설명했다.

몸을 올바로 갖는다는 것은 입지(立志)에 못지않게 중요한
일이며, 어떻게 생각해 보면 오히려 입지보다도 더욱 중요한
것일 수도 있다. 다시 말해서 자신의 몸을 가지는 데 필요한 중
요한 덕목은 황면재(黃勉齋)가 말한, 진실한 마음가짐과 공부
에 힘쓰라는 두 마디의 말이 그 뜻을 다하였다고 할 것이다.

배우는 사람은 항상 일찍 일어나고 늦게 자며, 의관을 반드
시 바르게 하고, 얼굴빛을 반드시 엄숙하게 하고, 바르게 앉아
야 하고, 걸음걸이를 조용히 하며 조촐하게 해야 하고, 말을 조
심하고 삼가서 일동일정을 소홀히 하여 지나쳐 버릴 수는 없
다.

몸과 마음가짐에는 구용(九容)보다 절실한 것이 없고, 학문
을 발달시키고 지혜를 더하는 데는 구사(九思)보다 절실한 것
이 없다. 소위 구용이라는 것은 발걸음을 무겁게 갖는 것, 손을

공손히 하는 것, 눈을 단정히 뜨는 것, 입을 신중히 다무는 것, 목소리를 조용히 하는 것, 머리를 똑바로 하는 것, 숨소리를 맑게 하는 것, 서 있는 모습을 의젓하게 하는 것, 얼굴빛을 장엄하게 갖는 것이다. 또 구사라는 것은 볼 때는 밝게 보기를 생각하는 것, 들을 때에는 똑똑하게 듣기를 생각하는 것, 얼굴빛을 온화하게 가질 것을 생각하는 것, 용모는 공손하게 가질 것을 생각하는 것, 말은 참되게 하기를 생각하는 것, 일은 공경히 할 것을 생각하는 것, 의심스러운 것은 묻기를 생각하는 것, 성이 날 때에는 곤란한 때를 생각하는 것, 재물이 생기게 되면 의로운가를 생각하는 것이다. 항상 구용과 구사로 마음가짐을 갖고, 그 몸가짐을 살펴서 잠깐 동안이라도 함부로 하면 안 된다. 또 이것을 앉는 자리의 모퉁이에 써 붙여 두고 때때로 눈여겨 보아야 한다.

예의가 아니거든 보지 말고, 예의가 아니거든 듣지 말며, 예의가 아니거든 말하지 말고, 예의가 아니거든 움직이지 말 것이니, 이 네 가지는 몸을 닦는 요점이다. 처음 배우는 사람은 예의와 예의가 아닌 것을 분별하기 어려우니, 반드시 이치를 연구하여 밝혀서, 아는 데로 노력하여 행하면 생각이 이미 반을 넘었다고 할 수 있다.

학문을 하는 것이 일상생활과 일을 하는 사이에 있는 것이다. 만약 평상시에 거처를 공손히 하고, 하는 일을 공경히 하고, 남과 더불어 성실하면 이것을 곧 공부한다고 할 것이니, 책을 읽는 것은 이런 이치를 밝히고자 하는 것일 뿐이다.

의복은 추위를 막는 것이라 화려하거나 사치한 것은 옳지 않고, 음식은 굶주림을 달래는 것이라 맛있는 것을 찾는 것은 옳지 않으며, 거처는 편안한 것은 옳지 않으니 병들지 않으면 되는 것이다. 오직 학문에 힘쓰고 마음씨를 바르게 하며 엄숙한 몸가짐을 지키기에 날로 애써야 한다. 노력하되 스스로 만족해 할 수 없다. 스스로 자신을 이기는 공부가 일상생활에서 가장 중요한 것이다.

자신이 좋다는 것은 스스로 좋아하는 것이 하늘의 이치에 맞지 않다는 것을 말한다. 부디 자신의 마음을 잘 살펴서 여자를 좋아하는가, 이재(理財)를 좋아하는가, 명예를 좋아하는가, 벼슬을 좋아하는가, 안일함을 좋아하는가, 잔치를 베풀고 즐기기를 좋아하는가, 진기한 보배를 좋아하는가를 알아야 한다. 만일에 여러 가지 좋아하는 것이 이치에 맞지 않다면, 모두 단호히 끊어서 싹과 뿌리를 남겨 놓지 않아야 자신의 마음이 좋아하는 것이 비로소 옳은 것으로 되어서 자신을 이길 수 있는 것이 없을 것이다.

말이 많고 쓸데없는 생각이 많은 것이 가장 마음에 해롭다. 일이 없으면 조용히 앉아서 마음을 가라앉혀야 마땅하고, 사람을 접하면 당연히 말을 가려서 간결하고 신중하게 하라. 때에 맞추는 말은 말이 간략하지 않을 수 없다. 말이 간결하다는 것은 깨달음에 가까운 것이다.

선왕의 도리에 맞는 옷이 아니면 입지 말고, 선왕의 도리에 맞는 말이 아니면 말하지 않으며, 선왕이 마련한 덕행이 아니면 감히 행하지 않는다. 이것은 마땅히 죽을 때까지 잘 지켜 잠시도 잊지 않아야 한다.

공부를 하는 사람은 오로지 학업의 길로만 향할 것이요, 바깥 사물에 유혹되면 안 되며, 바깥의 사물이 바르지 못한 것이라면 모두 마음에 두지 말아야 마땅하다. 동네 사람들이 모인 곳에서 쌍륙이나 바둑 등의 노름판을 벌이고 있으면 눈여겨보지 말고 물러가는 것이 마땅하며, 창기(娼妓)가 노래를 부르고 춤을 추는 것을 보거든 반드시 피해가야 하며, 만일 향중(鄉中)

의 큰 모임에서 혹시라도 웃어른이 피해 물러날 수 없게 굳이 만류하면, 비록 그 자리에 있을지라도 용모를 단정히 하고 마음을 맑게 가져서 간사한 소리나 음란한 기색에 마음이 빠져서는 안 되고, 잔치에 임하여 술을 마시되 취하도록 마시지 말고 얼큰할 정도면 그만 마시는 게 옳다. 모든 음식은 정도에 맞게 먹어야 하고 입에 맞는다고 기운을 상하게 해서는 안 된다.

말과 웃음은 마땅히 간단하고 신중해야 한다. 시끄러워서 그 절도를 벗어나면 안 되고, 행동거지는 안정되고 세심해야 마땅하며, 거칠게 해서 그 몸가짐을 그르치면 안 된다. 일이 있거든 사리(事理) 있게 일을 감당하고, 책을 읽거든 성실하고 깊게 문리(文理)를 연구해야 한다. 이 두 가지를 제외하고는 조용히 정좌(正坐)하여 마음을 다지고, 적요함으로 복잡한 생각을 없게 하며, 스스로 경각하여 어리석은 실수가 없게 하는 것이 옳다. 소위 공경해서 마음속을 바르게 한다는 것이 바로 이와 같은 것이다.

신심(身心)을 바르게 하여 표리(表裏)가 한결같아서 아무리 깊숙한 곳에 있어도 드러난 곳에 있는 것같이 해야 마땅하고, 혼자 있어도 여럿이 있는 것같이 하며, 남들로 하여금 마음이 명백하여 조금도 숨기거나 흔들림이 없는 자신을 볼 수 있도록 할 것이다. 천하를 얻는다고 할지라도, 한 가지의 불의를 행하고 한 사람이라도 죄 없는 사람을 죽이면 안 된다는 것을 마음속 깊이 생각해서 이것을 가슴속에 늘 품고 있어야 한다. 마음을 바르게 하여 품행을 닦음으로써 근본을 삼고, 사리를 깊이 연구함으로써 선을 밝히고, 노력하여 행함으로써 그 진실을 실천한다는 이 세 가지는 죽을 때까지 해야 할 일들이다.

마음에 조금도 사사로움이 없고 공경하지 않음이 없다는, 오직 이 두 구절만은 일생 동안 받아써도 부족할 것이다. 이것을 벽 위에 써서 붙여 놓고 잠시라도 잊지 않아야 마땅하다. 날마다 자주 자신의 몸을 돌이켜 꼼꼼히 반성해 보아서 마음이 올바른가, 학문이 진보되는가, 바른 행실을 하도록 애를 쓰는가를 살핀다. 만일 이 세 가지 중에 한 가지라도 잘못이 있으면 이것을 고치도록 하고, 잘못이 없어도 더 노력해야 하며, 게을러지지 않도록 해서 자신의 몸이 죽고 나면 그만두어야 한다.

4. 독서장(讀書章)

學者　常存此心　不被事物所勝　而必須窮理明善然
학자　상존차심　불피사물소승　이필수궁리명선연

後　當行之道　曉然在前　可以進步　故入道　莫先
후　당행지도　효연재전　가이진보　고입도　막선

於窮理　窮理　莫先乎讀書　以聖賢用心之跡　及善
어궁리　궁리　막선호독서　이성현용심지적　급선

惡之可效可戒者　皆在於書故也　凡讀書者　必端拱
악지가효가계자　개재어서고야　범독서자　필단공

危坐　敬對方冊　專心致志　精思涵泳(涵泳者熟讀
위좌　경대방책　전심치지　정사함영　함영자숙독

深思之謂)　深解義趣　而每句　必求踐履之方　若口
심사지위　심해의취　이매구　필구천이지방　약구

讀而心不體　身不行　則書自書　我自我　何益之有
독이심불체　신불행　즉서자서　아자아　하익지유

先讀小學於事親　敬兄　忠君　弟長　隆師　親友之道
선독소학어사친　경형　충군　제장　융사　친우지도

一一詳玩　而力行之　次讀大學及或問　於窮理　正
일일상완　이역행지　차독대학급혹문　어궁리　정

心　修己　治人之道　一一眞知而實踐之　次讀論語
심　수기　치인지도　일일진지이실천지　차독논어

於求仁　爲己　涵養本原之功　一一精思　而深體之
어구인　위기　함양본원지공　일일정사　이심체지

次讀孟子　於明辨義利遏　退人慾　存天理之說　一一
차독맹자　어명변의리알　퇴인욕　존천리지설　일일

明察　而擴充之　次讀中庸　於性情之德推致之功　位
명찰　이확충지　차독중용　어성정지덕추치지공　위

育之妙　一一玩索　而有得焉　次讀詩經　於性情之邪
육지묘　일일완색　이유득언　차독시경　어성정지사

正善惡之褒戒　一一潛繹　感發而懲創之　次讀禮經
정선악지포계　일일잠역　감발이징창지　차독예경

於天理之節文　儀則之度數　一一講究　而有立焉
어천리지절문　의즉지도수　일일강구　이유입언

次讀書經　於二帝三王　治天下之大經大法　一一領
차독서경　어이제삼왕　치천하지대경대법　일일영

要　而遡本焉　次讀易經　於吉凶　存亡　進退　消長
요　이소본언　차독역경　어길흉　존망　진퇴　소장

之幾　一一觀玩　而窮硏焉　次讀春秋　於聖人　賞
지기　일일관완　이궁연언　차독춘추　어성인　상

善　罰惡　抑揚　操縱之微辭奧義　一一精硏　而契
선　벌악　억양　조종지미사오의　일일정연　이계

悟焉　五書五經　循環熟讀　理會不已　使義理　日
오언　오서오경　순환숙독　이회불이　사의리　일

明　而宋之先正所著之書　如近思錄　家禮　心經
명　이송지선정소저지서　여근사록　가례　심경

二程全書　朱子大全　語類　及他性理之說　宜間間
이정전서　주자대전　어류　급타성리지설　의간간

精讀　使義理　常常浸灌吾心　無時間斷　而餘力
정독　사의리　상상침관오심　무시간단　이여력

亦讀史書　通古今　達事變　以長識見　若異端雜類
역독사서　통고금　달사변　이장식견　약이단잡류

不正之書　則不可頃刻披閱也　凡讀書　必熟讀一冊
부정지서　　즉불가경각피열야　　　범독서　　필숙독일책

盡曉義趣　貫通無疑然後　及改讀他書　不可貪多務
진효의취　　관통무의연후　　　급개독타서　　불가탐다무

得　忙迫涉獵也
득　　망박섭렵야

공부를 하는 사람은 늘 그 마음을 학문에 두어 다른 사물에 현혹되면 안 되고, 반드시 사리를 깊이 연구하고 선을 밝혀야 하며, 그러고 나면 마땅히 나아갈 길이 환히 앞에 나타나서 이 것으로 실력이 차차 발전해 나아가게 될 것이다.

그래서 공부하는 길로 들어가는 것은 사리를 궁구하는 것보다 먼저 할 것이 없고, 사리를 궁구함에는 책을 읽는 것보다 먼저 할 것이 없다. 성인과 현인이 마음을 쓴 자취와, 선과 악에 있어서 본받아야 할 것과, 경계하여야 할 것이 모두 책 속에 씌어 있기 때문이다.

대체로 책을 읽는 사람은 반드시 팔짱을 끼고 똑바로 단정하게 앉아서 공경히 책을 대하여 마음을 집중하고 뜻을 다하며, 자세히 생각하고 넓게 살펴서 깊은 뜻을 이해하여 구절마다 반드시 실천하는 방법을 탐구해야 한다. 만일에 입으로만 읽을 뿐 마음으로 체득하지 못하고 몸으로 실행하지 못하면, 책은 책대로 나는 나대로일 것이니, 무슨 소득이 있겠는가?

책은 먼저 〈소학〉을 읽어서, 부모를 효도하며 섬기고, 형을 공경하며 섬기며, 임금을 충성하며 섬기고, 어른을 공경하며 섬기며, 스승을 존경하며 섬기고, 벗을 친함으로 사귀는 도리를 하나씩 자세하게 익혀서 힘써 이것들을 실행해야 한다.

다음으로는 〈대학(大學)〉과 〈대학혹문(大學或問)〉을 읽어서, 사리를 깊이 연구하고, 마음을 바르게 갖고, 몸을 닦고, 남을 다스리는 도리 등을 하나하나 참되게 알고 성실히 실천할 것이다.

다음에는 〈논어(論語)〉를 읽어서, 인(仁)을 구하고, 자신을 위하고, 본원(本源)의 학식을 두루 넓혀 심성(心性)을 닦음에 있어서 하나씩 세밀하게 생각하여 깊이 이것을 체득해야 한다.

다음에는 〈맹자(孟子)〉를 읽고, 의리와 이익을 명확히 판별하고, 사람의 욕심을 억제하며, 천리(天理)가 있다는 주장에 있어서 하나씩 밝히고 살펴 이것을 더욱 넓혀 충실히 해야 한다.

다음에는 〈중용(中庸)〉을 읽고, 성심의 덕과 사물의 이치를 밝히는 공과, 천지가 제 위치에 있어서 만물이 화육(化育)되는 미묘한 이치에 대하여 글의 뜻을 하나씩 곰곰이 생각하여 찾아 얻도록 해야 한다.

다음에는 〈시경(詩經)〉을 읽고, 성정(性情)의 사곡(邪曲)과 정직(正直)과, 선악(善惡)의 칭찬과 징계(懲戒)에 관하여 일일이 느껴서 이를 거두어 주의해야 한다.

다음에는 〈예기(禮記)〉를 읽어서, 천지자연의 이치와, 사리에 따라 정해진 조리와, 사람이 지켜야 할 법이 정한 제도에 대하여 좋은 방법을 궁리해서 이루어질 수 있게 해야 한다.

다음에는 〈서경(書經)〉을 읽고 사람이 지켜야 할 법칙을 낱낱이 강구하여 이루어질 수 있게 해야 할 것이다.

다음에는 〈주역(周易)〉을 읽고, 길흉(吉凶)과 존망(存亡), 진퇴(進退), 소장(消長)의 기미에 대하여 하나씩 자세히 관찰하고 깊이 연구해서, 그것을 통하여 윤리와 도덕을 알 수 있도록 할 것이다.

다음에는 〈춘추(春秋)〉를 읽어서, 성인의 선행을 한 사람에게는 상을 주고, 악행을 한 사람에게는 벌을 주며, 혹은 억제하고 혹은 찬양하며, 마음대로 처리하는 완곡한 말과 깊은 뜻에 관하여 하나씩 자세히 연구해서 잘 깨우치도록 해야 한다.

오서오경(五書五經)을 번갈아가며 숙독해서 이해하도록 하고 뜻과 이치를 날로 밝혀서, 송(宋)나라 선현(先賢)들의 저서인 〈근사록(近思錄)〉·〈주자가례(朱子家禮)〉·〈심경(心經)〉·〈이정전서(二程全書)〉·〈주자대전(朱子大全)〉·〈주자어류(朱子語類)〉와 그 밖의 성리(性理)의 학설을 틈나는 대로 정독하여 항상 뜻과 이치가 내 마음에 젖어들게 할 것이며, 남은 힘이 있으면 또한 역사에 관한 책을 읽어서 옛날과 지금을 통달하고, 사물의 변화를 익혀 이로써 학식과 견문을 발전시킨다. 이단(異端)인 잡서류(雜書類)의 바르지 못한 책은 잠깐이라도 펴 보아서는 안 된다.

대개 글을 읽는 데에는 반드시 한 책을 숙독하여 그 뜻을 모두 깨달아 통달하여 의문이 없는 다음에 비로소 딴 책을 읽어야 한다. 많이 읽는 데 욕심이 나서 그것에서 얻을 것을 애를 써서 바쁘게 여러 책을 이것저것 읽어서는 안 될 것이다.

[訓讀]
*曉 : 새벽 효. *效 : 본받을 효. *隆 : 클 륭. *涵 : 젖을 함. *遏 : 막을 알. *褒 : 기릴 포. *潛 : 자맥질할 잠. *擴 : 넓힐 확. *庸 : 쓸 용. *推 : 옮을 추. *操 : 잡을 조. *縱 : 늘어질 종. *微 : 작을 미. *奧 : 속 오. *精 : 쓿은쌀 정. *披 : 나눌 피. *閱 : 검열할 열.

[語釋]
*효연(曉然) : 요연(瞭然). 환한 모양. *입도(入道) : 학문의 길로 들

어감. *막선어궁리(莫先於窮理) : 사리를 깊이 연구하는 것보다 먼저 할 것이 없음. *可效可戒者(가효가계자) : 본받아야 하고 경계하여야 할 것. *단공위좌(端拱危坐) : 단정히 팔짱을 끼고 똑바로 앉음. *방책(方册) : 책. *專心致志(전심치지) : 마음을 다하고 뜻을 극진히 함. *정사함영(精思涵泳) : 자세히 생각하고 두루 살핌. 涵泳은 헤엄을 친다는 뜻으로, 전하여 두루 살핀다는 뜻. *심해의취(深解義趣) : 깊이 뜻을 이해함. *필구천리지방(必求踐履之方) : 꼭 실천하는 방법을 탐구함. *서자서아자아(書自書我自我) : 책은 책대로 나는 나대로. *하익지유(何益之有) : 무슨 이익이 있겠는가? *상완(詳玩) : 자세히 익힘. *혹문(或問) : 주자의 대학혹문. 어떤 사람의 물음에 대하여 대답하는 형식으로 해설한 것. *함양(涵養) : 학식을 넓혀서 심신을 닦음. *명변(明辨) : 명확히 판별함. *확충지(擴充之) : 확대하여 충실하게 함. *추치(推致) : 사물의 이치를 궁구함. *위육(位育) : 천지가 바른 위치를 찾고 만물이 화육함. *완색(玩索) : 글의 뜻을 곰곰이 생각하여 찾음. *사정(邪正) : 사곡(邪曲)과 정직(正直). *포계(褒戒) : 기리고 징계함. *잠역(潛繹) : 깊이 궁구함. *징창(懲創) : 징계. 자기 스스로 과거에 당한 일을 돌아보아 뉘우치고 경계함. *천리(天理) : 천지자연의 이치. *절문(節文) : 적절히 꾸며 훌륭하게 함. 또 사리에 따라 정한 조리. *의칙(儀則) : 사람이 지켜야 할 법칙. *도수(度數) : 여기서는 정한 제도. *유립(有立) : 이루어짐이 있음. *이제삼왕(二帝三王) : 二帝는 당요(唐堯)와 우순(虞舜) 두 임금과, 三王은 하나라의 우왕, 은나라의 탕왕, 주나라의 문왕과 무왕을 통틀어 이르는 말. 문왕과 무왕은 부자(父子)이므로 한 사람으로 친다. *대경대법(大經大法) : 공명정대한 원리와 법칙. *영요(領要) : 요령. *소본(遡本) : 근본으로 거슬러 올라감. *소장지기(消長之幾) : 쇠하여 줄어감과 성하여 늘어감의 기미. *상선(賞善) : 선을 기리어 상을 줌. *벌악(罰惡) : 악을 저주하여 벌을 줌. *억양(抑揚) : 혹은 누르고 혹은 찬양함. *미사(微辭) : 은근히 돌려서 말하는 언어나 문자, 완곡한 말. *오의(奧義) : 깊은 뜻. *정연(精研) : 자세히 연구함. *계오(契悟) : 잘 깨달음. *순환숙독(循環熟讀) : 돌려가며 익숙하게 읽음. *이회불이(理會不已) : 理會는 理解와 같아 깨달아 아는 것, 不已는 마지않음. *의리(義理) : 뜻과 이치. *송지선정(宋之先正) : 先正은 선철(先哲)이나 선현(先賢)과 같은 뜻으로, 송나라의 바르고 어진 사람을 일컬음. *피열(披閱) : 펼쳐봄. *성리지설(性理之設) : 性命과 理氣의 관계를 설명한 유교 철학. *침관(浸灌) : 물을 댐. *사변(事變) : 사물의 변화. *식견(識見) : 학식과 견문. *경각(頃刻) : 잠깐 동안. *이단잡류(異端雜類) : 유교에서 유교 이외의 모든 학설이나 책에 대해 일컫는 말. *진효(盡曉) : 모두 깨달음. *의취(義趣) : 뜻과 뜻이 나가는 것. *섭렵(涉獵) : 여러 가지 책을 널리 읽음. 여러 물건을 구하려고 널리 돌아다님.

[大意]

독서장에서는 공부하기 위하여 읽어야 할 책의 순서에 대해서 자세하게 설명하고 있다.

글을 읽는 것은 얼마나 중요한 일인가? 학문을 한다는 것은 얼마나 소중한 것인가? 이 글들에서 보면 입신(立身)을 하고 이름을 빛내며, 더 나아가서 군자가 되는 길은 오직 학문밖에 없다고 말했다. 학문을 하지 않고서는 입신을 한 사람이 없듯이 학문을 외면하고서 이름이 빛나고 군자가 되었다고 하는 말은 일찍이 들은 일이 없다. 독서, 즉 책을 읽는 즐거움은 옛날부터 문화생활의 커다란 즐거움 중 하나로 간주되어 왔으며, 그 특권을 누리지 못한 사람들로부터 오늘날에도 존경과 부러움을 사고 있다. 이것은 책을 읽는 사람과 책을 읽지 않는 사람의 생활을 비교하면 쉽게 수긍이 되는 일이다.

평소에 책을 읽지 않는 사람은 시간적으로도 자기만의 세계에 얽매어 있다. 그 생활은 판에 박은 것처럼 빤한 것이다. 그 사람이 만나고 함께 이야기를 나누는 사람들은 극히 적은 몇몇의 친구나 아는 사람들뿐이다. 그 사람이 보고 듣는 것은 거의 모두가 자기 신변의 조그만 일에 한정되어 있으며, 그 얽매임에서 피할 길이 없다. 그러나 한 번 책을 대하면 그 즉시 세계 제일의 이야기꾼과 만나는 것이 된다. 이 이야기꾼은 책을 읽는 사람을 데리고 먼 별천지의 세계나 먼 옛날로 여행을 떠난다. 그래서 괴로운 사람의 마음을 가볍게 해주기도 하고, 또는 독자 자신이 일찍이 알지 못하던 인생의 모든 문제를 가르쳐 주기도 한다.

　흔히 세상에는 그 어떤 책을 읽으려고 할 때 환경이나 조건이 맞지 않는다고 불평하는 사람이 있다. 그러나 송나라의 대유(大儒) 구양수(歐陽修)는 삼상(三上)을 공부하기에 제일 좋은 곳이라고 말한 바 있다. 이 삼상은 침상(枕上)과 마상(馬上)과 측상(厠上)을 말하는데, 침상은 베개 위에서 하는, 즉 누워서 공부하는 것을 말한다. 마상은 말 위에서 하는, 즉 말을 타고 길을 가면서도 책을 읽는다는 것이다. 또 측상은 변소에서 하는, 즉 용변을 보려고 변소에 가서도 글을 읽는다는 말이다. 이렇게 사람은 책을 읽을 의지만 있다면 어느 때 어느 곳에서나 읽을 수가 있다고 했다.

　주희(朱熹)는 또 학문을 전하는 글에서 이런 말을 했다. "아무리 가난할지라도 학문을 폐할 수는 없다. 반대로 아무리 부자라 할지라도 부자인 것을 믿고 학문을 게을리 해서는 안 된다. 가난해도 학업을 부지런히 해야 입신을 할 수가 있고, 부자라고 해도 학업에 부지런하면 이름이 빛나는 것이다. 내가 본 바로는 배우는 사람만이 이름이 나서 잘 살게 되고, 배우지 못한 사람은 종시 아무것도 이루지 못한다. 그래서 학문은 바로 자신의 몸을 빛내주는, 이 세상에서 가장 보배로운 것이다. 그렇기 때문에 배우면 비로소 군자가 되고, 배우지 않으면 소인이 되니, 후세에 학문을 하는 사람들은 마땅히 여기에 힘을 써야 한다."

5. 사친장(事親章)

凡人　莫不知親之當孝　而孝子　甚鮮　由不深知父母
범인　막부지친지당효　이효자　심선　유불심지부모

之恩故也　天下之物　莫貴於吾身　而吾身　乃父母之
지은고야　천하지물　막귀어오신　이오신　내부모지

所遺也　今有遺人　以財物者　則隨其物之　多少輕重
소유야　금유유인　이재물자　즉수기물지　다소경중

而感恩之意　爲之深淺焉　父母　遺我以身　而擧天下
이감은지의　위지심천언　부모　유아이신　이거천하

之物　無以易此身矣(一本作　詩不云乎　父兮生我　母
지물　무이역차신의　일본작　시불운호　부혜생아　모

兮鞠我　欲報之德　昊天罔極　人子之受生　性命血肉
혜국아　욕보지덕　호천망극　인자지수생　성명혈육

皆親所遺　喘息呼吸　氣脈相通此身　非我私物　乃父
개친소유　천식호흡　기맥상통차신　비아사물　내부

母之遺氣也　故　曰　哀哀父母　生我劬勞)　父母之恩
모지유기야　고　왈　애애부모　생아구로　부모지은

爲如何哉　豈敢自有其身　以不盡孝於父母乎　人能恒
위여하재　기감자유기신　이부진효어부모호　인능항

存此心　則自有向親之誠矣　凡事父母者　一事一行
존차심　즉자유향친지성의　범사부모자　일사일행

母敢自專　必稟命而後行　若事之可爲者　父母　不許
모감자전　필품명이후행　약사지가위자　부모　불허

則必委曲陳達　頷可而後行　若終不許　則亦不可直遂
즉필위곡진달　함가이후행　약종불허　즉역불가직수

其情也　每日　未明而起　盥櫛衣帶　就父母寢所　下氣
기정야　매일　미명이기　관즐의대　취부모침소　하기

怡聲　問懊寒安否　昏則詣寢所　定其褥席　察其溫凉
이성　문오한안부　혼즉예침소　정기욕석　찰기온량

日間侍奉　常愉色婉容　應對恭敬　左右就養　極盡其
일간시봉　상유색완용　응대공경　좌우취양　극진기

誠　出入　必拜辭拜謁　今人　多是被養於父母　不能
성　출입　필배사배알　금인　다시피양어부모　불능

以己力　養其父母　若此奄過日月　則終無忠養之時也
이기력　양기부모　약차엄과일월　즉종무충양지시야

必須躬幹家事　自備甘旨然後　子職　乃修　若父母　堅
필수궁간가사　자비감지연후　자직　내수　약부모　견

不聽從　則雖不能幹家　亦當周旋補助　而盡力得　甘
불청종　즉수불능간가　역당주선보조　이진역득　감

旨之具　以適親口可也　若心心念念　在於養親　則珍
지지구　이적친구가야　약심심염념　재어양친　즉진

味　亦必可得矣　每念王延　隆冬盛寒　體無全衣　而
미　역필가득의　매념왕연　융동성한　체무전의　이

親極滋味　令人感歎流涕也　人家　父子間　多是愛
친극자미　영인감탄유체야　인가　부자간　다시애

逾於敬　必須痛洗舊習　極其尊敬　父母所坐臥處　子
유어경　필수통세구습　극기존경　부모소좌와처　자

不敢坐臥　所接客處　子不敢接私客　上下馬處　子不
불감좌와　소접객처　자불감접사객　상하마처　자불

敢上下馬　可也　父母之志　若非害於義理　則當先意
감상하마　가야　부모지지　약비해어의리　즉당선의

承順　毫忽不可違　若其害理者　則和氣怡色柔聲　以
승순　호홀불가위　약기해리자　즉화기이색유성　이

諫　反覆開陣　必期於聽從　父母有疾　心憂色沮　捨置
간　반복개진　필기어청종　부모유질　심우색저　사치

他事　只以問醫劑藥　爲務　疾止　復初　日用之間
타사　지이문의제약　위무　질지　복초　일용지간

一毫之頃　不忘父母然後　乃名爲孝　彼持身不謹　出
일호지경　불망부모연후　내명위효　피지신불근　출

言無章　嬉戱度日者　皆是忘父母者也　日月如流事親
언무장　희희도일자　개시망부모자야　일월여류사친

不可久也　故爲子者　須盡誠竭力　如恐不及可也　古
불가구야　고위자자　수진성갈력　여공불급가야　고

人詩曰　古人一日養　不以三公換　所謂愛日者　如此
인시왈　고인일일양　불이삼공환　소위애일자　여차

　　대체적으로 부모에게는 당연히 효도해야 한다는 것을 알면
서도 효도하는 사람이 별로 많지 않은 것은, 부모의 은혜를 깊
이 깨닫지 못하기 때문이다.

　　이 세상의 어느 물건도 자신의 몸보다 귀한 것은 없다. 곧 부
모께서 주신 것이기 때문이다. 지금 남에게 재물을 주었다면
그 물건의 다소나 가치의 경중(輕重)에 따라서 그 은혜에 감사
하는 마음도 이로 인하여 깊고 얕겠지만, 부모가 나에게 이 몸
을 주셨으니 천하의 어떤 것이라도 이 몸을 바꿀 만한 것이 없
을 것이다.

　　부모의 은혜가 어떤 것인데 감히 스스로 그 몸을 소유했다고

해서 그 부모에게 효도를 다하지 않을 수 있겠는가? 사람은 항상 이런 마음을 지닐 수 있으면 저절로 부모에게 향하는 정성이 생길 것이다. 대체적으로 부모를 섬기는 사람은 모든 일이나 모든 행실을 감히 제 맘대로 하지 말고, 반드시 부모의 명령을 받은 뒤에 해야 할 것이다. 만약에 해야 할 일이라도 부모가 허락하지 않는다면 반드시 자세한 설명을 해서 허락을 받은 뒤에 해야 할 것이다. 그래도 끝끝내 허락을 않는다면 곧이곧대로 자기 마음대로 이루려고 해서는 안 된다.

날마다 밝기 전에 일어나서 우선 세수하고 머리 빗고 의복을 제대로 입고, 부모의 잠자리에 나가서는 숨을 낮추고 음성을 부드럽게 하여 따뜻한지 추운지 편안한지 불편한지를 여쭈어 보고, 밤에는 부모의 잠자리에 가서 이부자리를 손보아 드리고 따뜻한지 서늘한지 보살피며, 낮 동안에 받들어 모실 적에는 항상 얼굴빛을 기쁘게 하고 태도를 부드럽게 하여 시중들기를 공경히 하고, 곁에서 봉양할 적에는 스스로 있는 정성을 극진히 하며, 밖에 나갈 적에는 꼭 절하여 고하고, 들어와서는 꼭 절하여 뵈어야 한다. 요즘 사람들은 부모에게 양육을 받고 자신의 힘으로 그 부모를 봉양하지 못하는 것이 흔하다. 만일 이처럼 덧없이 세월을 보낸다면, 끝내 정성껏 봉양할 때가 없을 것이다.

반드시 스스로 집안일을 주관하고 맛있는 음식을 장만한 다음에 자식의 도리를 하게 되는 것이다. 만일 부모가 굳이 들어주지 않아서 비록 집안일을 주관하지 못하더라도, 당연히 일을 주선하고 보조해서 힘을 다해 맛있는 음식을 장만함으로써 부모의 구미에 맞도록 하는 것이 옳다. 조금이라도 마음과 생각이 어버이를 섬기는데 있다면 맛있는 음식은 반드시 마련할 수 있을 것이다.

그리고 늘 왕연(王延 : 중국 前趙 때의 사람으로 효성이 지극했음.)이 추운 겨울에 걸칠 옷도 없으면서 어버이에게는 맛있는 음식을 마련해 드려서 사람들이 감탄하여 눈물을 흘리게 한 일을 생각하라.

일반적으로 흔히 사람들의 집에서 아버지와 아들 사이에 사랑이 공경보다 지나친데, 꼭 낡은 습관을 철저히 씻어 버리고 자식은 부모를 극진히 존경해야 한다. 부모가 앉고 눕는 곳에는 아들이 감히 앉거나 눕지 않으며, 부모가 말을 타고 내리는 곳에서 아들이 감히 말을 타고 내리지 않는 것이 옳다.

부모의 뜻하는 일이 만일 의리에 해가 되는 일이 아니라면, 마땅히 부모가 말씀하시기 전에 그 뜻을 받들어 잘 순종하고 조금이라도 소홀하여 어겨서는 안 된다. 만일 그것이 의리에 해로운 것이라면 화기 있고 즐거운 태도를 가지고 부드러운 목소리로 바르게 간하되, 그 뜻을 거듭 설명해서 반드시 이해하여 들어주게끔 할 것이다.

부모가 병이 나면 진심으로 걱정하고 염려하여 다른 일은 모두 제쳐놓고, 의사에게 묻고 약을 지어서 병을 고치는 데만 힘쓰고, 병이 나으면 여느 때와 같이 할 것이다. 일상생활에서는 잠깐 사이라도 부모를 잊으면 안 된다. 그래야 곧 효도를 하는 사람이라 할 수 있다. 그리고 자신의 몸가짐을 삼가지 않고 하는 말에 법도가 없으며 즐기고 노는 것으로 세월을 보내는 사람은 모두가 바로 부모를 잊어버린 사람이다.

세월은 흐르는 물과 같아서 어버이를 섬기는 동안은 길지 못하다. 그러므로 사람의 자식은 모름지기 정성과 힘을 다하여 부모를 섬기되 만일 제대로 미치지 못할까 두려워함이 옳다. 옛사람의 시에 이르기를, 옛사람은 하루 동안 부모를 부양하는 일을 정승의 부귀한 지위와도 바꾸지 않는다고 했다. 이른 바

날을 아낀다고 하는 것은 이와 같은 것이다.

[訓讀]
*頷 : 턱 함. *怡 : 기쁠 이. *煜 : 빛날 욱. *詣 : 이를 예. *褥 :
요 욕. *侍 : 모실 시. *愉 : 즐거울 유. *婉 : 순할 완. *謁 : 아뢸
알. *奄 : 가릴 엄. *滋 : 불을 자. *涕 : 눈물 체. *忽 : 소홀히 할
홀. *竭 : 다할 갈.

[語釋]
*막부지(莫不知) : 알지 못함이 없다, 알지 못하는 게 아니다, 즉 안
다는 말. *심선(甚鮮) : 몹시 드물다. 없다 시피하다. 거의 없다. *감
은지의(感恩之意) : 은혜에 감사하는 마음. *거천하지물(擧天下之物)
: 천하의 모든 물건. *위여하재(爲如何哉) : 어떠한 것인데. *무감자
전(毋敢自傳) : 감히 자기 마음대로 하지 마라. 감히 제 맘대로 하지
못함. *품명(稟命) : 상관의 명령을 받음. *함가(頷可) : 머리를 끄덕
여 승낙함. *사지가위자(事之可爲者) : 일해야 할 것. 해야 하는 일.
*위곡진달(爲曲陳達) : 자세히 여쭘. 자세히 설명함. *직(直) : 곧이
곧대로. *미명(未明) : 날이 아직 밝기 전. 날샐 녘. *관즐의대(盥櫛
衣帶) : 세수하고 머리 빗고 옷을 제대로 갖추어 입음. *하기이성(下
氣怡聲) : 숨을 낮추고 말소리를 부드럽게 함. *문욱한안부(間燠寒
安否) : 따뜻한지 추운지 편안하지 불편한지를 여쭈어 봄. *혼즉예침
소(昏則詣寢所) : 밤이면 잠자리에 이르러. *정기욕석(定其褥席) : 이
부자리를 손보아 드림. *유색완용(愉色婉容) : 얼굴빛을 기쁘게 하고
태도를 부드럽게 함. *응대공경(應對恭敬) : 시중들어 공경함. *좌우
취양(左右就養) : 곁에서 봉양해 드림. *출입필배사배알(出入必拜辭
拜謁) : 밖에 나갈 적에는 반드시 절하고 고하며, 들어와서는 반드시
절하고 뵙는 것. *被養於父母(피양어부모) : 부모에게 양육됨. *충양

(忠養) : 정성스럽게 봉양함. *간가사(幹家事) : 집안일을 다스림. 집안일을 주관함. *감지(甘旨) : 맛있는 음식. *심심(心心) : 항상 마음먹음. *염념(念念) : 항상 생각함. *융동(隆冬) : 추위가 대단히 심한 겨울. 한 겨울. 엄동. *유체(流涕) : 눈물을 흘리며 욺. 또 흘리는 눈물. *인가(人家) : 일반 사람의 집. *통세(痛洗) : 철저히 씻음. *상하마처(上下馬處) : 말을 타고 내리는 곳. *호홀(毫忽) : 조금이라도. *유성(柔聲) : 음성을 부드러이 함. *화기이색(和氣怡色) : 和氣는 온화한 기색, 화락한 마음, 怡色은 기뻐하는 빛. *개신(開陣) : 진술함. *심우(心憂) : 진심으로 걱정함. *색저(色沮) : 마음에 내키지 않는 기색. 염려하는 기색. *문의제약(問醫劑藥) : 의사에게 묻고 약을 조제함. *복초(復初) : 여느 때와 같이 함. *일호지경(一毫之頃) : 잠깐 사이. *장(章) : 법도. 법. *희희(嬉戲) : 즐거이 장난함. *도일(度日) : 세월을 보냄. *여공불급(如恐不及) : 미치지 못할까 두려움. *삼공(三公) : 삼정승. *애일(愛日) : 하루라도 남보다 더 많이 효도하려고 함.

[大意]

사친장에서는 부모를 섬기는 도리, 즉 효도에 대해 말했다. 참으로 이 효도야말로 옛 성현의 말이 아니고라도 실제로 모든 행실의 근본이 되는 것이다.

대체적으로 사람은 누구나 부모에게 효도하는 것이 마땅하다는 것은 알면서도 실제로는 참된 효도를 하는 사람이 드물다. 그것은 무엇 때문일까? 그것은 다름 아닌 부모의 은혜를 깊이 알지 못하기 때문이다.

천하의 모든 물건 중에 자신의 몸보다 더 소중한 것이 없는데 이 몸은 부모가 준 것이다. 지금 남에게서 조금이라도 재물을 얻었다면 그 재물의 많고 적음이나, 그 재물이 소중한지 않은지에 따라서 그 사람의 은혜에 감사하는 마음도 다를 것이다. 하물며 부모는 자신의 몸을 주었으니 천하의 모든 물건을 다 준다고 해도 이 몸과 바꿀 수는 없을 것이다.

이와 같은 부모의 은혜를 어떻게 하며, 감히 어떻게 자신이 나대로의 몸뚱이를 가졌다고 해서 부모에게 효성을 다하지 않을 수 있는가. 사람으로서 항상 이런 마음을 가지면 저절로 부모를 향한 정성이 있게 될 것이다.

부모를 섬기는 사람은 한 가지 일이나 한 가지 행동이라도 감히 제 맘대로 하지 못하고 반드시 부모에게 여쭌 뒤에 해야 한다. 만일 의당 해야 할 일이라도 부모가 이를 허락지 않으면 반드시 그 사유를 간곡하게 여쭈어서 승낙을 받은 뒤에 하도록 해야 하는데, 끝내 부모가 승낙하지 않더라도 역시 제 마음대로 해서는 안 된다.

날마다 날이 밝기 전에 일어나서 몸가짐과 옷차림을 단정하게 하고 부모의 침소로 간다. 여기에서 기운을 차분하게 하고 목소리를 부드럽게 하여 춥고 더운 것과 편안한지 불편한지를 묻는다. 또 날이 어두우면 역시 침소로 가서 이부자리를 깔아 드리고 따뜻한지 서늘한지를 묻는다. 날마다 받들어 모시면서 항상 화락한 빛과 부드러운 얼굴로 물어서 공경하여 응대하고, 좌우에 모셔 섬기기에 그 정성을 다해야 한다. 또 외출하거나 돌아와서는 반드시 인사를 드리고 여쭈어 뵙는다.

요즘 사람들은 모두 부모가 길러준 은혜를 입고서도 스스로의 힘으로 그 부모를 섬기지 못한다. 만일 이렇게 그대로 세월이 지나가버리면 끝내 성심껏 부모를 봉양할 시기가 없을 것이다. 그러니 반드시 집안의 일을 스스로 주관해서 몸소 맛좋은 음식을 마련해 드려야 자식의 도리를 다했다고 하겠다. 만일 부모가 이것을 기어이 듣지 않으면 비록 자신이 집안일을 주관하지는 못하더라도 마땅히 있는 힘을 다해 맛있는 음식을 마련하여 부모의 입에 맞도록 하는 것이 옳은 일이다. 이렇게 마음이 오로지 부모를 섬기는 데에 있으면 맛있는 음식도 반드시 마련할 수 있을 것이다. 옛날 왕연(王延)이 깊은 겨울 몹시 추운 날씨에도 자신의 몸에는 옷 한 벌 제대로 걸치지 못하면서, 오직 부모의 몸을 따뜻하게 해드렸다는 일을 염두에 둔다면 다른 사람으로 하여금 감탄해서 눈물을 흘리게 할 수 있을 것이다.

일반적으로 아버지와 자식 사이에는 흔히 사랑하는 마음이 공경하는 마음보다 지나치기 쉽다. 그런 즉 반드시 낡은 습관을 미련 없이 버리고 지극하게 섬기도록 해야 한다. 부모가 앉고 눕는 곳에는 자식이 감히 앉고 눕지 않으며, 부모가 손님을 접대하는 곳에서는 자식이 감히 자신의 사사로운 손님을 접대하지 않는다. 또 부모가 말을 타고내리는 곳에서는 자식이 감히 말을 타고내리지 않아야 한다.

부모의 뜻이 옳으면 먼저 그 뜻을 이어받아서 순순히 행해야 마땅하고 조금이라도 어기지 말아야 한다. 만일 부모의 뜻이 옳지 않으면 온화한 태도와 즐거운 기색, 부드러운 목소리로 간해서 여러 가지로 사유를 말씀드려 기어이 부모가 이를 납득하도록 한다.

부모에게 병이 있으면 항상 마음속으로 조심하고 긴장해서, 다른 일들은 모두 제쳐두고 오직 약을 지어다가 치료하는 것을 일삼아야 한다. 그래서 병이 회복되면 예전으로 돌아가 다른 일을 보도록 한다.

일상생활에서나 또 아무리 짧은 시간일지라도 부모를 잊어서는 안 된다. 그렇게 해야 비로소 효도한다는 말을 할 수가 있다. 그런 줄 알면서도 제 몸을 삼가지 않고, 버릇없이 떠들며 그저 웃고 즐기면서 세월을 보내는 사람은 모두 그 부모를 잊은 사람이다.

　세월은 물과 같이 흐른다. 그러므로 부모를 섬기는 시간도 결코 길지 못하다. 그런 때문에 자식 된 사람은 모름지기 정성을 다하고 힘을 다해도 자신이 할 일을 다 하지 못할까 두렵다. 옛 사람의 시(詩)에, 옛날 사람은 하루 동안 그 부모를 섬기는 것을 삼공(三公)과 바꾸지 않는다고 했다. 이것은 옛날 사람들이 시간을 아껴가면서 부모를 섬긴 것을 말한 것이다.

6. 상제장(喪制章)

喪制　當一依朱文公家禮　若有疑晦處　則質問于先生
상제　당일의주문공가례　약우의회처　즉질문우선생

長者識禮處　必盡其禮　可也　復時　俗例必呼小字　非
장자식예처　필진기례　가야　복시　속례필호소자　비

禮也　少者則猶可呼名　長者則不可呼名　隨生時所稱
례야　소자즉유가호명　장자즉불가호명　수생시소칭

可也　(婦女尤不宜呼名)　母喪　父在則父爲喪主　凡祝
가야　부녀우불의호명　모상　부재즉부위상주　범축

辭　皆當用夫告妻之例也　父母初歿　妻妾婦及女子
사　개당용부고처지례야　부모초몰　처첩부급여자

皆被髮　男子則被髮扱上衽徒跣　(小斂後　男子則袒
개피발　남자즉피발급상임도선　소렴후　남자즉단

括髮　婦人則髽)　若子爲他人後者　及女子已嫁者　皆
괄발　부인즉좌　약자위타인후자　급여자이가자　개

不被髮徒跣　(男子則免冠)　尸在牀而未殯　男女位于
불피발도선　남자즉면관　시재상이미빈　남녀위우

尸傍　則其位南上　以尸頭所在爲上也　旣殯之後　女
시방　즉기위남상　이시두소재위상야　기빈지후　여

子則依前　位于堂上　南上　男子則位于階下　其位堂
자즉의전　위우당상　남상　남자즉위우계하　기위당

北上　以殯所在爲上也　發引時　男女之位　復南上
북상　이빈소재위상야　발인시　남녀지위　부남상

以靈柩所在爲上也　隨時變位而各有禮意　今人　多不
이영구소재위상야　수시변위이각유예의　금인　다불

解禮　每吊客致慰　專不起動　只俯伏而已　此非禮也
해례　매조객치위　전불기동　지부복이이　차비례야

吊客　拜靈座而出　則喪者當出自喪次　向吊客　再拜
조객　배영좌이출　즉상자당출자상차　향조객　재배

而哭　可也 (吊客當答拜)　衰絰　非疾病服役　則不可
이곡　가야　조객당답배　최질　비질병복역　즉불가

脫也　家禮　父母之喪　成服之日　始食粥　卒哭之日
탈야　가례　부모지상　성복지일　시식죽　졸곡지일

始疏食 (糲飯也)　水飲 (不食羹也)　不食菜果　小祥
시소식　여반야　수음　불식갱야　불식채과　소상

之後　始食菜果 (羹亦可食)　禮文如此　非有疾病　則
지후　시식채과　갱역가식　예문여차　비유질병　즉

當從禮文　人或有過禮而啜粥三年者　若是誠孝出人
당종예문　인혹유과례이철죽삼년자　약시성효출인

無一毫勉强之意　則雖過禮　猶或可也　若誠孝未至
무일호면강지의　즉수과례　유혹가야　약성효미지

而勉强踰禮　則是自欺而欺親也　切宜戒之　今之識禮
이면강유례　즉시자기이기친야　절의계지　금지식례

之家　多於葬後　返魂　此固正禮　但時人效嚬　遂廢廬
지가　다어장후　반혼　차고정례　단시인효빈　수폐려

墓之俗　返魂之後　各還其家　與妻子同處　禮坊大壞
묘지속　반혼지후　각환기가　여처자동처　예방대괴

甚可寒心　凡喪親者　自度一一從禮　無毫分虧欠　則
심가한심　범상친자　자탁일일종례　무호분휴흠　즉

當依禮返魂　如或未然　則當依舊俗廬墓　可也　親喪
당의례반혼　여혹미연　즉당의구속려묘　가야　친상

成服之前　哭泣　不絶於口　（氣盡則令婢僕代哭）　葬前
성복지전　곡읍　부절어구　기진즉영비복대곡　장전

哭無定時　哀至則哭　卒哭後則朝夕哭二時而已　禮文
곡무정시　애지즉곡　졸곡후즉조석곡이시이이　예문

大概如此　若孝子情至　則哭泣　豈有定數哉　凡喪
대개여차　약효자정지　즉곡읍　기유정수재　범상

與其哀不足而禮有餘也　不若禮不足而哀有餘也　喪
여기애부족이예유여야　불약예부족이애유여야　상

事　不過盡其哀敬而已　曾子曰　人未有自致者也　必
사　불과진기애경이이　증자왈　인미유자치자야　필

也親喪乎　送死者　事親之大節也　於此　不用其誠　惡
야친상호　송사자　사친지대절야　어차　불용기성　오

乎用其誠　昔者　小連大連　善居喪　三日不怠　三月
호용기성　석자　소련대련　선거상　삼일불태　삼월

不懈　期悲哀　三年憂　此是居喪之則也　孝誠之至者
불해　기비애　삼년우　차시거상지즉야　효성지지자

則不勉而能矣　如有不及者　則勉而從之　可也　人之
즉불면이능의　여유불급자　즉면이급지　가야　인지

居喪　誠孝不至　不能從禮者　固不足道矣　間有質美
거상　성효부지　불능종례자　고부족도의　간유질미

而未學者　徒知執禮之爲孝　而不知傷生之失正　過於
이미학자　도지집례지위효　이부지상생지실정　과어

哀毀　羸疾已作　而不忍從權　以至滅性者　或有之
애훼　영질이작　이불인종권　이지멸성자　혹유지

深可惜也　是故　毀瘠傷生　君子謂之不孝　凡有服親
심가석야　시고　훼척상생　군자위지불효　범유복친

戚之喪　若他處聞訃　則設位而哭　若奔喪　則至家而
척지상　약타처문부　즉설위이곡　약분상　즉지가이

成服　若不奔喪　則四日成服　若齋衰之服　則未成服
성복　약불분상　즉사일성복　약자최지복　즉미성복

前　三日中　朝夕爲位　會哭　(齋衰降大功者亦同)　師
전　삼일중　조석위위　회곡　자최강대공자역동　사

友之義重者　及親戚之無服而情厚者　與凡相知之分
우지의중자　급친척지무복이정후자　여범상지지분

密者　皆於聞喪之日　若道遠　不能往臨其喪　則設位
밀자　개어문상지일　약도원　불능왕림기상　즉설위

而哭　師則隨其情義深淺　或心喪三年　或期年　或九
이곡　사즉수기정의심천　혹심상삼년　혹기년　혹구

月　或五月　或三月　友則雖最重　不過三月　若師喪
월　혹오월　혹삼월　우즉수최중　불가삼월　약사상

欲行三年期年者　不能奔喪　則當朝夕設位而哭　四日
욕행삼년기년자　불능분상　즉당조석설위이곡　사일

而止　(止於四日之朝　若情重者則不止此限)　凡遭服
이지　지어사일지조　약정중자즉부지차한　범조복

者　每月朔日　設位　服其服而會哭　(師友雖無服亦
자　매월삭일　설위　복기복이회곡　사우수무복역

同)　月數旣滿　則於次月朔日　設位　服其服　會哭而
동　월수기만　즉어차월삭일　설위　복기복　회곡이

除之　其間　哀至則哭　可也　凡大功以上喪　則未葬
제지　기간　애지즉곡　가야　범대공이상상　즉미장

前　非有故　不可出入　亦不可弔人　常以治喪講禮爲事
전　비유고　불가출입　역불가조인　상이치상강례위사

상중의 복제(服制)는 오직 〈주자가례(朱子家禮)〉에 따르는 것이 마땅하고, 만일 의심나거나 모르는 것이 있으며 선생이나 웃어른으로 예에 관하여 아는 사람에게 질문하여 반드시 그 예를 극진히 하는 것이 옳다.

초혼(招魂)할 때에 관례를 보면 꼭 아명을 부르고 있는데, 이것은 예의가 아니다. 젊은 사람이라도 오히려 이름을 부르는 것이 옳은 것이니, 어른이면 꼭 이름을 부르지 않아도 되고, 생시에 일컫던 대로 하는 것이 옳다. (부녀자는 더욱 이름을 부르는 것은 마땅하지 않다.)

어머니가 돌아가신 상사(喪事)가 생기면 그 상사에는 아버지가 생존해 있으면 아버지가 그 상주가 되고, 대개 축문(祝文)도 모두 다 남편이 아내에게 말하는 투로 써야 마땅하다.

부모가 돌아가시면 아내와 첩(妾)과 며느리와 딸은 모두 머리를 풀고, 남자는 머리를 풀고 옷깃을 걷어 올리고 맨발을 한다. (소렴(小殮) 뒤에는 남자는 웃옷의 왼쪽을 벗어 어깨를 드러내고 머리를 묶으며, 부인은 복머리를 한다.)

양자(養子)로 간 아들이나, 시집을 간 딸은 모두 머리를 풀지 않고 맨발도 하지 않는다. (남자는 갓을 벗는다.)

시신(屍身)이 방의 침상에 있고 아직 빈소(殯所)를 설치하지 않았으면 남녀는 시신의 곁에 자리를 잡는데, 그 위치는 남쪽을 윗자리로 한다. 시신의 머리 쪽을 위로 삼기 때문이다.

이미 빈소가 설치된 뒤에는 여자들은 앞서 대로 당(堂) 위에 자리를 잡되 남쪽을 윗자리로 하고, 남자들은 뜰아래에 자리를 잡되 그 위치는 북쪽을 윗자리로 할 것이다. 이것은 빈소가 있는 곳으로써 위를 삼기 때문이다.

발인(發靷)을 할 때에는 남녀의 위치는 다시 남쪽을 윗자리로 한다. 이것은 영구(靈柩)가 있는 곳을 위로 삼기 때문이다.

수시로 자리를 바꾸는 것은 각각 예를 갖추는 데 뜻이 있는 것이다.

요즘 사람들은 예에 관한 것을 흔히 이해하지 못하고 조객(弔客)이 조위(弔慰)할 때마다 전혀 기동을 하지 않고 다만 엎드려 있을 뿐이지만, 이것은 예가 아니다. 조객이 영위(靈位)에서 물러 나오면 상주(喪主)도 당연히 상주의 자리로부터 나와서 조객을 향하여 두 번 절을 하고 나서 곡하는 것이 옳다. (조객도 또한 답배(答拜)를 한다.) 상복과 수요질은 다른 곳으로 나들이하는 것이 아니면 벗을 수 없다.

〈주자가례〉에 따르면 부모의 상에는 성복(成服)하는 날에 비로소 죽을 먹고, 졸곡(卒哭)하는 날에 비로소 거친 밥과 물을 마신다. (그러나 국은 먹지 않는다). 그리고 채소와 실과를 먹지 않다가 소상(小祥) 뒤에야 비로소 채소와 실과를 먹는다. (그리고 국을 먹어도 된다). 예문(禮文)이 이와 같으니 병이 없으면 당연히 예문에 따라야 한다. 간혹 어떤 사람은 예의 한도를 넘어서 3년 동안 죽을 먹었다고 하니, 이처럼 정말로 효성이 남보다 뛰어나고 추호도 억지의 뜻이 없었다면 비록 예의 한도에 지나쳤더라도 오히려 좋은 것이다.

정말 조금이라도 효성이 지극하지 못해서 애써 억지로 예의 한도를 지나쳤다면, 이는 자신을 속이고 부모를 속인 것이니 주의해야 마땅하다. 요즘 예법을 안다는 가문에서는 흔히 장사 지낸 뒤에 반혼(返魂)을 하는데, 이것은 실로 바른 예법이다.

다만 요즈음 사람들은 무턱대고 남의 흉내를 내어 마침내는 여막(廬幕)의 풍속도 폐하고, 반혼 뒤에는 저마다 집으로 돌아가서 처자와 함께 지낸다. 예의 예방(禮坊 : 예의 마을)이 크게 무너지는 것으로 몹시 한심스럽다.

대개 부모를 잃은 사람은 스스로 일일이 헤아려서 예법을 따라서 조금이라도 모자라지 않으면 마땅히 예법에 따라 반혼하고, 혹 조금이라도 그렇지 않으면 옛 풍속에 따라 여막에서 사는 것이 마땅하다.

부모의 초상에서는 성복을 하기 전에 슬피 소리를 내어 울기를 입에서 끊이지 말아야 한다. (기운이 다하면 남녀의 종으로 대신 곡하게 한다.) 장사지내기 전에는 곡하는 것을 정한 때가 없고 슬픔이 벅차오르면 곡한다. 졸곡 후면 조석곡(朝夕哭) 두 번뿐이다. 예문(禮文)에는 대개 이와 같지만, 만일 효성이 지극하면 슬피 소리 내어 우는데 어찌 정해진 수가 있겠는가? 대개 초상 때에 그 슬픔은 부족하면서 예법이 넉넉한 것은, 예법은 부족하면서 슬픔이 넉넉한 것만 못하다. 상사(喪事)란 그 슬픔과 공경을 다하는 것이다.

증자(曾子)가 말했다. "사람은 아직 스스로 정성을 다했다는 사람은 없다. 그러나 부모의 상에도 꼭 그런 것인가. 죽은 사람을 잘 보내드린다는 것은 부모를 섬기는 큰 예절이다. 이런 것에 그 정성을 다하지 않고, 어디에 그 정성을 쓰겠는가?"

옛날에 동이(東夷) 사람이 소련(小連)과 대련(大連)을 잘 거상(居喪)하여 3일 동안 해야 할 일을 게을리 하지 않았고, 석 달 동안 해야 할 일을 태만하게 하지 않았고, 1년 동안 슬퍼했고, 3년 동안 근심하였다. 이것이 곧 거상(居喪)의 법도이다.

정말로 효성이 지극한 사람이면 억지로 애를 쓰지 않아도 잘할 것이지만, 만일 미치지 못하는 사람이 있으면 애써 힘써서 미치게 하는 것이 옳다.

사람이 장례를 치를 때는 효성이 지극하지 못하여 예법대로 못하는 사람은 정말 말할 것도 없고, 간혹 본성(本性)은 아름다워도 배우지 못한 사람은 그저 행하는 예법대로 하는 것이 효성인 줄만 알고 생명을 손상하는 것이 중정(中正)의 도리를 잃는 것임을 알지 못하며, 슬픔으로 몸을 해치는 것이 지나쳐서 병이 나도 차마 손을 쓰지 못하고 목숨을 잃는 데까지 가는 사람이 간혹 있는데 심히 애석한 일이다.

이런 까닭으로 너무 슬퍼해서 몸이 약해지고 생명을 상하게 하는 것, 군자는 이것을 불효라고 말했다.

대체적으로 복제(服制)에 해당되어 복을 입어야 할 친척의 초상 때에는, 만약 떨어져 있어서 딴 곳에서 부음(訃音)을 들으면 신위(神位)를 설치하고 곡해야 하고, 만약 초상에 급하게 갔으면 상가에 이르는 즉시 상복(喪服)을 입어야 하며, 만약 초상에 급히 가지 않았으면 4일 만에 상복을 입으며, 만약 자최(齊衰)의 복에 해당하면 상복을 입기 전 3일 동안 아침저녁으로 신위를 설치하고 반드시 곡을 해야 한다. (자최의 복을 낮추어 대공(大功), 즉 9개월의 상복을 입는 사람도 역시 같다.)

스승과 친구로서 의리가 남달리 두터운 사람이나, 친척에 복제(服制)가 없으면서 정의(情誼)가 두터운 사람이나, 보통 아는 사이지만 교분(交分)이 두터운 사람끼리는 모두 초상의 소식을 들은 날에, 만일에 길이 멀어서 그 초상에 맞춰 갈 수 없으면 신위를 설치하고서 곡을 한다. 스승이면 그 정의(情誼)의 정도에 따라 심상(心喪) 3년을 하거나 혹은 1년을 하며, 혹은 아홉 달을 하거나 혹은 다섯 달을 하며, 혹은 석 달을 한다.

친구 사이면 비록 가장 친함이 두터울지라도 석 달을 넘지 못한다.

만일 스승의 상에 3년과 1년을 하고자 하는 사람이 분상(奔喪)을 할 수 없으면 마땅히 조석(朝夕)으로 신위를 설치하고서 곡을 해야 하나 나흘이 되면 그친다. (나흘이 되는 아침에 그친다. 만일 정의가 두터운 사람이라면 이 한계에 머물지 않는다.)

대체적으로 복제에 해당되어 복을 입는 사람은 매달 초하루에 신위를 설치하고 자신의 복을 입고서 반드시 곡을 해야 한다. (스승이나 친구는 비록 복이 없지만 같다.) 복을 입는 달의 수가 이미 다 되었으면 다음 달 초하루에 신위를 설치하고 자신의 복을 입고 반드시 곡을 하고나서 상복(喪服)을 벗는다. 그 동안이라도 슬픔이 지극하면 곡을 해도 괜찮다.

대체로 대공(大功) 이상의 복을 입을 상사(喪事)이면 장사지내기 전에는 까닭 없이 문밖출입을 할 수 없다. 또한 남의 조문(弔問)도 할 수 없다. 항상 초상 치를 예의만 논의함으로써 일을 삼아야 한다.

[訓讀]

*喪 : 죽을 상. *制 : 마를 제. *晦 : 그믐 회. *歿 : 죽을 몰. *扱 : 미칠 급. *袵 : 옷깃 임. *跣 : 맨발 선. *斂 : 거둘 렴. *袒 : 웃통 벗을 단. *括 : 묶을 괄. *髽 : 북상투 좌. *尸 : 주검 시. *殯 : 염할 빈. *鞨 : 가슴걸이인. *柩 : 널 구. *俯 : 구부릴 부. *笘 : 팥 답. *絰 : 질 질. *粥 : 죽 죽. *羹 : 국 갱. *歠 : 마실 철. *踰 : 넘을 유. *葬 : 장사지낼 장. *顰 : 찡그릴 빈. *坊 : 동네 방. *廬 : 오두막집 려. *墓 : 무덤 묘. *昔 : 옛날 석. *懈 : 게으를 해. *羸 : 야윌 리. *瘠 : 파리할 척. *戚 : 겨레 척. *奔 : 달릴 분. *齊 : 가지런할 제. 상복이름 자. *衰 : 쇠할 쇠. 상복이름 최. *朔 : 초하루 삭.

[語釋]

*당일(當一) : 마땅히. 오로지. *의회(疑晦) : 의심나고 모르는 것. *장자(長者) : 어른. *복(復) : 초혼(招魂). 사람이 죽었을 때에 그 사람이 생시에 입었던 저고리를 왼손에 들고 오른손을 허리에 대고서 지붕 위나 마당에서 북향하여 "무슨 동, 아무개 복!"하고 세 번 부른다. 이것을 고복(皋復) 또는 초혼이라 한다. 망령(亡靈)을 불러들여

죽은 사람에게 되돌아오게 한다는 의식인데, 그래도 죽은 사람이 소생하지 않으면 죽은 것이 확실함을 알고 초상을 알릴 곳에 알린다. *소자(小字) : 어렸을 때의 字나 이름을 가리킨다. *몰(歿) : 沒과 같은 글자. 죽음. *흡상(扱上) : 거두어 올림. *도선(徒跣) : 맨발. *소렴(小殮) : 시체를 옷과 이불로 쌈. 殮은 殯으로도 씀. *단(袒) : 웃옷을 벗어 한쪽만의 어깨를 드러냄. *괄발(括髮) : 머리를 묶음 *좌(髽) : 복머리. 부인이 상중에 하는 결발(結髮). *위타인후자(爲他人後者) : 남의 후계자가 됨. 양자가 됨. *시(尸) : 주검. 시체. *영구(靈柩) : 시체를 넣은 관. *빈소(殯所) : 시체를 입관하여 발인할 때까지 안치하는 곳. *발인(發靷) : 시체를 모신 관을 장지로 가기 위하여 내모시는 것. *다불해(多不解) : 흔히 이해하지 못함. *치위(致慰) : 위로를 함. *영좌(靈座) : 영위. 신주. 위패. *상차(喪次) : 상제의 자리. *최질衰絰) : 상복과 수질 및 요질. *가례(家禮) : 주자의 가례. *성복(成服) : 초상이 나서 喪服을 입는 것. *졸곡(卒哭) : 삼우제를 지낸 뒤에 지내는 제사. 즉 사람이 죽은 지 3달이 되는 초정일이나 해일에 지내는 제사를 말함. *소식(疏食) : 거친 밥. *수음(水飮) : 물을 마심. 국은 먹지 못함. *여반(糲飯) : 곱게 쓿지 않은 곡식으로 만든 밥. *식채과(食菜果) : 채소와 실과를 먹음. 국도 먹을 수 있음. *소상(小喪) : 사람이 죽은 지 1년 만에 맞는 제사. 기년제. 소기. *철죽(餮粥) : 죽을 먹음. *면강(勉强) : 힘써 억지로. *유례(踰禮) : 예의 한정에서 벗어남. *반혼(返魂) : 장사를 지낸 뒤에 죽은 이의 혼백을 다시 집으로 모셔 오는 일. = 반우(返虞, 葬禮 後 祭禮, 우제 우). *효빈(效顰) : 함부로 남의 흉내를 냄. 월나라의 미인 서시가 불쾌한 일이 있어 얼굴을 찡그렸더니, 한 추녀가 그걸 보고 흉내 냈다는 고사에서 나온 말로서 무턱대고 남의 흉내를 내는 것을 이름. *여묘(廬墓) : 상제가 거처하는 무덤 근처에 있는 오두막집. = 여막(廬幕). *예방(禮坊) : 예를 맡은 관청. *휴흠(虧欠) : 일정한 것에의 부족이나 흠. *곡

읍(哭泣) : 소리를 내어 슬프게 욺. 통곡함. *부절어구(不絶於口) : 입
에서 끊이지 않음.

[大意]

상례(喪禮)에 관하여 자세하게 설명하고 있다.

이 상제(喪制)에 대해서는 저자도 주자(朱子)의 〈가례(家禮)〉에 의해서만 실행하고, 만일에 의심이 나면 선생이나 어른에게 물어서 실행하라고 했다. 부모가 죽었을 때 쓰는 상제(喪制), 이것은 말할 필요도 없이 증자(曾子)가 말한 대로 오직 효성이 지극한 사람은 애를 쓰지 않아도 잘 할 수가 있는 것이다.

그리고 여기에서 말하는 이런 제도에만 너무 구애받을 것이 아니라, 오직 지극한 도리로 예를 실행한다면 혹 예법에 조금 어긋나더라도 당사자의 효도에는 손상될 것이 없을 것이라는 것이다.

7. 제례장(祭禮章)

祭祀　當依家禮　必立祠堂　以奉先主　置祭田　具祭
제사　당의가례　필립사당　이봉선주　치제전　구제

器　宗子主之主祠堂者　每晨　謁于大門之內　再拜
기　종자주지주사당자　매신　알우대문지내　재배

(雖非主人　隨主人同謁　無妨)　出入　必告　或有水火
수비주인　수주인동알　무방　출입　필고　혹유수화

盜賊　則先救祠堂　遷神主遺書　次及祭器　然後及家
도적　즉선구사당　천신주유서　차급제기　연후급가

財　正(正朝)　至(冬至)　朔(一日)　望(十五日)　則參
재　정　정조　지동지　삭 일일　망 십오일　즉참

俗節則薦以時食　時祭則散齊四日　致齊三日　忌祭則
속절즉천이시식　시제즉산제사일　치제삼일　기제즉

散齊二日　致齊一日　參禮則齊宿一日　所謂散齊者
산제이일　치제일일　참례즉제숙일일　소위산제자

不弔喪　不問疾　不茹葷　飮酒不得至亂　凡凶穢之事
불조상　불문질　불여훈　음주불득지란　범흉예지사

皆不得預(若路中猝遇凶穢　則掩目而避　不可視也)
개불득예　약로중졸우흉예　칙엄목이피　불가시야

所謂致齊者　不聽樂　不出入　專心想念所祭之人　思
소위치제자　불청악　불출입　전심상념소제지인　사

其居處　思其笑語　思其所樂　思其所嗜之謂也　夫然
기거처　사기소어　사기소요　사기소기지위야　부연

後　當祭之時　如見其形　如聞其聲　誠至而神享也
후　당제지시　여견기형　여문기성　성지이신향야

凡祭　主於盡愛敬之誠而已　貧則稱家之有無　疾則量
범제　주어진애경지성이이　빈즉칭가지유무　질즉량

筋力而行之　財力可及者　自當如儀　墓祭　忌祭　世
근력이행지　재력가급자　자당여의　묘제　기제　세

俗　輪行　非禮也　墓祭則雖輪行　皆祭于墓上　猶之可
속　륜행　비례야　묘제즉수륜행　개제우묘상　유지가

也　忌祭　不祭于神主　而乃祭于紙榜　此甚未安　雖
야　기제　불제우신주　이내제우지방　차심미안　수

不免輪行　須具祭饌　行于家廟　庶乎可矣　喪祭二禮
불면륜행　수구제찬　행우가묘　서호가의　상제이례

最是人子致誠處也　已沒之親　不可追養　若非喪盡其
최시인자치성처야　이몰지친　불가추양　약비상진기

禮　祭盡其誠　則終天之痛　無事可寓　無時可洩也
례　제진기성　즉종천지통　무사가우　무시가설야

於人子之情　當如何哉　曾子曰　愼終追遠　民德歸厚
어인자지정　당여하재　증자왈　신종추원　민덕귀후

矣　爲人子者　所當深念也　今俗　多不識禮　其行祭
의　위인자자　소당심념야　금속　다불식례　기행제

之儀　家家不同　甚可笑也　若不一裁之以禮　則終不
지의　가가불동　심가소야　약불일재지이례　즉종불

免紊亂無序　歸於夷虜之風矣　玆鈔祭禮　附錄于後
면문란무서　귀어이로지풍의　자초제례　부록우후

且爲之圖　須詳審倣行　而若父兄不欲　則當委曲陳達
차위지도　수상심방행　이약부형불욕　즉당위곡진달

期於歸正
기어귀정

제사는 마땅히 〈가례(家禮)〉에 따라서 반드시 사당을 세워 선대의 신주를 모시고 위토답(位土畓)을 마련하여 제기(祭器)를 갖춘 뒤에 종자(宗子)가 이것을 주관해야 한다.

사당을 주관하는 사람은 매일 새벽에 대문 안에서 재배하고, 주관하는 사람이 아니라도 주관하는 사람을 따라 함께 뵙는 것은 무방하다. 나들이할 때는 반드시 고하여야 한다.

혹 수재(水災)나 화재(火災)가 생기거나 도둑이 들면 먼저 사당부터 구하고, 신주와 대물려온 책들을 옮긴 다음에 제기를 치우고, 그 뒤에 집안의 재물을 구한다.

설날이나 동지, 초하루나 보름에 사당에 참례하고, 단오나 추석 등 재래의 명절에는 그 계절의 음식을 올린다.

시제(時祭)는 산재(散齋)를 4일 하고 치재(致齋)를 3일 하며, 기제(忌祭)는 산재를 2일 하고 치재를 1일 하며, 참례(參禮)는 재숙(齋宿)을 1일 한다.

산재라는 것은 조문하지 않고 문병하지 않고, 육식(肉食)하지 않고, 술을 마셔도 취하게 마시지 않으며, 모든 흉악한 일에 참여하지 않는 것이다. 만일 길에서 흉하고 추악한 것을 갑자기 만나면 눈을 가리고 피하여 보지 말아야 한다.

치재라는 것은 음악을 듣지 않고 나들이하지 않고 전심으로 제사를 받들 부모나 조상만을 생각하여, 거처하던 것을 회상하고, 웃고 말씀하던 것을 회상하고, 좋아하던 것을 회상하고, 즐기던 음식을 회상하는 것을 이른다. 이렇게 해야 제사를 올릴 때에 모습이 보이는 듯하고 음성이 들리는 듯할 것이다. 정성이 지극해야 신이 흠향하는 것이다.

대체적으로 제주(祭主)는 사랑하는 마음과 공경하는 정성을 다할 뿐이다. 가난하면 집의 형편에 어울리게 하고, 병이 있으면 자신의 기운을 헤아려 제사를 지내야 한다. 재물과 자신의 기운이 미칠 수 있는 사람이면 의당 의식대로 행해야 한다.

묘제(墓祭)와 기제를 세속에서는 자손들 사이에 돌려가며 지내는데 이것은 예의가 아니다. 묘제는 비록 돌아가며 지낸다 하더라도 모두 묘소에서 제사를 올리는 것이니 그런대로 괜찮겠으나, 기제는 신주(神主)에 제사 지내지 않고 지방(紙榜)에 제사를 지내야 하니 매우 죄송한 일이다. 비록 돌아가며 지내더라도 제물을 갖추어 가묘(家廟)에서 지낸다면 괜찮다고 할 수 있다.

상제(喪祭)의 두 가지 예절은 자손으로서 가장 정성을 쏟아야 할 부분이다. 이미 돌아가신 부모는 다시 봉양할 수 없으니, 만일 초상에서 예를 다하지 않고 제사에서 정성을 다하지 못했다면 그 영원한 애통을 붙일 곳이 없고 흘려버릴 만한 때가 없을 것이니, 자식으로서 그 정의가 어떠하겠는가. 증자(曾子)의 말에, 신종(愼終)하고 추원(追遠)하면 백성의 덕이 후한 데로 돌아간다고 하였으니, 사람의 자식으로서 의당 깊이 명심하여야 한다.

요즈음 풍속에서 흔히 예를 몰라서, 제사 지내는 의식이 집집마다 다르니 매우 가소롭다. 만일 예법대로 한번 제재하지 않게 되면 끝내는 문란하고 질서가 없어 오랑캐의 풍속이 됨을 면치 못할 것이다. 이에 제례를 초록하여 뒤에 부록으로 붙이고 또 그것을 위해 도식을 마련했다. 자세히 살펴 본떠 행하되 만일 부형이 들어 주시지 않거든 진심으로 아뢰어서 기필코 바르게 되도록 해야 한다.

[訓讀]
*祀 : 제사 사. *祠 : 사당 사. *遷 : 옮길 천. *朔 : 초하루 삭. *薦 : 천거할 천. *忌 : 꺼릴 기. *茹 : 먹을 여. *薰 : 향풀 훈. *穢 :

더러울 예. *猝 : 갑자기 졸. *掩 : 가릴 엄. *嗜 : 즐길 기. *榜 : 매 방. *饌 : 반찬 찬. *廟 : 사당 묘. *庶 : 여러 서. *洩 : 샐 설. *裁 : 마를 재. *紊 : 어지러울 문. *虜 : 포로 로. *倣 : 본뜰 방.

[語釋]

*사당(祠堂) : 그 집안 조상신의 위패를 모셔 놓은 집. = 家廟. *선주(先主) : 선조의 신주. *제기(祭器) : 제사에 쓰는 그릇. *제전(祭田) : 위토. 그 수입을 조상의 제사에 쓰기 위하여 마련해 놓은 전답. *종자(宗子) : 종가(宗家)의 맏아들. *필고(必告) : 꼭 아룀. 반드시 고함. *선구사당(先救祠堂) : 먼저 사당을 구출함. *유서(遺書) : 선조가 남겨 놓은 책. *차급제기(次及祭器) : 다음에 제기를 구출함. *가재(家財) : 살림살이에 필요한 물건. *정조(正朝) : 정월 1일. *동지(冬至) : 24절기의 하나. *참(參) : 참지(參詣)함. *속절(俗節) : 명절. *천(薦) : 천신(薦神). 올림. *시식(時食) : 그 계절의 음식. *시제(時祭) : 춘하추동 사시에 일월산천 등에 지내는 제사. 시사. *산제(散齊) : 7일간의 재계. *치제(致齊) : 3일간의 재계. *기제(忌祭) : 죽은 날에 지내는 제사. *참례(參禮) : 예식에 참례함. *제숙(齊宿) : 재계하고 하룻밤을 지냄. *여훈(茹葷) : 훈채를 데쳐서 먹음. 葷은 마늘이나 파 같은 채소, 茹는 데치는 것. *흉예(凶穢) : 흉하고 더러움. *신향(神享) : 신이 흠향함. *가급자(可及者) : 미칠 수 있는 사람. 가능한 사람. *여의(如儀) : 예법대로. *묘제(墓祭) : 무덤 앞에서 지내는 제사. *세속윤행(世俗輪行) : 세상 풍속에 자손들이 돌려가며 제사를 지내는 것. *유지가야(猶之可也) : 오히려 좋다. *제찬(祭饌) : 제수로 마련한 음식. *紙榜(지방) : 신주 대신 종이에 조상의 서열 관계와 관직을 적은 것. 종잇조각에 지방문을 써서 만든 신주(神主). *치성(致誠) : 정성을 다함. *추양(追養) : 뒤쫓아 가서 돌아가신 부모를 봉양함. *종천지통(終天之通) : 친상의 슬픔. 가없는 슬픔. *신

종(愼終) : 어버이의 상사(喪事)를 정중히 함. *추원(追遠) : 조상을 생각하고 제사지냄. *귀후(歸厚) : 돈후(敦厚)한 데로 돌아감. *이로지풍(夷虜之風) : 오랑캐의 풍속. *진달(陳達) : 말하여 밝힘. 설명함. *초(鈔) : 노략질하다. 약탈하다. *위곡(委曲) : 자세한 사정이나 곡절. 불만 되는 점이 있어도 몸을 굽혀 일의 성취를 바란다는 뜻.

[大意]

제례장에서는 제사를 지내는 절차에 대하여 자세하게 설명했다.

제사는 당연히 〈주자가례〉에 따라 지내되, 꼭 사당(祠堂)을 세워서 그곳에 선조의 신주(神主)를 모시고 제전(祭田)을 마련하며, 제기(祭器)를 구비하여 종자손(宗子孫)이 이를 주관해야 한다.

사당을 맡고 있는 사람은 새벽마다 사당의 대문 안으로 들어가서 두 번 절하고(비록 주관하는 사람이 아닐지라도 주관하는 사람을 따라 같이 뵈어도 무방하다), 출입할 때에는 반드시 사당에 고하여야 한다.

혹 사고를 당하면 먼저 사당을 구출하여 신주(神主)와 유서(遺書)를 옮기고, 다음에 제기를, 그런 다음에 가재도구를 옮긴다. 정월 초하룻날과 동짓날, 매월 초하루와 보름에는 사당에 참례(參禮)하고, 명절에는 제 철의 음식을 올린다.

시제(時祭)를 지낼 때에는 4일 동안 산재(散齊)를 하고 3일 동안 치재(致齊)를 하며, 기제(忌祭)를 지낼 때에는 2일 동안 산재를 하고 1일 동안 치재하며, 참례를 지낼 때에는 1일 동안 재숙(齊宿)을 한다.

산재는 초상 때에 다른 집에 조문을 하지 않고 병문안을 하지 않으며, 훈채를 먹지 않고, 술을 취하도록 마시지 않으며,

흉하고 더러운 일에는 어디든지 참례하지 않는 것을 말한다.

치재는 음악을 듣지 않고, 밖에 나들이하지 않으며, 마음에는 오직 제사를 받들 생각만 하여, 돌아가신 이의 살아 있을 때의 모습만을 생각하는 것을 말한다.

그렇게 해야 제사를 받들면 죽은 사람의 얼굴이 보이고 그 음성이 들리는 것 같아서, 그 정성으로 하여금 흠향(歆饗)하게 되는 것이다.

대체로 제사는 사랑과 공경의 정성을 다하는 것뿐이다. 가난하면 가난한 대로 할 것이고, 몸이 아프면 힘이 닿는 만큼만 하면 된다. 재력(財力)이 있는 사람은 스스로가 마땅히 예법대로 하면 된다.

세상 풍속에 묘제(墓祭)와 기제(忌祭)를 자손들이 돌려가며 지내는데, 이것은 예의가 아니다. 묘제는 돌려가며 지내면 모두가 묘 앞에서 지내니 오히려 좋지만, 기제를 신주(神主)에게 제사지내지 않고 지방(紙榜)을 써 붙이니 이는 몹시 면구스러운 일이다. 비록 돌려가며 지낼지라도 꼭 제찬(祭饌)을 갖추어서 가묘(家廟)에 가서 지내는 것이 그래도 좋을 것이다.

상례와 제례의 두 가지 예의 중 가장 옳은 것은 사람의 자식으로서 정성을 다한다는 것이다. 이미 돌아가신 부모를 뒤쫓아가서 섬길 수는 없는 것이니, 장례(葬禮)와 제사에 그 정성을 다해야 한다.

사람의 자식 된 도리로 어떻게 하는 것이 마땅한가? 증자(曾子)가 말하기를, 부모의 장례나 제사를 정중히 모셔서 추모하면 백성의 덕망이 돈후하게 된다고 했으니, 사람의 자식 된 도리로 깊이 생각해야 옳은 일이다.

요즘의 풍속이 흔히 예의를 알지 못해서, 제사를 지내는 의식이 집집마다 다르니 우스운 일이다. 마련한 예법으로 일관하

지 않으면 문란하고 질서가 없어져서 오랑캐의 풍속으로 돌아
갈 것이다.

그래서 제례를 초록(抄錄)하여 책 끝에 부록을 삼고 또 그림
까지 붙이니, 반드시 면밀히 살피고 본받아서 실천해야 하고,
만일 그렇게 하려고 하지 않으면 자세하게 설명하고 밝혀서 바
로잡도록 해야 한다.

8. 거가장(居家章)

凡居家　　當謹守禮法　　以率妻子及家衆　　分之以職　　授
범거가　　당근수례법　　이솔처자급가중　　분지이직　　수

之以事　　而責其成功　　制財用之節　　量入而爲出　　稱家
지이사　　이책기성공　　제재용지절　　량입이위출　　칭가

之有無　　以給上下之衣食　　及吉凶之費　　皆有品節　　而
지유무　　이급상하지의식　　급길흉지비　　개유품절　　이

莫不均一　　裁省冗費　　禁止奢華　　常須稍存贏餘　　以備
막불균일　　재생용비　　금지사화　　상수초존영여　　이비

不虞　　冠婚之制　　當依家禮　　不可苟且從俗　　兄弟　　同
불우　　관혼지제　　당의가례　　불가구차종속　　형제　　동

受父母遺體　　與我如一身　　視之　　當無彼我之間　　飲食
수부모유체　　여아여일신　　시지　　당무피아지간　　음식

衣服有無　　皆當共之　　設使兄飢而弟飽　　弟寒而兄溫
의복유무　　개당공지　　설사형기이제포　　제한이형온

則是一身之中　　肢體或病或健也　　身心　　豈得偏安乎
즉시일신지중　　지체혹병혹건야　　신심　　기득편안호

今人　　兄弟不相愛者　　皆緣不愛父母故也　　若有愛父母
금인　　형제불상애자　　개연불애부모고야　　약유애부모

之心　　則豈可不愛父母之子乎　　兄弟　　若有不善之行
지심　　즉기가불애부모지자호　　형제　　약유불선지행

則當積誠忠諫　　漸喩以理　　期於感悟　　不可遽加厲色拂
즉당적성충간　　점유이리　　기어감오　　불가거가려색불

言　　以失其和也　　今之學者　　外雖矜持　　而內鮮篤實
언　　이실기화야　　금지학자　　외수긍지　　이내선독실

夫婦之間　袵席之上　多縱情慾　失其威儀　故夫婦不
부부지간　임석지상　다종정욕　실기위의　고부부불

相昵狎而能相敬者甚少　如是而欲修身正家　不亦難
상닐압이능상경자심소　여시이욕수신정가　불역난

乎　必須夫和而制以義　妻順而承以正　夫婦之間　不
호　필수부화이제이의　처순이승이정　부부지간　불

失禮敬然後　家事　可治也　若從前相狎　而一朝　遽
실례경연후　가사　가치야　약종전상압　이일조　거

欲相敬　其勢難行　須是與妻相戒　必去前習　漸入於
욕상경　기세난행　수시여처상계　필거전습　점입어

禮　可也　妻若見我發言持身　一出於正　則必漸相信
례　가야　처약견아발언지신　일출어정　즉필점상신

而順從矣　生子　自稍有知識時　當導之以善　若幼而
이순종의　생자　자초유지식시　당도지이선　약유이

不教　至於旣長　則習非放心　教之甚難　教之之序
불교　지어기장　즉습비방심　교지심난　교지지서

當依小學　大抵一家之內　禮法與行　簡編筆墨之外
당의소학　대저일가지내　예법여행　간편필묵지외

無他雜技　則子弟亦無外馳畔學之患矣　兄弟之子　猶
무타잡기　즉자제역무외치반학지환의　형제지자　유

我子也　其愛之　其教之　當均一　不可有輕重厚薄也
아자야　기애지　기교지　당균일　불가유경중후박야

婢僕　代我之勞　當先恩而後威　乃得其心　君之於民
비복　대아지로　당선은이후위　내득기심　군지어민

主之於僕　其理一也　君不恤民則民散　民散則國亡
주지어복　기리일야　군불휼민즉민산　민산즉국망

主不恤僕則僕散　僕散則家敗　勢所必至　其於婢僕
주 불 휼 복 즉 복 산　복 산 즉 가 패　세 소 필 지　기 어 비 복

必須軫念飢寒　資給衣食　使得其所　而有過惡　則先
필 수 진 념 기 한　자 급 의 식　사 득 기 소　이 유 과 악　즉 선

須勤勤敎誨　使之改革　敎之不改然後　乃施楚撻　使
수 근 근 교 회　사 지 개 혁　교 지 불 개 연 후　내 시 초 달　사

其心　知厥主之楚撻　出於敎誨　而非所以憎嫉　然後
기 심　지 궐 주 지 초 달　출 어 교 회　이 비 소 이 증 질　연 후

可使改心革面矣　治家　當以禮法　辨別內外　雖婢僕
가 사 개 심 혁 면 의　치 가　당 이 례 법　변 별 내 외　수 비 복

男女不可混處　男僕　非有所使令　則不可輒入內　女
남 녀 불 가 혼 처　남 복　비 유 소 사 령　즉 불 가 첩 입 내　녀

僕　皆當使有定夫　不可使淫亂　若淫亂不止者　則當
복　개 당 사 유 정 부　불 가 사 음 란　약 음 란 불 지 자　즉 당

黜使別居　毋令汚穢家風　婢僕　當令和睦　若有鬪鬩
출 사 별 거　무 령 오 예 가 풍　비 복　당 령 화 목　약 유 투 혁

喧噪者　則當痛加禁制　君子憂道　不當憂貧　但家貧
훤 조 자　즉 당 통 가 금 제　군 자 우 도　불 당 우 빈　단 가 빈

無以資生　則雖當思救窮之策　亦只可免飢寒而已　不
무 이 자 생　즉 수 당 사 구 궁 지 책　역 지 가 면 기 한 이 이　불

可存居積豊足之念　且不可以世間鄙事　留滯于心胸
가 존 거 적 풍 족 지 념　차 불 가 이 세 간 비 사　류 체 우 심 흉

之間　古之隱者　有織屨而食者　樵漁而活者　植杖而
지 간　고 지 은 자　유 직 구 이 식 자　초 어 이 활 자　식 장 이

耘者　此等人　富貴不能動其心　故能安於此　若有較
운 자　차 등 인　부 귀 불 능 동 기 심　고 능 안 어 차　약 유 교

利害計豊約之念　則豈不爲心術之害哉　學者　要須以
리 해 계 풍 약 지 념　　즉 기 불 위 심 술 지 해 재　　학 자　　요 수 이

輕富貴守貧賤爲心　居家　貧窶　則必爲貧窶所困　失
경 부 귀 수 빈 천 위 심　　거 가　　빈 구　　즉 필 위 빈 구 소 곤　　실

其所守者多矣　學者　正當於此處用功　古人曰　窮視
기 소 수 자 다 의　　학 자　　정 당 어 차 처 용 공　　고 인 왈　　궁 시

其所不爲　貧視其所不取　孔子曰　小人　窮斯濫矣
기 소 불 위　　빈 시 기 소 불 취　　공 자 왈　　소 인　　궁 사 람 의

若動於貧窶　而不能行義　則焉用學問爲哉　凡辭受取
약 동 어 빈 구　　이 불 능 행 의　　즉 언 용 학 문 위 재　　범 사 수 취

與之際　必精思義與非義　義則取之　不義則不取　不
여 지 제　　필 정 사 의 여 비 의　　의 즉 취 지　　불 의 즉 불 취　　불

可毫髮放過　若朋友　則有通財之義　所遺　皆當受
가 호 발 방 과　　약 붕 우　　즉 유 통 재 지 의　　소 유　　개 당 수

但我非乏而遺以米布　則不可受也　其他相識者　則只
단 아 비 핍 이 유 이 미 포　　즉 불 가 수 야　　기 타 상 식 자　　즉 지

受其有名之饋　而無名則不可受也　所謂有名者　賻喪
수 기 유 명 지 궤　　이 무 명 즉 불 가 수 야　　소 위 유 명 자　　부 상

贐行　助婚禮　周飢乏之類　是也　若是大段惡人心所
신 행　　조 혼 례　　주 기 핍 지 류　　시 야　　약 시 대 단 악 인 심 소

鄙惡者　則其饋雖有名　受之　心必不安　心不安　則不
비 오 자　　즉 기 궤 수 유 명　　수 지　　심 필 불 안　　심 불 안　　즉 불

可抑而受之也　孟子曰　無爲其所不爲　無欲其所不欲
가 억 이 수 지 야　　맹 자 왈　　무 위 기 소 불 위　　무 욕 기 소 불 욕

此是行義之法也　中朝則列邑之宰　有私俸　故推其餘
차 시 행 의 지 법 야　　중 조 즉 렬 읍 지 재　　유 사 봉　　고 추 기 여

可以周人之急矣　我國則守令　別無私俸　只以公穀
가 이 주 인 지 급 의　　아 국 즉 수 령　　별 무 사 봉　　지 이 공 곡

應日用之需　而若私與他人　則不論多少　皆有罪譴
응 일 용 지 수　　이 약 사 여 타 인　　즉 불 론 다 소　　개 유 죄 견

甚則至於犯贓　受者亦然　爲士而受守令之饋　則是乃
심 즉 지 어 범 장　　수 자 역 연　　위 사 이 수 수 령 지 궤　　즉 시 내

犯禁也　古者　入國而問禁　則居其國者　豈可犯禁乎
범 금 야　　고 자　　입 국 이 문 금　　즉 거 기 국 자　　기 가 범 금 호

守令之饋　大抵難受　若私與官庫之穀　則不論人之親
수 령 지 궤　　대 저 난 수　　약 사 여 관 고 지 곡　　즉 불 론 인 지 친

疏　名之有無　物之多寡　皆不可受也　(若分厚邑宰
소　　명 지 유 무　　물 지 다 과　　개 불 가 수 야　　약 분 후 읍 재

以衙中私財周急則或可受也)
이 아 중 사 재 주 급 즉 혹 가 수 야

　무릇 집에 있을 때에는 마땅히 삼가 예법을 지켜서 처자와 집안 식구들을 거느려야 할 것이니, 그들에게 담당할 일을 나누어주고 할 일을 맡겨서 이루기를 요구하며, 재용(財用)의 씀씀이를 절제하여 수입을 헤아려서 지출을 시행하며, 가산의 있고 없음에 맞추어 윗사람과 아랫사람의 옷과 음식 및 길사와 흉사의 비용을 지급하되, 모두 등급대로 조절하여 균일하지 않음이 없게 하며, 쓸데없는 비용을 줄이고, 항상 사치와 호화를 금지하여 모름지기 다소의 남음이 있게 해서 예기치 못한 일에 대비해야 할 것이다.

　관례와 혼례의 제도는 마땅히 〈주자가례〉를 따라야 할 것이

며, 구차스럽게 세속을 따르면 안 된다.

형제는 부모가 남겨 주신 몸을 함께 받아서 나와 더불어 한 몸과 같으니, 형제를 보기를 마땅히 저와 나의 구분이 없게 하여, 음식과 의복의 있고 없음을 모두 같이 해야 마땅하다. 가령 형은 굶주리는데 아우는 배부르고, 아우는 추운데 형은 따뜻하다면, 이는 한 몸 가운데에 지체(肢體)가 어떤 것은 병들고 어떤 것은 건강한 것과 같으니, 몸과 마음이 어찌 한쪽만 편안할 수 있겠는가. 요즘 사람들이 형제간에 서로 사랑하지 않는 것은 모두 부모를 사랑하지 않기 때문이다. 만일 부모를 사랑하는 마음이 있다면 어찌 그 부모의 자식을 사랑하지 않을 수 있겠는가. 형제가 만일 좋지 못한 행실을 저지르면 마땅히 정성을 쌓아 충고해서, 점차 도리로써 깨우쳐 감동하여 깨닫게 하기를 기약할 것이요, 갑자기 노여운 낯빛과 거슬리는 말을 하여 그 화합함을 잃어서는 안 된다.

요즘의 학자들은 겉으로는 비록 엄숙한 모습을 지키나 속으로는 독실한 이가 드물어서, 부부간에 이부자리 위에서 함부로 정욕을 부려서 그 몸가짐을 잃는 경우가 많다. 그러므로 부부가 서로 친압하지 않고 서로 공경할 줄 아는 이가 매우 적으니, 이와 같이 하면서 몸을 닦아 집안을 바로잡고자 한들 또한 어렵지 않겠는가. 반드시 남편은 화합하는 태도를 지니고 올바른 도리로 제어함이 마땅하고, 아내는 유순하면서 올바른 도리로써 받들어 부부 사이에 예의와 공경을 잃지 않은 뒤에 집안일을 다스릴 수 있을 것이다. 만일 종전에는 서로 친압하다가 하루아침에 갑자기 서로 공경하고자 한다면 그 자세가 행해지기 어려우니, 모름지기 아내와 더불어 서로 주의하여 반드시 전날의 습관을 버리고 점차 예의대로 하는 것이 옳을 것이다. 만일 아내가 남편이 말하고 움직이는 것이 한결같이 올바른 도리에서 나오는 것을 보게 되면 틀림없이 점점 서로 믿고 순종하게 될 것이다.

자식을 낳으면 조금 지각이 생길 때부터 마땅히 선으로 인도해야 할 것이다. 만일 어려서 가르치지 않고 이미 성장하게 되면 그른 것을 익히고 방심하게 되어 이를 가르치기가 매우 어려우니, 가르치는 차례는 〈소학(小學)〉을 따라야 마땅하다. 대체로 어떤 집안의 예법이 흥행하고, 서간이나 책이나 글씨쓰기 이외에 다른 잡기가 없으면, 자제들 또한 마음이 밖으로 달려서 배움을 저버리는 병통이 없을 것이다. 형제의 자식은 내 자식과 같으니 그를 사랑하고 가르치기를 같게 해야 마땅하며, 경중과 후박을 두어서는 안 된다.

비복들은 나의 수고로움을 대신하니, 마땅히 은혜를 먼저 베풀고 난 뒤에 위엄을 부려야 비로소 그들의 마음을 얻을 것이니, 임금이 백성을 대하는 것과 주인이 비복을 대하는 것은 그 이치가 같은 것이다. 임금이 백성을 돌보지 않으면 백성이 흩어질 것이고 백성이 흩어지면 나라가 망하며, 주인이 비복을 돌보지 않으면 비복이 흩어질 것이고 비복이 흩어지면 집이 패망하는 것은 형편상 틀림없이 이르게 되는 것이다. 그런 비복에 대하여 그들의 추위와 굶주림을 깊이 염려해서 반드시 옷과 밥을 대주어 제자리를 얻게 해야 마땅한 것이요, 허물과 악행이 있으면 부지런히 가르쳐서 먼저 그로 하여금 고치게 하고 가르쳐도 고치지 않으면 초달(楚撻)을 가해서 그 마음으로 하여금 주인의 초달이 가르침에서 나온 것이요, 미워해서가 아님을 알게 해야 하니, 그러면 마음을 고치고 얼굴을 바꾸게 될 것이다.

집안을 다스림에 예의적으로 내외를 분별하여 비록 비복이라도 남자와 여자가 뒤섞여 거처해서는 안 되는 것이 당연하다. 남자 종은 시키지 않으면 함부로 안에 들어가지 않게 하고, 계집종은 모두 정한 남편이 있게 하여 음란하지 말아야 마땅하며, 만일 음란한 짓을 그치지 않는 사람은 내쫓아 따로 거처하게 해서 가풍을 더럽히지 않게 하는 것이 마땅하다. 비복을 마땅히 화목하게 해야 할 것이니, 만일 싸우거나 시끄럽게 떠드는 자가 있거든 금지와 제재를 통렬하게 함이 마땅하다.

군자는 도를 근심할 것이요, 가난을 근심해서는 안 된다. 다만 집이 가난하여 의뢰하여 살아갈 수가 없으면 비록 빈궁에서 벗어날 대책을 생각해야 마땅하나 또한 다만 굶주림과 추위를 면할 뿐이요, 많이 쌓아 두고 풍족하게 살려는 생각을 가져서는 안 되며, 또 세간의 비루한 일을 마음속에 머물러 두어서는 안 된다. 옛날의 은자 중에는 신을 삼아 팔아서 생활한 사람, 땔나무를 하거나 고기를 잡아서 생활한 사람, 지팡이를 꽂아놓고 김을 매며 생활한 사람이 있었으니, 이런 사람들에게는 부귀가 그 마음을 움직일 수 없었다. 그러므로 이에 편안할 수 있었던 것이니, 만일 이해를 따지고 풍성함과 가난함을 헤아리는 생각이 있었다면 어찌 마음을 수양하는데 해롭지 않았겠는가. 배우는 사람은 모름지기 부귀를 가벼이 여기고 빈천을 지키는 것을 마음으로 삼아야 할 것이다.

집안 살림이 가난하면 반드시 가난에 쪼들려서 마땅히 지켜야 할 바를 잃는 자가 많다. 배우는 자는 바로 이런 것에 힘을 써야 한다. 옛 사람이 말하기를, 곤궁할 때에는 그가 하지 않는 바를 살펴보고, 가난할 때에는 그가 취하지 않는 바를 살펴본다고 했고, 공자는 말하기를, 소인은 곤궁하면 넘친다고 했으니, 만일 가난에 마음이 동요되어 올바른 도리를 행할 수 없다면 학문을 어디에 쓰겠는가?

무릇 사양하고 받으며 취하고 주는 즈음에는 반드시 의로운

지 의롭지 않은지를 자세히 생각해서 의로우면 취하고 의롭지 않으면 취하지 않아서, 털끝만큼이라도 그대로 지나쳐 버리지 말아야 한다. 친구로 말하면 재물을 통용해서 쓰는 의리가 있으니 주는 것은 마땅히 받아야 하되, 다만 내가 궁핍하지 않은데도 쌀이나 삼베를 주면 받아서는 안 된다. 기타 서로 알고 지내는 사람은 다만 명분이 있는 선물을 받을 것이요, 명분이 없는 것은 받지 말아야 한다. 소위 명분이 있다는 것은 상사(喪事) 때의 부의나, 여행 때의 노자나, 혼인 때의 부조나, 굶주림을 구원해 주는 것 등이 이것이다.

만일 대단히 나쁜 사람이어서 마음에 추악하게 여기는 사람이면, 그 선물이 비록 명분이 있다 하더라도 받으면 마음이 편안하지 못할 것이니, 마음이 편안하지 않으면 그 마음을 억누르고 받아서는 안 된다. 맹자가 말하기를, 마땅히 하지 말아야 할 것을 하지 말고, 마땅히 바라지 말아야 할 것을 바라지 말라고 했으니, 이것이 바로 의를 행하는 방법이다.

중국에는 여러 읍의 수령들에게 사사로운 녹봉이 있어서, 그 중에서 남는 것을 미루어 남의 위급함을 도와줄 수 있지만, 우리나라는 수령들에게 별도로 받는 사사로운 녹봉이 없고 다만 공곡으로써 일상의 수요를 충당하고 있다. 만약 사사로이 남에게 준다면 많고 적음을 따질 것 없이 다 죄가 되어서 심하면 장죄를 범하는 데에 이르고, 받은 사람도 또한 그러하니, 선비가 되어 수령의 선물을 받으면 이는 바로 법을 어기는 것이다.

옛날에는 다른 나라에 들어갈 때에도 그 나라에서 금하는 것을 물었으니, 그 나라에 사는 자가 어찌 법을 어길 수 있겠는가. 수령의 선물은 대개 받기가 어려우니, 만일 국고의 곡식을 사사로이 준다면 관계의 친소와 명분의 유무와 재물의 다과를 막론하고 모두 받지 말아야 한다. (만일 친분이 두터운 수령이 관아에 있는 사재로 도와준다면 받을 수도 있다.)

[訓讀]

*冗 : 쓸데없을 용. *영(贏) : 남을 영. *奢 : 사치할 사. *華 : 꽃 화. *飽 : 물릴 포. *厲 : 갈려. *矜 : 불쌍히여길 긍. *篤 : 도타울 독. *昵 : 친할 닐. *狎 : 익숙할 압. *遽 : 갑자기 거. *馳 : 달릴 치. *畔 : 두둑 반. *薄 : 엷을 박. *婢 : 여자종 비. *僕 : 종 복. *恤 : 구휼할 휼. *軫 : 수레뒤턱나무 진. *誨 : 가르칠 회. *楚 : 회초리 초. *撻 : 매질할 달. *輒 : 문득 첩. *黜 : 물리칠 출. *鬩 : 다툴 혁. *喧 : 의젓할 훤. *噪 : 떠들썩할 조. *鄙 : 다라울 비. *滯 : 막힐 체. *樵 : 땔나무 초. *漁 : 고기잡을 어. *耘 : 김맬 운. *窶 : 가난할 구. *饋 : 먹일 궤. *賻 : 부의 부. *贐 : 전별할 신. *需 : 구할 수. *譴 : 꾸짖을 견.

[語釋]

*초(稍) : 벼줄기 초. 점점 작다. *가중(家衆) : 집안 식구. *제재용지 절(制財用之節) : 재물의 씀씀이를 절약하여 억제함. *양입이위출(量 入以爲出) : 수입을 헤아려 그 수입으로 알맞게 지출함. *칭가지유무 (稱家之有無) : 집안의 재정 형편에 따라서. *품절(品節) : 등차를 세 움. *모불균일(莫不均一) : 균일하지 않게 꾀함. 莫는 謨와 통함. *재 생용비(裁省冗費) : 쓸데없는 비용을 적절하게 줄임. *사화(奢華) : 사치와 호화로움. *영여(贏餘) : 남은 재물. *불우(不虞) : 뜻밖의 일. *관혼지제(冠婚之制) : 冠禮와 婚禮의 제도. 관례는 사내아이가 20살이 되었을 때 처음으로 갓을 쓰고 어른이 되는 예식. 계례(筓禮) 는 여자 나이 15세에 처음으로 비녀를 꽂는 예식. *가례(家禮) : 여기 서는 〈朱子家禮〉를 가리킴. *설사(設使) : 가령. 그렇다손 치고. *지 체(肢體) : 좌우 수족의 사지와 몸뚱이. *기득...호(豈得...乎) : 어찌

할 수 있겠는가? *적성충간(積誠忠諫) : 정성을 다하여 충고함. *감
오(感悟) : 드디어 깨달음. 알아차림. *여색(勵色) : 노여운 낯빛. *불
언(拂言) : 거슬리게 말함. *임석(衽席) : 요. 까는 요, 침실. 눈앞.
목전. *위의(威儀) : 예의에 맞아 위엄 있는 거동. *일압(昵狎) : 측
근에서 버릇없이 굶. *습비(習非) : 잘못이 버릇됨. *흥행(興行) : 일
으키어 행함. *간편(簡編) : 책. 서적. 간책. *필묵(筆墨) : 붓과 먹.
전하여 문장이나 필적. *반학(畔學) : 학문을 배반함. *선은이후위
(先恩而後威) : 먼저 은혜를 베풀고 다음에 위엄을 보임. *휼민(恤民)
: 빈민. 이재민을 구제함. *휼복(恤僕) : 종의 어려운 처지를 구제함.
*자급(資給) : 급여. *교회(敎誨) : 가르쳐 깨우침. *진념(軫念) : 임
금의 마음. 임금이 아랫사람을 생각하여 근심함. 주인이 하인을 생각
하여 근심함. *근근(勤勤) : 부지런함. *초달(楚撻) : 회초리로 종아
리를 때림. *증질(憎嫉) : 미워하고 질투함. *혼처(混處) : 남녀가 섞
여 있음. *사령(使令) : 심부름을 함. *투혁(鬪鬩) : 형제가 서로 다
툼. 같은 처지이면서 서로 다툼. *훤조(喧噪) : 시끄러움. 떠들썩함.
*통가(痛加) : 통렬히 가함. 엄중히 가함. *금제(禁制) : 금하는 제도.
*우도(憂道) : 도에 어긋나지 않은지 근심함. 도에 벗어나는 행동이
있지 않은지 근심함. *우빈(憂貧) : 가난한 것을 근심함. *자생(資生)
: 어떠한 사물에 의하여 생장하거나 생활함. *구궁지책(救窮之策) :
빈궁함을 구제할 대책. *유체(留滯) : 머물러 쌓임. *직구(織屨) : 신
을 삼음. *초어(樵漁) : 땔나무를 하거나 물고기를 잡음. *植杖(식장)
: 지팡이를 꽂아 놓음. *풍약(豊約) : 빈부(貧富), 다과(多寡)의 뜻.
*빈구(貧窶) : 가난하여 초라함. *용공(用功) : 공부함. *남의(濫矣)
: 마음이 어지러워짐. *언용(焉用) : 무엇에 쓸 것인가? *정사(精思)
: 자세히 생각함. *호발(毫髮) : 가는 털과 모발(毛髮). 전하여 근소,
약간. *방과(放過) : 지나쳐 버림. *부상(賻喪) : 장사 때에 초상난
집에 돈이나 물건을 보내는 일. *신행(贐行) : 전별함. 여행을 떠나

는 사람에게 주는 노자(路資). *기핍(飢乏) : 굶주리고 떨어짐. *주(周) : 진휼(賑恤)함. *비악(鄙惡) : 더럽고 악함. *중조(中朝) : 중국의 조정. *열읍지재(列邑之宰) : 여러 고을의 수령. *사봉(私俸) : 사사로운 녹봉. *추기여(推其餘) : 그 여유를 추산(推算)함. *주인지급(周人之急) : 나의 위급함을 도와줌. *공곡(公穀) : 공공의 곡식. *일용지수(日用之需) : 일상 비용의 수요. *죄견(罪譴) : 죄. *장(贓) : 장물(贓物). *금칙(禁則) : 금하는 법칙. *분후(分厚) : 교분이 두터움. *주급(周急) : 위급함을 도와줌.

[大意]

　집안을 이끌어가는 방도에 대하여 자세하게 설명했다.

　오늘날의 사람들은 자신의 배움이나 행동이나 능력에 대해서 떳떳하고 만족스럽게 여기지만, 속으로는 전력을 다하여 배움을 실천하고자 하는 진실한 마음이 없어, 부부 사이에 아무 거리낌 없이 함부로 대하여 몸가짐이 예의에 맞지 않는 경우가 많다. 따라서 서로 가벼이 여기지 않고 공경하는 부부가 아주 적다. 이처럼 아는 것을 실천하지 못하면서 집안을 바르게 한다는 것은 어렵다고 할 수 있다. 남편은 늘 자애롭고 올바르게 집안 식구들을 다스리고, 아내는 마땅히 남편을 존중하여 부부 사이에 서로 예의를 잃지 않아야 집안일을 잘 다스릴 수 있다. 소홀히 하다가 하루아침에 갑자기 서로 공경하려면 하기 어려운 것이니 서로 언행을 조심하여 지금까지의 좋지 못한 습관들을 버리고 점차적으로 예의범절에 맞추도록 해야 한다.

　거가장의 자세한 내용은 다음과 같다.

　자기 집안을 보살피는 데는 마땅히 도리를 지켜야 한다. 식구들에게 각각 그 능력에 맞게 책임지고 맡아야 할 일을 정해주고, 씀씀이에 있어서 기준을 만들고, 수입을 헤아려 지출해야 한다. 재산의 정도에 따라서 입고 먹으며, 갖가지 비용을 모두 차례와 때에 따라 고르게 하여 낭비를 줄이고 사치를 금하며, 항상 뜻하지 않게 써야 할 일이 생길 것을 대비하여 마련해 두어야 한다.

관례와 혼례의 제도는 마땅히 〈주자가례〉에 따라야 하고, 구차스럽게 일반 풍속을 따라서는 안 된다.

형제는 부모의 피를 받아서 나와 더불어 한 몸과 같으니, 형제를 자신과 같이 생각하여, 음식과 의복의 있고 없음을 모두 같이 해야 마땅하다. 형은 굶주리는데 아우는 배부르고, 아우는 추운데 형은 따뜻하다면 이것은 한 몸의 팔다리 중에 어떤 것은 병들고 어떤 것은 건강한 것과 같은 것이니, 몸과 마음이 어찌 한쪽만 편안할 수 있겠는가? 요즘 사람들이 형제간에 서로 사랑하지 않는 것은 모두 부모를 사랑하지 않기 때문이다. 부모를 사랑하는 마음이 있다면 어찌 사랑하지 않을 수 있겠는가? 형제가 만일 좋지 못한 행실을 저지르면 마땅히 정성을 다해 충고하고, 차츰 도리로 깨우쳐서 감동하여 느끼게 해야 하며, 노여움과 거슬리는 말로 우애를 잃으면 안 된다.

요즘의 학자들은 겉으로는 비록 엄숙하나 속으로는 독실한 이가 드물어서, 부부간에 함부로 정욕을 탐해서 그 몸가짐을 잃는 경우가 많다. 이렇게 부부가 서로 친압하지 않고 서로 공경할 줄 아는 사람이 매우 적으니, 집안을 바로잡고자 한들 또한 어렵지 않겠는가. 반드시 남편은 올바른 태도와 도리로 거느리고, 아내도 유순하고 올바른 도리로 받들어서 서로 예의와 공경을 잃지 않아야 집안일을 잘 꾸릴 수 있을 것이다.

자식을 낳으면 지각이 생길 때부터 마땅히 착하게 이끌어야 한다. 만일 어려서 가르치지 않고 자라면 못된 것을 익히고 방심하게 되어 이를 가르치기가 매우 어려우니, 가르치는 차례는 마땅히 〈소학〉을 따라야 한다. 어느 집안에 바른 예의가 서고, 학문을 하는 것 이외의 다른 잡기가 없으면, 자제들이 밖으로 나돌며 배움을 저버리는 잘못은 없을 것이다. 형제의 자식은 내 자식과 같으니, 사랑하고 가르치기를 고르게 해야 마땅하고, 차이를 두면 안 된다.

비복들은 자신의 힘든 일을 대신하니, 마땅히 먼저 베풀고 난 뒤에 위엄을 부려야 그들의 마음을 얻을 수 있다. 임금이 백성에게 대하는 것과 주인이 비복에 대하는 것은 그 이치가 같다. 임금이 백성을 돌보지 않으면 백성이 흩어지고, 백성이 흩어지면 나라가 망하며, 주인이 비복을 돌보지 않으면 비복이 흩어지고, 비복이 흩어지면 집이 망하게 되는 것이다. 그런 비복들에 대하여 반드시 추위와 굶주림을 생각해서 옷과 밥을 제대로 주어 제자리에 있게 하고, 허물과 악행이 있으면 먼저 애써 가르쳐서 고치게 하고, 가르쳐도 고치지 않으면 회초리를 쳐서 그것이 가르치려고 한 것이지 미워해서가 아님을 깨닫게 하면 마음과 태도를 바꾸게 될 것이다.

집안을 다스림에는 마땅한 도리로 내외를 분별하여, 비록 비복이라도 남자와 여자가 뒤섞여 거처하게 해서는 안 된다. 남자 종은 시키지 않으면 함부로 안에 들어가지 않게 하고, 여자 종은 모두 정한 남편이 있게 해서 음란하게 하지 말아야 한다. 만일 음란한 짓을 그치지 않으면 당연히 내쫓아 따로 거처하게 해서 가풍을 더럽히지 않아야 한다. 비복을 화목하게 하는 것은 당연한 일이니, 싸우거나 시끄럽게 떠드는 사람에게는 심하게 제재를 가해야 한다.

군자는 도를 근심해야지 가난을 근심하면 안 된다. 다만 집이 가난하여 살아갈 수가 없으면 마땅히 가난에서 벗어날 대책을 생각해야 하나, 다만 굶주림과 추위를 면하는 것으로 만족하고, 많이 쌓아두고 풍족하게 살려는 생각을 가져서는 안 되며, 또 세간의 비루한 일을 마음속에 남겨두면 안 된다. 옛날의 은자(隱者) 중에는 신을 만들어 팔아서 살고, 땔나무를 하거나 고기를 잡아서 살며, 지팡이를 꽂아 놓고 김을 매며 산 사람이 있었으니, 이런 사람들은 부귀영화에 마음이 흔들리지 않았다. 그러므로 편안할 수 있었으니, 이해를 따지고 빈부를 헤아리는 생각이 있었다면 어찌 마음을 닦았겠는가. 배우는 자는 모름지기 부귀영화를 가벼이 여기고 빈천을 지키는 것을 마음에 두어야 할 것이다.

가난하면 가난에 너무 쪼들려서 마땅히 지켜야 할 것을 잃는 사람이 많다. 배우는 사람은 바로 이런 것에 힘을 써야 한다. 옛사람이 말하기를, 가난할 때에는 그가 하지 않을 것과 얻지 않을 것을 살펴본다고 했다. 공자가 말하기를, 소인은 곤궁하면 넘친다고 했으니, 가난에 마음이 흔들려서 올바른 도리를 실천하지 못하면 배움을 어디에 쓰겠는가?

모름지기 주고받는 것은 반드시 옳은가 옳지 않은가를 깊이 생각해서 옳으면 받더라도, 털끝만큼이라도 그대로 지나치지 말아야 한다. 친구 사이는 재물을 통용해서 쓰는 의리가 있으니, 주면 마땅히 받아야 하나 다만 내가 가난하지 않으면 받아서는 안 된다. 서로 알고 지내는 사람에게서는 명분이 있는 선물은 받을 것이요, 명분이 없는 것은 받지 말아야 한다. 명분이 있다는 것은 부의(賻儀)나, 노자(路資)나, 부조(扶助)나, 굶주림을 구원하는 것 등이다.

그 선물이 비록 명분이 있다 하더라도 평판이 좋지 않은 사람에게서 받으면 반드시 마음이 편안하지 못할 것이니, 그 마음을 억누르고 받아서는 안 된다. 맹자가 말하기를, 마땅히 하지 말 것을 하지 말고, 마땅히 바라지 말 것을 바라지 말라고 했니, 이것이 바로 바른 도리를 실천하는 방법이다.

중국에는 여러 고을의 수령들에게 사사로운 녹봉이 있다. 그러므로 그 중에서 남는 것으로 남의 위급함을 도와줄 수 있지만, 우리나라는 수령들에게 별도로 받는 것이 없어 다만 공적인 곡물로써 일상의 수요를 충당하고 있는데, 만약 사사로이 남에게 준다면 많고 적음을 따질 것 없이 죄가 되어서 심하면 장죄를 범하게 되고, 받은 사람도 또한 그러하니, 선비가 수령의 선물을 받으면 이는 바로 법을 어기는 것이다.

옛날에는 다른 나라에 들어갈 때에도 그 나라에서 금지하는 것을 물었다고 했으니, 자신이 사는 나라에서 어찌 법을 어기겠는가. 수령의 선물은 대개 받기가 곤란한 것이니, 만일 친분이 두터운 수령이 관아에 있는 자기 개인의 재산으로 도와준다면 모르지만, 국고의 곡물을 사사로이 준다면 어떤 관계가 있음을 막론하고 모두 받지 말아야 한다.

9. 접인장(接人章)

凡接人　當務和敬　年長以倍　則父事之　十年以長
범접인　당무화경　년장이배　즉부사지　십년이장

則兄事之　五年以長　亦稍加敬　最不可恃學自高　尚
즉형사지　오년이장　역초가경　최불가시학자고　상

氣陵人也　擇友　必取好學　好善　方嚴　直諒之人
기릉인야　택우　필취호학　호선　방엄　직량지인

與之同處　虛受規戒　以攻吾闕　若其怠惰　好嬉　柔
여지동처　허수규계　이공오궐　약기태타　호희　유

佞不直者　則不可交也　鄕人之善者　則必須親近通情
녕불직자　즉불가교야　향인지선자　즉필수친근통정

而鄕人之不善者　亦不可惡言揚其陋行　但待之泛然
이향인지불선자　역불가악언양기루행　단대지범연

不相往來　若前日相知者　則相見　只敍寒暄　不交他
불상왕래　약전일상지자　즉상견　지서한훤　불교타

語　則自當漸疎　亦不至於怨怒矣　同聲相應　同氣相
어　즉자당점소　역불지어원노의　동성상응　동기상

求　若我志於學問　則我必求學問之士　學問之士　亦
구　약아지어학문　즉아필구학문지사　학문지사　역

必求我矣　彼名爲學問而門庭　多雜客　喧囂度日者
필구아의　피명위학문이문정　다잡객　훤효도일자

必其所樂　不在學問故也　凡拜揖之禮　不可預定　大
필기소요　부재학문고야　범배읍지례　불가예정　대

抵父之執友　則當拜　洞內年長十五歲以上者　當拜
저부지집우　즉당배　동내년장십오세이상자　당배

爵階堂上而長於我十年以上者　當拜　鄕人年長二十
작 계 당 상 이 장 어 아 십 년 이 상 자　당 배　향 인 년 장 이 십

歲以上者 當拜　而其間高下曲折　在隨時節中　亦不
세 이 상 자　당 배　이 기 간 고 하 곡 절　재 수 시 절 중　역 불

必拘於此例　但常以自卑尊人底意思　存諸胸中　可也
필 구 어 차 례　단 상 이 자 비 존 인 저 의 사　존 제 흉 중　가 야

詩曰　溫溫恭人　惟德之基　人有毀謗我者　則必反而
시 왈　온 온 공 인　유 덕 지 기　인 유 훼 방 아 자　즉 필 반 이

自省　若我實有可毀之行　則自責內訟　不憚改過　若
자 생　약 아 실 유 가 훼 지 행　즉 자 책 내 송　불 탄 개 과　약

我過甚微而增衍附益　則彼言雖過　而我實有受謗之
아 과 심 미 이 증 연 부 익　즉 피 언 수 과　이 아 실 유 수 방 지

苗脈　亦當刈鋤前愆　不留毫末　若我本無過而捏造虛
묘 맥　역 당 잔 서 전 건　불 류 호 말　약 아 본 무 과 이 날 조 허

言　則此不過妄人而已　與妄人　何足計較虛實哉　且
언　즉 차 불 과 망 인 이 이　여 망 인　하 족 계 교 허 실 재　차

彼之虛謗　如風之過耳　雲之過空　於我　何與哉　夫
피 지 허 방　여 풍 지 과 이　운 지 과 공　어 아　하 여 재　부

如是　則毀謗之來　有則改之　無則加勉　莫非有益於
여 시　즉 훼 방 지 래　유 즉 개 지　무 즉 가 면　막 비 유 익 어

我也　若聞過自辨　曉曉然不置　必欲置身於無過之地
아 야　약 문 과 자 변　효 효 연 불 치　필 욕 치 신 어 무 과 지 지

則其過愈甚而取謗益重矣　昔者　或問止謗之道　文中
즉 기 과 유 심 이 취 방 익 중 의　석 자　혹 문 지 방 지 도　문 중

子曰　莫如自修　請益曰　無辨　此言　可爲學者之法
자 왈　막 여 자 수　청 익 왈　무 변　차 언　가 위 학 자 지 법

凡侍先生長者　當質問義理難曉處　以明其學　侍鄕黨
범시선생장자　당질문의리난효처　이명기학　시향당

長老　當小心恭謹　不放言語　有問則敬對以實　與朋
장로　당소심공근　불방언어　유문즉경대이실　여붕

友處　當以道義講磨　只談文字義理而已　世俗鄙俚之
우처　당이도의강마　지담문자의리이이　세속비리지

說　及時政得失　守令賢否　他人過惡　一切不可掛口
설　급시정득실　수령현부　타인과악　일절불가괘구

與鄕人處　雖隨問應答　而終不可發鄙褻之言　雖莊栗
여향인처　수수문응답　이종불가발비설지언　수장률

自持　而切不可存矜高之色　惟當以善言誘掖　必欲引
자지　이절불가존긍고지색　유당이선언유액　필욕인

而向學　與幼者處　當諄諄言孝悌忠信　使發善心　若
이향학　여유자처　당순순언효제충신　사발선심　약

此不已　則鄕俗　漸可變也　常以溫恭慈愛　惠人濟物
차불이　즉향속　점가변야　상이온공자애　혜인제물

爲心　若其侵人害物之事　則一毫不可留於心曲　凡人
위심　약기침인해물지사　즉일호불가류어심곡　범인

欲利於己　必至侵害人物　故學者先絶利心然後　可以
욕리어기　필지침해인물　고학자선절리심연후　가이

學仁矣　居鄕之士　非公事禮見及不得已之故　則不可
학인의　거향지사　비공사례견급불득이지고　즉불가

出入官府　邑宰雖至親　亦不可數數往見　況非親舊乎
출입관부　읍재수지친　역불가삭삭왕견　황비친구호

若非義干請　則當一切勿爲也
약비의간청　즉당일절물위야

대체로 사람을 대할 때는 마땅히 온화하고 공경하게 해야 하니, 자신보다 나이가 갑절이 많으면 아버지 섬기는 도리로 섬기고, 10년이 많으면 형을 섬기는 도리로 섬기고, 5년이 많으면 또한 약간 공경을 더하는 것이다. 가장 해서는 안 될 것은 배운 것을 믿고 스스로 고상한 체하며 기운을 숭상하여 남을 업신여기는 일이다.

벗을 고르되 반드시 학문을 좋아하고 착하며 바르고 엄격하며 정직하고 진실한 사람을 얻어서, 그와 더불어 지내며 겸손한 마음으로 바로 잡아주고 충고를 받아들여 나의 결점을 다스릴 것이요, 만일 게으르고 놀기를 좋아하며 아첨 잘하고 말재주만 뛰어나 바르지 못한 사람일 경우는 사귀면 안 된다.

고을 사람 중에 착한 사람은 모름지기 가까이 지내면서 정을 나누고, 고을 사람 중에 착하지 않은 사람이라도 역시 나쁜 말로 그의 좋지 못한 행실을 드러내서는 안 되며, 다만 대하기를 범연하게 하여 서로 왕래하지 않아야 한다. 만일 전에 서로 알고 지내던 사람이라면 서로 만났을 적에 다만 안부나 묻고 다른 말을 주고받지 않는다면, 스스로 점점 소원해져서 또한 원망하고 노여워함에 이르지 않을 것이다.

같은 소리는 서로 호응하고 같은 기운은 서로 어울리게 되니, 만일 자신이 학문에 뜻을 두고 있다면 반드시 학문하는 선비를 찾을 것이요, 학문하는 선비 또한 반드시 나를 찾게 될 것이다. 자신의 말로는 학문을 한다고 하나 문정에 잡객이 많아서 시끄럽게 떠들면서 세월을 보내는 사람은 틀림없이 그가 좋아하는 것은 학문에 있지 않다.

대체로 절하고 읍하는 예의는 미리 결정할 수 없으니, 대개 아버지의 친구이면 마땅히 절을 해야 하고, 동네에서 나이가 15세 이상인 자에게는 마땅히 절을 해야 하고, 벼슬의 품계가 당상이고 나보다 10세 연상인 자에게는 마땅히 절을 해야 하고, 마을 사람으로서 나이가 20세 이상인 자에게는 마땅히 절하되, 그 사이에 높이고 낮추는 사소한 예절은 때에 따라 알맞게 할 것이요, 또 반드시 이 예의에 구애될 것은 없으니, 다만 항상 자신을 낮추고 남을 높인다는 뜻을 가슴속에 두는 것이 옳다. 〈시경〉에 이르기를, 온순하고 공손한 사람이 덕의 근본이라고 하였다.

사람들 중에 나를 헐뜯고 비방하는 자가 있으면 반드시 돌이켜 스스로 살펴야 하니, 만약 나에게 실제로 헐뜯음을 당할 만한 행실이 있었으면 스스로 꾸짖고 안으로 따져서 허물을 고치기를 꺼려하지 말 것이요, 만약 나의 잘못이 매우 미미한데 더 보태어 늘렸다면 저의 말이 비록 지나치나 나에게 실제로 헐뜯음을 받을 만한 싹과 맥이 있는 것이니, 또한 마땅히 예전의 잘못을 제거하여 추호도 남겨 두지 말 것이요, 만약 나에게 본래 허물이 없는데 거짓말을 지어냈다면, 이는 망령된 사람에 지나지 않을 뿐이니, 망령된 사람과 어찌 거짓과 진실을 따질 것이 있겠는가? 또 그런 헛된 비방은 바람이 귓가를 스쳐 지나가고, 구름이 허공을 지나는 것과 같으니, 나에게 무슨 상관이 있겠는가? 무릇 이와 같이 생각한다면 비방이 있을 때 허물이 있으면 고치고 없으면 더욱 노력하게 되어 자신에게 유익하지 않음이 없을 것이다. 만약 허물을 듣고 스스로 변명하여 시끄럽게 떠들면서 그대로 버려두지 아니하여, 반드시 자신을 잘못이 없는 처지에 놓으려고 한다면, 그 허물이 더욱 깊어져 비방을 받음이 더욱 무거워질 것이다. 옛날에 어떤 사람이 훼방을 그치게 하는 방법을 묻자, 문중자가 말하기를, 스스로 행실을 닦는 것만 못하다고 하였다. 다시 더 말해주기를 청하자, 대답하기를, 변명하지 말라고 했으니, 이 말이 배우는 자들의 본보기가 될 만하다.

무릇 선생과 어른을 모실 적에는 마땅히 의리 중에서 깨우치기 어려운 부분을 질문하여 그 배움을 분명히 해야 하고, 고을의 어르신을 모실 적에는 마땅히 조심하고 공손하며 삼가서 말을 함부로 하지 아니하여, 질문이 있으면 공경히 사실대로 대답하여야 하고, 붕우와 함께 거처할 적에는 마땅히 도의를 강마하여, 다만 문자와 의리를 말할 뿐이요, 세속의 더러운 말과 당시 정치의 잘잘못과 수령의 어질고 어질지 못함과 타인의 허물과 악행을 일절 입에 올리지 말아야 하고, 고을 사람과 함께 지낼 적에는 비록 물음에 따라 응답하더라도 끝내 나쁜 말을 해서는 안 되며, 비록 엄숙한 몸가짐을 스스로 지키더라도 절대로 자랑하고 고상한 체하는 기색을 지니지 말고, 오직 마땅히 좋은 말로 타이르고 이끌어서, 반드시 그를 인도하여 학문으로 향하게 하고자 하며, 어린아이와 함께 지낼 적에는 마땅히 간곡하게 효제충신의 도리를 말해주어 그들로 하여금 착한 마음을 일으키게 해야 할 것이니, 이와 같이 한다면 고을의 풍속을 점점 변화하게 할 수 있을 것이다.

항상 온화하고 공손하고 자애로우며 남에게 은혜를 베풀고 일을 이루는 것을 마음으로 삼아야 할 것이니, 남을 침해하고 일을 해치는 일일 경우에는 털끝만큼이라도 마음 한 구석에 두어서는 안 된다. 무릇 사람들이 자기에게 이롭게 하고자 하면 반드시 남을 침해하는 데 이른다. 이 때문에 배우는 자는 먼저 자신을 이롭게 하려는 마음을 끊어버린 뒤에야 어짊을 배울 수 있을 것이다.

고을에 머물고 있는 선비는 공사나 예의석상에서 만나는 것이나 부득이한 연고가 아니면 관청에 드나들어서는 아니 되니, 고을 원이 비록 매우 친한 사이라 하더라도 또한 자주 찾아가 만나서는 안 되는데 하물며 친구가 아닌데 말할 필요가 없다.
도리에 맞지 않는 청탁 같은 것은 일절 하지 않는 것이 마땅하
다.

[訓讀]
*接 : 사귈 접. *恃 : 믿을 시. *凌 : 능가할 릉. *諒 : 믿을 량. *與
: 줄 여. *惰 : 게으를 타. *佞 : 아첨할 녕. *陋 : 좁을 루. *泛 :
뜰 범. *敍 : 차례 서. *暄 : 따뜻할 훤. *囂 : 들렐 효. *爵 : 잔
작. *惟 : 생각할 유. *毀 : 헐 훼. *謗 : 헐뜯을 방. *憚 : 꺼릴 탄.
*衍 : 넘칠 연. *鋤 : 호미 서. *愆 : 허물 건. *捏 : 이길 날. *俚
: 속될 리. *掛 : 걸 괘. *褻 : 더러울 설. *莊 : 풀성할 장. *矜 :
불쌍히여길 긍. *掖 : 겨드랑 액. *諄 : 타이를 순. *悌 : 공경할 제.
*濟 : 건널 제.

[語釋]
*화경(和敬) : 부드럽고 공경함. *부사지(父事之) : 아버지처럼 섬김.
*연장이배(年長以倍) : 나이가 갑절로써 어른. 나이가 갑절이 되는
어른. *초가경(秒加敬) : 약간 공경을 더함. *최불가(最不可) : 가장
안 된 것. *자고(自高) : 스스로 난 척함. 제 자신이 높은 체함. *상기
능인(尙氣凌人) : 기운을 자랑하고 남을 업신여김. *방엄(方嚴) : 품
행이 방정하고 엄함. *직량(直諒) : 정직하고 성실함. *허수(虛受)
: 겸허한 마음으로 받아들임. *규계(規戒) : 바르게 경계함. *오궐
(吾闕) : 나의 모자람. *유녕(柔佞) : = 유미(柔媚). 점잖은 체하며 아
첨함. *향인(鄕人) : 한 고을에서 같이 사는 사람. *양기누행(揚其陋
行) : 그 더러운 행실을 드러냄. *상견(相見) : 서로 만남. *한원(寒
暄) : 일기의 춥고 더움을 말하여 서로 인사함. *점소(漸疎) : 차차
사이가 멀어짐. *원노(怨怒) : 원망과 노여움. *훤효(喧囂) : 시끄러

움. 떠들썩함. *동성상응(同聲相應) : 같은 소리는 서로 응함. *동기상구(同氣相求) : 같은 기분은 서로 찾게 됨. *문정(門庭) : 대문 안의 뜰. 집안. *잡객(雜客) : 잡된 손님. 순수치 못한 손님. *예정(預定) : 예정(豫定)과 같음. *당배(當拜) : 마땅히 절을 함. 당연히 절을 함. *당상(堂上) : 묘당에 올라갈 수 있는 지위. 우리나라에서는 당상 정삼품 이상의 지위. *향인(鄕人) : 마을 사람. *고하(高下) : 위아래. 귀하고 천함. 귀천. *곡절(曲折) : 자세한 사정. 복잡한 내막. *수시절중(隨時節中) : 때에 따라 알맞게 조절함. *저의사(底意思) : 마음속의 의사. *훼방(毀謗) : 헐뜯어 말함. 헐뜯음. 비방함. *자책(自責) : 제 잘못을 스스로 꾸짖음. *내송(內訟) : 마음속으로 자책함. *불탄개과(不憚改過) : 잘못을 고치는데 꺼리지 않음. *증연부익(增衍附益) : 더 늘려서 보태어 말함. *묘맥(苗脈) : 묘예(苗裔). 먼 자손. *잔서(剗鋤) : 깎아 없앰. *전건(前愆) : 전의 잘못. *불류호말(不留毫末) : 털끝만큼도 남겨 놓지 않음. *날조호언(捏造虛言) : 거짓과 진실을 헤아려 따짐. *피지허방(彼之虛謗) : 그런 허황한 훼방. *망인(妄人) : 망령된 사람. *여풍지과이 운지과공(如風之過耳 雲之過空) : 바람이 귓전을 스쳐 지나는 것이나 구름이 허공을 지나가는 것과 같음. *계교허실(計較虛實) : 거짓과 진실을 헤아려 따짐. *효효(曉曉) : 두려워하는 모양. *무변(無辨) : 변명하지 말라. *장자(長者) : 나이 먹은 사람. 윗사람. 덕망이 있는 사람. *의리(義理) : 뜻과 이치. *난효처(難曉處) : 깨닫기 어려운 곳. 이해하기 어려운 점. *시향장로(侍鄕長老) : 향당의 나이 많고 덕망이 있는 사람을 모심. *소심(小心) : 조심함. 삼감. *공근(恭謹) : 공손하고 근신함. *불방언어(不放言語) : 말을 함부로 하지 않음. 말을 방자하게 하지 않음. *유문즉경대이실(有問則敬對以失) : 묻는 말이 있으면 공경스럽게 사실로써 대답함. *도의(道義) : 도덕과 의리. 사람이 이행해야 할 바른 길. *비리(鄙俚) : 풍속. 언어 등이 상스러움. *강마(講磨) : 강론하고 연마

함. *시정득실(時政得失) : 그때그때에 행하는 정사의 잘잘못. *수령현부(守令賢否) : 태수와 읍령. 우리나라 고대의 경우는 원·부윤·목사·부사·군수·현감. *괘구(掛口) : 입에 올리다. *비설지언(鄙褻之言) : 야비하고 더러운 말. *장율(莊栗) : 예의범절이 엄정함. *긍고지색(矜高之色) : 높은 체 뽐내는 기색. *유액(誘掖) : 이끌어 도와줌. *순순(諄諄) : 정성스럽게 타이르는 모양. 충성스럽고 근실한 모양. *혜인(惠人) : 남에게 은혜를 베풂. *제물(濟物) : 사물을 제도함. 사물을 구제함. *침인(侵人) : 남을 침노함. *해물(害物) : 사물을 해침. *일호(一毫) : 한 가닥의 터럭. 전하여 조금, 근소. *심곡(心曲) : 마음속. 심중(心中). *욕리어기(欲利於己) : 자기에게 이롭게 하려함. *필지침해인물(必至侵害人物) : 반드시 사람과 사물을 침해하게 됨. *선절이심(先絶利心) : 먼저 이기심을 거둬 버림. *관부(官府) : 관청. *읍재(邑宰) : 고을의 원. *삭삭(數數) : 자주. *왕견(往見) : 찾아가 봄.

[大意]

접인장에서는 남을 대할 때의 여러 가지 예절에 대하여 상세하게 설명하고 있다.

사람을 대할 때에는 온화하고 공손하도록 해야 한다. 자신보다 나이가 배가 많으면 아버지를 섬기는 도리로, 10년이 많으면 형을 섬기는 도리로, 5년이 많으면 또 정도껏 공경을 더해야 한다. 가장 해서는 안 될 것은, 배웠다고 스스로 고상한 체하며 남을 업신여기는 일이다.

벗은 학문을 좋아하고 착하며 바르고 엄하며 정직하고 진실한 사람을 골라 사귀고, 그와 함께하며 겸허한 마음으로 바로잡아 주고, 또 충고를 받아들여 나의 결점을 다스려야 한다. 게으르고 놀기 좋아하며 아첨 잘하고 말재주만 뛰어나고 바르지 못한 사람을 사귀면 안 된다.

고을 사람 중에 착한 사람은 반드시 가까이 지내면서 정을 주고받고, 선하지 않은 사람이라도 나쁜 말로 그의 좋지 않은 행실을 드러내서는 안 되며, 다만 대하기를 범연하게 하여 서로 왕래하지 않아야 한다. 만일 예전에 서로 알고 지내던 사람이라면 서로 만났을 적에 그저 안부나 묻고 다른 말을 주고받지 않는다면, 그 사람도 스스로 점점 멀어져서 원망하고 노여워하지 않을 것이다.

서로 뜻이 통하는 소리는 서로 응하고, 뜻이 통하는 기운은 서로 찾게 되므로, 나 자신이 학문에 뜻을 두면 스스로 학문하는 선비를 찾을 것이고, 학문하는 선비도 또한 반드시 나를 찾을 것이다. 말로는 학문을 한다고 하면서 좋지 않은 손님만 많아 시끄럽게 떠들며 세월을 보내는 사람은 그가 좋아하는 것이 학문이 아니기 때문이다.

절을 하고 읍을 하는 예의는 미리 결정할 수 없으나, 대개 아버지의 친구가 되면 절을 해야 마땅하고, 동네에서 나이가 15세 이상인 사람에게도 절을 해야 마땅하고, 벼슬의 품계가 당상이고 자신보다 10세 연상인 사람에게도 절을 해야 마땅하고, 마을 사람으로서 나이가 20세 이상인 사람에게는 마땅히 절하되, 높이고 낮추는 자잘한 예절은 때에 따라 알맞게 해야 하며, 또한 반드시 예의에 구애될 것이 없이 항상 자신을 낮추고 남을 높인다는 뜻을 가슴속에 두는 것이 옳다. 〈시경〉에 이르기를, 온순하고 공손한 사람이 덕의 근본이라고 하였다.

사람들 중에 자신을 헐뜯고 비방하는 사람이 있으면 반드시 반성해야 하니, 만약 반성할 만한 행실이 있었으면 스스로 꾸짖고 따져서 허물을 고치기를 주저하지 말아야 한다. 만약 자신의 잘못이 매우 작은데 더 보태졌다면, 그의 말이 비록 지나치더라도 자신에게 실제로 반성할 만한 허물이 있는 것이니, 예전의 잘못을 제거하여 조금도 남겨두면 안 된다. 만약 자신에게 본디 허물이 없는데도 거짓말을 했다면, 이는 망령된 사람에 지나지 않을 뿐이니, 그런 사람과 거짓과 진실을 따질 필요도 없다.

또 헛된 비방은, 바람이 귓가를 스쳐 지나고 구름이 허공을 지나는 것과 같으니, 무슨 상관이 있겠는가? 이와 같이 생각한다면 비방이 있을 때 허물이 있으면 고치고, 없으면 더욱 노력하게 되어서 자신에게 해로움이 없을 것이다. 만약에 허물을 듣고 변명하여 떠들면서 자신의 잘못을 결백하게만 하려고 한다면, 그 허물이 더 깊어져서 더 많은 비방을 받게 될 것이다. 옛날에 어떤 사람이 비방을 없게 하는 방법을 묻자, 문중자(文中子)가 말하기를, 스스로 행실을 닦는 것만 못하다고 하였다. 다시 더 말해 주기를 청하자, 대답하기를, 변명하지 말라고 했으니, 이 말이 배우는 사람들의 본보기가 될 만하다.

선생과 어른을 모실 때는 깨우치기 어려운 부분을 질문하여 그 배움을 분명히 해야 마땅하고, 고을의 어르신을 모실 때는 공경하며 말을 삼가서 물으면 공손히 사실대로 대답해야 마땅하다. 친구와 함께 지낼 때는 도의를 강마(講磨)하여, 다만 학문과 의리를 말할 뿐, 세속의 더러운 말과 정치의 잘잘못과 수령의 어질고 어질지 못함과 타인의 허물과 악행을 일절 입에 올리지 말아야 한다. 고을 사람과 함께 거처할 때는 비록 물음에 따라 응답하더라도 좋지 않은 말을 절대로 해서는 안 되며, 엄숙한 몸가짐으로 절대로 자랑하거나 고상한 체 하지 말고, 오직 좋은 말로 타이르고 이끌어서, 반드시 그를 배움으로 인도하고자 해야 하며, 어린아이와 함께 지낼 때는 간절하게 효제충신의 도리를 말해 주어서 그들로 하여금 착한 마음을 일으키게 해야 마땅할 것이니, 이와 같이만 한다면 고을의 풍속을 점점 변화하게 할 수 있을 것이다.

항상 온화하고 공손하고 자애로우며 남에게 은혜를 베풀고 일을 이루는 것에 마음에 두어야 하니, 남을 못되게 하거나 일을 해치는 일 같은 것은 조금도 마음에 두면 안 된다. 사람들은 자신에게 이로우면 남을 해치려고 한다. 그러므로 배우는 사람은 먼저 자신에게 이롭게 하려는 마음을 끊어버려야 어진 마음을 배우게 될 것이다.

고을에 머무는 선비는 공식적인 자리나 예의석상에서 만나보는 것 외에 부득이한 연고가 아니면 관청에 드나들어서는 안 된다. 고을 원이 비록 아주 친한 사이라 하더라도 자주 찾아가 만나서는 안 되는데, 하물며 친구가 아니면 말할 필요가 있겠는가. 도리에 맞지 않는 청탁 같은 것은 일절 하지 않는 것이 마땅하다.

10. 처세장(處世章)

古之學者 未嘗求仕 學成則爲上者 擧而用之 蓋仕
고지학자　미상구사　학성즉위상자　거이용지　개사

者 爲人 非爲己也 今世則不然 以科擧取人 雖有
자　위인　비위기야　금세즉불연　이과거취인　수유

通天之學 絶人之行 非科擧 無由進於行道之位 故
통천지학　절인지행　비과거　무유진어행도지위　고

父敎其子 兄勉其弟 科擧之外 更無他術 士習之偸
부교기자　형면기제　과거지외　경무타술　사습지투

職此之由 第今爲士者 多爲父母之望 門戶之計 不
직차지유　제금위사자　다위부모지망　문호지계　불

免做科業 亦當利其器 俟其時 得失 付之天命 不
면주과업　역당리기기　사기시　득실　부지천명　불

可貪躁熱中 以喪其志也 人言科業爲累 不能學問
가탐조열중　이상기지야　인언과업위루　불능학문

此亦推託之言 非出於誠心也 古人養親 有躬耕者
차역추탁지언　비출어성심야　고인양친　유궁경자

有行傭者 有負米者 夫躬耕 行傭 負米之時 勤苦
유행용자　유부미자　부궁경　행용　부미지시　근고

甚矣 何暇讀書乎 惟其爲親任勞 旣修子職 而餘力
심의　하가독서호　유기위친임로　기수자직　이여력

學文 亦可進德 今日之爲士者 不見爲親任勞 如古
학문　역가진덕　금일지위사자　불견위친임로　여고

人者 只是科業一事 是親情之所欲 今旣不免做功
인자　지시과업일사　시친정지소욕　금기불면주공

則科業　雖與理學不同　亦是坐而讀書作文　其便於躬
즉 과 업　수 여 리 학 불 동　역 시 좌 이 독 서 작 문　기 편 어 궁

耕　行傭　負米　不翅百倍　況有餘力　可讀性理之書
경　행 용　부 미　불 시 백 배　황 유 여 력　가 독 성 리 지 서

哉　只是做科業者　例爲得失所動　心常躁競　反不若
재　지 시 주 과 업 자　례 위 득 실 소 동　심 상 조 경　반 불 약

勞力之不害心術　故先賢曰　不患妨功　惟患奪志　若
로 력 지 불 해 심 술　고 선 현 왈　불 환 방 공　유 환 탈 지　약

能爲其事而不喪其守　則科業理學　可以竝行不悖矣
능 위 기 사 이 불 상 기 수　즉 과 업 리 학　가 이 병 행 불 패 의

今人　名爲做擧業而實不著功　名爲做理學而實不下
금 인　명 위 주 거 업 이 실 불 저 공　명 위 주 리 학 이 실 불 하

手　若責以科業　則曰　我志於理學　不能屑屑於此
수　약 책 이 과 업　즉 왈　아 지 어 리 학　불 능 설 설 어 차

若責以理學　則曰　我爲科業所累　不能用功於實地
약 책 이 리 학　즉 왈　아 위 과 업 소 루　불 능 용 공 어 실 지

如是兩占便宜　悠悠度日　卒至於科業理學　兩無所成
여 시 량 점 편 의　유 유 도 일　졸 지 어 과 업 리 학　량 무 소 성

老大之後　雖悔　何追　嗚呼　可不戒哉　人於未仕時
로 대 지 후　수 회　하 추　오 호　가 불 계 재　인 어 미 사 시

惟仕是急　旣仕後　又恐失之　如是汨沒　喪其本心者
유 사 시 급　기 사 후　우 공 실 지　여 시 골 몰　상 기 본 심 자

多矣　豈不可懼哉　位高者　主於行道　道不可行　則可
다 의　기 불 가 구 재　위 고 자　주 어 행 도　도 불 가 행　즉 가

以退矣　若家貧　未免祿仕　則須辭內就外　辭尊居卑
이 퇴 의　약 가 빈　미 면 록 사　즉 수 사 내 취 외　사 존 거 비

以免飢寒而已　雖曰祿仕　亦當廉勤奉公　盡其職務
이 면 기 한 이 이　수 왈 록 사　역 당 렴 근 봉 공　진 기 직 무

不可曠官而餔啜也
불 가 광 관 이 포 철 야

　옛날의 학자는 벼슬을 얻으려 한 것이 아니어도 학문을 이루
면 윗사람이 천거하여 등용되었으며, 대체로 벼슬을 하는 사람
은 남을 위했고 자기를 위하지 않았다. 그런데 요즘 세상은 그
렇지가 않고 과거시험으로 사람을 뽑으니, 비록 하늘의 이치를
통달하는 학문이 있고 남보다 아주 뛰어난 행실이 있어도, 과
거시험이 아니면 도리를 펴는 자리로 나아갈 수가 없다.

　그러므로 아버지는 그 아들을 가르치고, 형이 그 아우를 권
면하는 것이 과거공부 이외에는 다른 아무 것도 없다. 선비가
벼슬을 탐내는 풍습은 여기서 시작된 것이다.

　요즘 선비들은 대체로 부모의 희망과 문중의 계책을 위해서
과거공부에 열중하는 일에서 벗어날 수 없으나, 또한 그 재능
을 갈고 닦아서 그 때를 기다리고 성공과 실패를 천명에 맡기
는 것이 옳은 일이지, 벼슬을 탐하여 조급하고 열중하는 것으
로 그 뜻을 손상시키면 안 된다.

　사람들은 흔히 과거공부가 번거로워서 할 수가 없다고 말한
다. 그렇지만 이것은 역시 핑계 삼아 하는 말이고 진심에서 나
온 말은 아니다.

　옛날 사람들은 부모를 섬김에 몸소 밭을 갈아 농사지은 사람
도 있었고, 돌아다니며 남의 품팔이를 한 사람도 있었고, 쌀을
져서 나른 사람도 있었다. 대체로 몸소 밭을 갈아 농사짓고 남

의 집에 다니며 품을 팔고 쌀을 져서 나를 때에는 근고(勤苦)가 대단했을 터이니, 어느 겨를에 글을 읽을 수 있었겠는가만, 오직 그들은 부모를 위해 수고를 하여 자식의 책임을 다하고 남은 힘으로 글을 배우면서도 덕을 쌓을 수가 있었다.

그런데 오늘날 선비들은 옛날 사람처럼 어버이를 위해 수고하는 이를 볼 수 없고, 다만 과거공부 한 가지만이 곧 부모의 마음에 바라는 것이므로 이제 이미 이 공부를 벗어날 수가 없다. 과거공부는 비록 성리학(性理學)과는 다르지만, 역시 앉아서 책이나 읽고 글이나 짓는 것이 밭을 갈고 돌아다니며 품팔이하고 쌀을 져 나르는 것보다 백 배 편할 뿐 아니라, 더욱이 남은 힘으로 성리에 관한 책을 읽을 수 있지 아니한가?

다만 과거 공부를 하는 사람은 으레 성공하느냐 못하느냐에 따라서 마음이 동요되어 항상 초조하므로, 도리어 몸의 노력이 마음씨를 해롭게 하지 않는 것만 못하다.

그러므로 옛 현인들이 말하기를, 공들이는 것이 방해가 될까 걱정하지 말고 오직 뜻을 빼앗길까 걱정하라고 했다. 만약 과거공부를 하면서도 그 분수를 잃지 않는다면 과거공부와 성리학 공부를 겸해서 해도 어긋남이 없을 것이다.

지금 사람들은 과거공부를 한다고 명목을 내세우면서 사실은 그 공을 나타내지 못하고, 이학(理學)공부를 한다고 명목을 내세우면서도 사실은 손도 대지 못하면서, 과거공부를 재촉하게 되면 자신은 이학에 뜻을 두고 있기 때문에 과거공부에 힘을 쓸 수 없다고 하고, 이학공부를 재촉하면 과거공부에 매여 있어서 이학에는 힘을 쓸 수 없다고 한다.

이와 같이 편의에 따라 두 가지 말로 구실을 붙이면서 아무 하는 일없이 세월을 보내다가 마침내는 과거공부도 이학공부도 다 이루지 못하고 마니, 늙은 뒤에 비로소 뉘우친다 하더라도 어찌 닿겠는가? 아아, 가히 경계해야 되지 않겠는가?

사람들은 자신이 아직 벼슬을 하지 못하고 있을 때에는 오직 벼슬하기에만 급급하다가, 이미 벼슬을 하고 나면 그 직위를 잃을까 염려하며 이와 같은 생각에만 골몰하여 그 본마음을 상실하는 사람이 많다. 이 어찌 두려워하지 않겠는가?

벼슬이 높은 사람은 도를 행하기에 주력하다가 도를 행할 수 없으면 물러나야 한다. 만약 집안이 가난하여 녹사(祿仕)할 처지를 면할 수 없으면, 모름지기 내직을 사양하고 외직(外職)으로 나가서 높은 직위를 사양하고 낮은 직위에 있으면서 기한(飢寒)을 면하면 그뿐이다. 그리고 비록 녹사를 한다고 하더라도 또한 마땅히 청렴하고 근면하게 봉공(奉公)하여 그 맡은 일에 충실해야 하며, 벼슬자리를 오래 비워 놓고 놀고먹어서는 안 된다.

[訓讀]
*偸 : 훔칠 투. *做 : 지을 주. 만들 주. *俟 : 기다릴 사. *付 : 줄 부. *躁 : 성급할 조. *託 : 부탁할 탁. *傭 : 품팔 용. *悖 : 어그러질 패. *屑 : 가루 설. *悠 : 멀 유. *汨 : 빠질 골. *懼 : 두려워할 구. *曠 : 밝을 광. *鋪 : 펼 포.

[語釋]
*미상(未嘗) : 아직 ~한 일이 없다. *거이용지(擧而用之) : 천거하여 등용시킴. *통천지학(通天之學) : 하늘의 이치를 깨닫는 학문. *절인지행(絶人之行) : 남보다 썩 뛰어난 행실. *무유(無由) : 이유가 없음. *진어행도지위(進於行道之位) : 도를 행할 자리로 나감. *갱무타술(更無他術) : 고칠 만한 다른 술책이 없음. *습지투직(習之偸職) : 벼슬을 탐내는 풍습. *차지유(此之由) : 이로 말미암음. *문호(門戶) :

문중(門中). *과업(科業) : 과거공부. *기(器) : 재능. 도량. *추탁지언(推託之言) : 다른 일로 핑계하는 말. *궁경(躬耕) : 몸소 밭을 갈아 노사를 지음. *행용(行傭) : 이집 저집 다니며 품팔이를 함. *부미(負米) : 쌀을 져 나름. *하가독서호(何暇讀書乎) : 어느 겨를에 글을 읽었겠는가? *임로(任勞) : 수고를 함. *진덕(進德) : 덕을 쌓음. *주공(做功) : 공부를 함. *이학(理學) : 성리학의 약칭. *성리지서(性理之書) : 성리학에 관한 서적. *조경(躁競) : 초조하게 다툼. *심술(心術) : 마음씨. *위주거업(爲做擧業) : 과거공부를 한다는 뜻. *위주이학(爲做理學) : 이학공부를 한다는 뜻. *실불하수(實不下手) : 실지로는 손도 대지 못함. *약책이과업(若責以科業) : 만약 과거공부를 재촉하면. *불능설설어차(不能屑屑於此) : 이것 때문에 과거에 힘을 쓸 수 없다는 뜻. *아위과업소루(我爲科業所累) : 나는 과거공부에 매여 있어서. *불능용공어실지(不能用功於實地) : 실지에 있어서는 힘을 쓸 수 없다고 한다. *유유도일(悠悠度日) : 아무 하는 일이 없이 세월을 보냄. *하추(何追) : 어찌 미치랴. *오호(嗚呼) : 아아! 감탄사. *골몰(汨沒) : 한일에만 몰두함. *녹사(祿仕) : 녹을 타기 위하여 벼슬을 함. *염근(廉勤) : 청렴하게 근면함. *광관(曠官) : 벼슬자리를 오래 비워 놓음. *포철(餔啜) : 먹고 마심. 음식을 먹음.

[大意]

처세장에서는 선비로서 이 세상을 살아가는 데 필요한 처세의 방법에 대해서 자세히 설명하고 있다.

옛 학자들은 벼슬을 일부러 하려고 하지 않았고, 배우고 나면 윗사람이 천거해서 등용했다. 벼슬은 남을 위해서 하는 것이요, 자신을 위하는 것이 아니지만, 요즘 세상은 그렇지 못해서 과거시험으로 사람을 뽑으므로, 비록 뛰어난 학문과 본보기가 되는 행실이 있어도 과거시험이 아니면 바른 정치를 할 수 있는 지위에 나아갈 길이 없다. 그래서 아버지는 아들에게 과거공부를 시키고 형은 아우에게 과거공부를 권하여, 과거시험 이외에는 다른 학술이 없는 것과 같으니, 선비들의 습관이 각박해지는 것은 오직 이런 때문이다. 요즘 선비들은 대부분 부모의 바람과 가문을 잇기 위하여 과거공부를 피할 수 없지만, 학문을 갈고 닦으며 때를 기다려서 급제와 낙방은 천명에 맡길 것이요, 벼슬을 탐해 초조해져서 자신의 뜻을 손상시키지 말아야 한다.

사람들이 말하기를, 과거 공부에 얽매여서 학문을 할 수 없다고 하나, 이 또한 핑계의 말이요 진심에서 나온 말이 아니다. 옛날 사람은 부모를 봉양하려고 몸소 밭을 갈고, 이리저리 옮겨 다니며 품을 팔며, 쌀가마니를 지고, 몸소 밭을 갈면서 고생이 심했을 것인데, 어느 겨를에 글을 읽었겠는가. 그래도 오직 그 부모를 위해 몸을 바쳐 자식의 도리를 하고 남은 시간에 글을 배웠어도 덕을 쌓을 수가 있었는데, 요즈음 선비들은 부모를 위해서 옛날 사람과 같이 하는 사람을 보지 못하겠고, 다만 과거 공부 한 가지가 곧 부모의 바람이라 하여 과거공부에서 떠나지 못한다. 그렇다고 과거공부가 비록 이학(理學)과는 같지 않지만, 역시 앉아서 공부하는 것이어서, 몸소 밭 갈고 품을 팔며 쌀가마니를 지는 일보다는 백 배 편한 일이다. 하물며 남은 시간에 성리에 관한 책을 읽을 수 있다는 것이 아닌가.

다만 과거공부를 하는 사람들은 으레 과거에 급제하느냐 낙방하느냐에 동요되어 마음이 항상 조급하다 보니, 도리어 힘들게 일하는 것이 마음을 수양하는 공부보다 나을 수가 있다. 그래서 선현의 말씀에 과거시험이 공부에 방해될까 걱정하지 말고, 오로지 뜻을 잃지 않을까 걱정해야 한다고 했으니, 만약 과거공부를 하면서도 지켜야 할 것을 잃지 않는다면 과거공부와 이학공부를 함께 해도 서로 어긋나지 않는다.

요즘 사람들은 말로는 과거공부를 한다고 하나 실제로는 과거공부를 하지 않고, 말로는 이학공부를 한다고 하나 실제로는 착수하지 않아서, 과거공부에 대해 질책하면, 자신은 이학에 뜻을 두고 있어서 과거공부에 연연해 할 수 없다고 하고, 이학공부에 대해 질책하면, 과거공부에 얽매여서 실지에 힘을 쓸 수가 없다고 한다. 그러면 이와 같이 양쪽으로 편리하게만 생각해서 하는 일없이 하루하루 세월만 보내다가 끝내 과거공부와 이학공부 두 가지를 다 이루지 못하게 되면, 늙은 뒤에 비로소 뉘우친들 무슨 방법이 있겠는가. 정말 걱정 되는 일이다.

아직 벼슬을 하지 않을 때에는 오직 벼슬하는 것만 급하고, 이미 벼슬에 오른 뒤에는 또 벼슬을 잃을까 걱정하니, 이것에 골몰하다가 그 본심을 잃는 사람이 많다. 어찌 두렵지 않은가.

지위가 높은 사람은 바르게 다스리는 것을 중요하게 생각해서, 그럴 수 없으면 물러나야 하고, 만일 집이 가난하여 녹봉을 받기 위한 벼슬이라면 내직을 사양하고 외직으로 나가야 하며, 높은 자리를 사양하고 낮은 자리에 있으면서 검소하게 살아야 한다. 비록 녹봉을 받는 벼슬이라도 또한 청렴하고 부지런히 일해서 그 직무를 다해야 하며, 직책을 소홀히 하고 놀고먹으려고 하면 안 된다.

동몽선습(童蒙先習) · 격몽요결(擊蒙要訣)

1판 1쇄 인쇄 | 2016년 12월 20일
1판 1쇄 발행 | 2016년 12월 20일

지은이 | 박세무·이이
편저자 | 동양고전연구회
펴낸이 | 이환호
펴낸곳 | 나무의꿈

등록 | 제10-1812호
주소 | 서울시 마포구 서교동 463-31 플러스빌딩 4층
전화 | 02) 332-4037   팩스 | 02) 332-4031

*잘못 만들어진 책은 구입처에서 교환해 드립니다.